考前衝刺看漫畫！

又帥又美世界地理

補教名師畫重點

知名補習班地理名師
宮路秀作 著
沖元友佳 — 構成・編輯
陳嫻若 — 譯

野人

作者序

地理就是學習「地球之理」的科目。每天，我都抱持著這個理念，在代代木補習班的課堂中講課。

地理的英文是「geography」，語源來自拉丁文的「geographia」，可拆為「geo（大地）」與「graphia（描繪）」。那麼，地理究竟描繪的是大地的什麼？

答案是：描繪山地或河川等自然景觀，以及當地的風土民情，還有這些要素彼此依存的關係，而這其中正隱含著「理」。「地理」，就是「描繪一個地區內各種關係所構成的地景」。

全方位掌握「地景」的概念，對學習地理來說非常重要。例如，當我們談到某國進口特定農作物的現象，多數人會思考「為什麼國內生產無法滿足需求？」或「歸根結柢，為什麼國內需求這麼大？」不過，除此之外也應該思考「這些作物是從哪個國家出口的？」「擴大生產出口導向產品，會不會引發其他問題？」唯有將這些知識融會貫通，才能真正理解所謂的「地理」。

本書以漫畫的形式，介紹世界各國的地理資訊，透過熱衷線上遊戲的主角「日本妹」拜訪世界各地的網友，展開各式各樣的故事。讀者們不妨跟隨日本妹一起旅行，在閱讀中畫出屬於自己的世界地圖吧！

未來，希望你也能親自踏上旅途，獲得「百聞不如一見」的體驗。說到底，這正是學習「地理」最終的目的。

宮路秀作

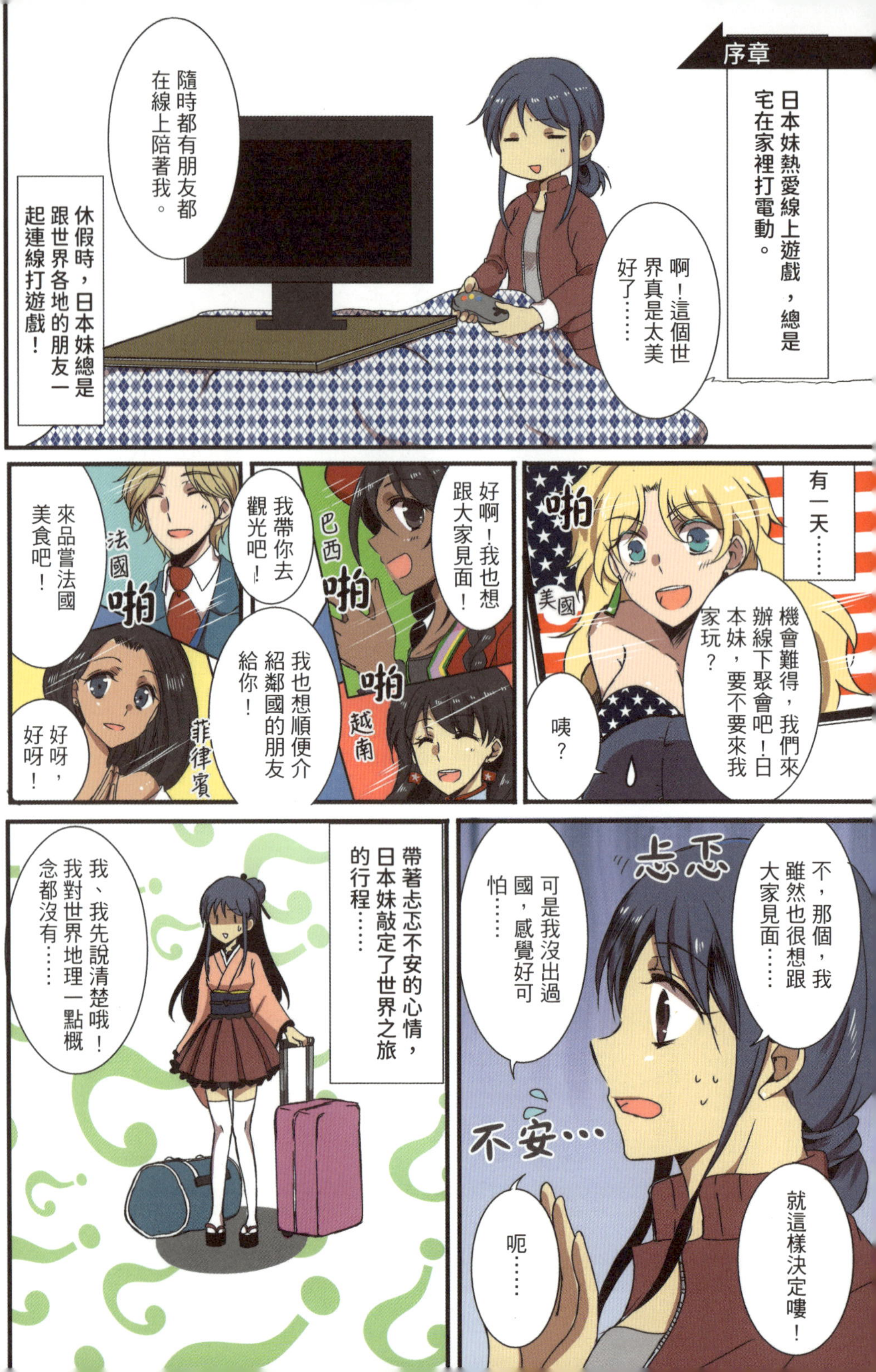
序章
日本妹熱愛線上遊戲，總是宅在家裡打電動。
啊！這個世界真是太美好了……
隨時都有朋友都在線上陪著我。
休假時，日本妹總是跟世界各地的朋友一起連線打遊戲！
有一天……
啪
美國
機會難得，我們來辦線下聚會吧！日本妹，要不要來我家玩？
咦？
好啊！我也想跟大家見面！
巴西
啪
我帶你去觀光吧！
啪
越南
我也想順便介紹鄰國的朋友給你！
法國
啪
來品嘗法國美食吧！
菲律賓
好呀，好呀！
忐忑
不，那個，我雖然也很想跟大家見面……
可是我沒出過國，感覺好可怕……
不安…
就這樣決定嘍！
呃……
帶著忐忑不安的心情，日本妹敲定了世界之旅的行程……
我、我先說清楚哦！我對世界地理一點概念都沒有……

沉默……
唔……
喀啦
喀啦
轉來轉去
喀啦
總之，地球是一個球體！
握拳
地球的半徑約為六三七一公里，周長約為四萬公里，表面積約五．一億平方公里。
肯亞
從地球儀上看來，海洋的部分好像比較多……
沒錯，地球上陸地和海洋的面積大約是三比七。
其中，三分之二的陸地分布在北半球。
北半球
赤道
南半球
南半球
北半球
因此，有人把地球區分為陸半球和水半球。
懂嗎？
阿拉伯聯合大公國
陸地比較多的部分稱為陸半球；海洋比較多的部分稱為水半球。
陸半球的中心位在巴黎西南方；水半球的中心則位於紐西蘭東南方。
伊拉克
伊朗
陸半球
巴黎
紐西蘭
水半球
那麼，地球儀上的這些線是什麼？
喔，那是緯線和經線。
緯線和經線？

經緯線代表的度數稱為經緯度，用來標示地面上的位置。緯線標示南北位置；經線標示東西位置。
奈及利亞
北緯
赤道
(緯度0°)
南緯
經線
(顯示經度)
緯線
(顯示緯度)
東經
西經
本初子午線
(經度0°)
埃及
你知道嗎？經度每差十五度，時差就會相差一小時！
時差？
對了！每次在晚上上線時，美國姊那邊卻是早上……
What's up?
AM 1:00
PM 4:00
啊！抱歉！
英國
國際上以通過倫敦格林威治天文台的本初子午線（經度零度）作為全球時區計算的基準。
地球分24個時區，往東每15度加1小時，往西減1小時；跨過換日線(經度180度)時日期則會改變。
推開
各國會依所在時區訂定統一的時間，稱為地方標準時。
日本的標準時間是以國土中央經線東經一百三十五度為基準。
東經一百三十五度大約通過兵庫縣的明石市附近。
兵庫縣
明石市
東經135度
日本國土不大，設置一個地方標準時就夠了。
而美國地域遼闊，光是本土就橫跨四個時區，加上夏威夷跟阿拉斯加就有六個地方標準時！
西雅圖
鹽湖城
舊金山
丹佛
芝加哥
華盛頓
波士頓
紐約
拉斯維加斯
洛杉磯
休斯頓
亞特蘭大
夏威夷
阿拉斯加
※台灣的中央經線為東經120度，地方標準時為GMT+8。

你知道世界總人口是多少嗎？
印度
呃，這個嘛……
日本人口數大概是一億兩千五百萬……
奈及利亞
巴基斯坦
哇！那麼多呀！
世界總人口大約是八十億六千萬人哦！
印尼
而且，全球人口還會繼續增加。
世界上哪個地方最擁擠呢？
這就不能只看人口數，而是要看人口密度了。
各大洲的人口密度（人數／km²）
歐洲 32.3
亞洲 101.1
北美洲 27.5
非洲 51.1
南美洲 24.5
大洋洲 5.4
資料來源：World Bank Open Data
全球 …61.59
先進國家 …26.9
開發中國家 …85.1
原來如此！亞洲雖然面積廣大，但人口密度也遠超過其他洲呢！
亞洲和非洲人口數還在持續增加……是因為適合居住嗎？
這的確是影響人口多寡的主要原因，不過，氣候和土壤等條件也是因素之一。
說到這裡，就來看看人口最多和人口密度最高的國家吧！
各國人口數排名（億人）
1 印度 14.3
2 中國 14.1
3 美國 3.3
4 印尼 2.8
5 巴基斯坦 2.4
6 奈及利亞 2.2
7 巴西 2.1
8 孟加拉 1.7
9 俄羅斯 1.4
10 墨西哥 1.3
資料來源：World Bank Open Data (2022-2023)
人口密度高的主要國家 (人數/ km²)
新加坡 7,851
巴林 1,930
孟加拉 1,301
※台灣 646 (2024年)
人口密度低的主要國家 (人數/ km²)
蒙古 2.2
澳洲 3.3
冰島 3.7
利比亞 4.1
加拿大 4.4
中國跟印度的人口好多！
原來美國的人口數排第三名！

看起來有不少亞洲國家上榜呢！
真的耶……
巴基斯坦
孟加拉
世界各洲人口增加趨勢
(億人)
100
90
80
70
60
50
40
30
20
10
1750 1800 1850 1900 1950 2000 2050
北美洲
中南美洲
歐洲
亞洲
非洲
從左圖可以看出，人口在工業革命之後開始快速增加，
尤其在第二次世界大戰後，成長最為明顯。
亞洲和非洲的人口增加最多……
這是為什麼？
人口變化分成四個階段。
四個階段？
土耳其
第一個是高穩定階段。在工業革命以前，各國的出生率和死亡率都高，
尤其嬰幼兒死亡率高，所以人口沒有明顯增加。
隨著時代進步，衛生與營養條件改善，死亡率也大幅下降。
肯亞
但出生率仍居高不下，這時就進入早期擴張階段。
現代許多開發中國家的人口增加，主要就是這個原因。
隨著工業化與節育觀念普及，人口成長速度變慢，進入晚期擴張階段。
醫療進步加上晚婚等因素進一步降低死亡率與出生率，
人口來到低穩定階段，出生率低的國家甚至出現人口負成長。
瑞典

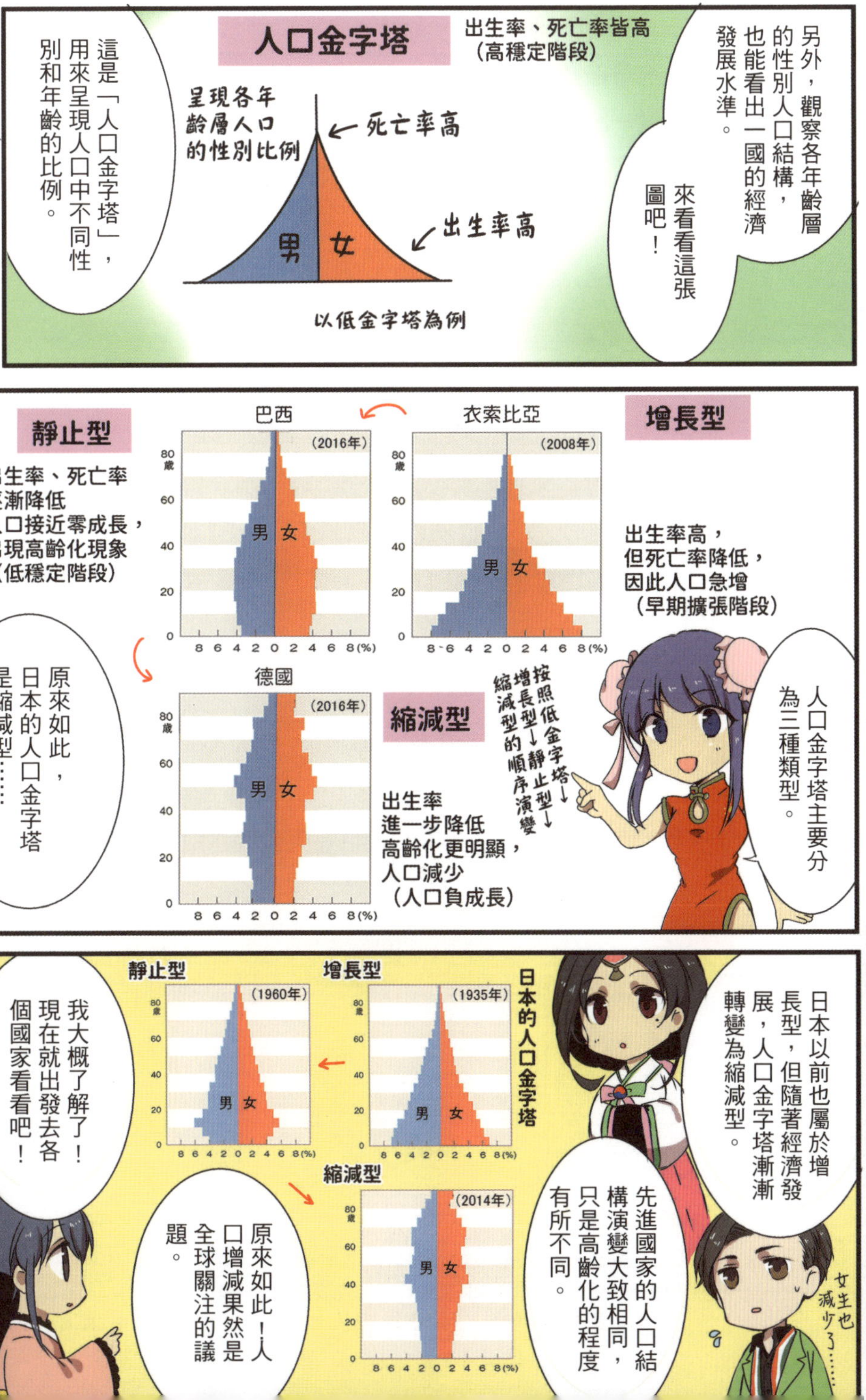

另外，觀察各年齡層的性別人口結構，也能看出一國的經濟發展水準。
來看看這張圖吧！
人口金字塔
出生率、死亡率皆高（高穩定階段）
呈現各年齡層人口的性別比例
死亡率高
出生率高
男
女
以低金字塔為例
這是「人口金字塔」，用來呈現人口中不同性別和年齡的比例。
人口金字塔主要分為三種類型。
按照低金字塔→增長型→靜止型→縮減型的順序演變
增長型
衣索比亞
(2008年)
出生率高，但死亡率降低，因此人口急增（早期擴張階段）
靜止型
巴西
(2016年)
出生率、死亡率逐漸降低人口接近零成長，出現高齡化現象（低穩定階段）
縮減型
德國
(2016年)
出生率進一步降低高齡化更明顯，人口減少（人口負成長）
原來如此，日本的人口金字塔是縮減型……
日本以前也屬於增長型，但隨著經濟發展，人口金字塔漸漸轉變為縮減型。
日本的人口金字塔
增長型
(1935年)
靜止型
(1960年)
縮減型
(2014年)
先進國家的人口結構演變大致相同，只是高齡化的程度有所不同。
女生也減少了……
我大概了解了！現在就出發去各個國家看看吧！
原來如此！人口增減果然是全球關注的議題。

本書的使用方法

1. 抱著環遊世界的心情，只看漫畫就好。
2. 從一開始就詳讀漫畫和解說。
3. 瀏覽地圖、照片、圖表，用視覺想像、理解各國的不同之處。

參考資料

《Data Book of the World 2019 年版》（二宮書店）

《世界國勢圖會》《日本國勢圖會》（皆為矢野恆太記念會）等多本

＊本書主要依據 2019 年 7 月的數據，部分數據已更新，並以註記方式標示。

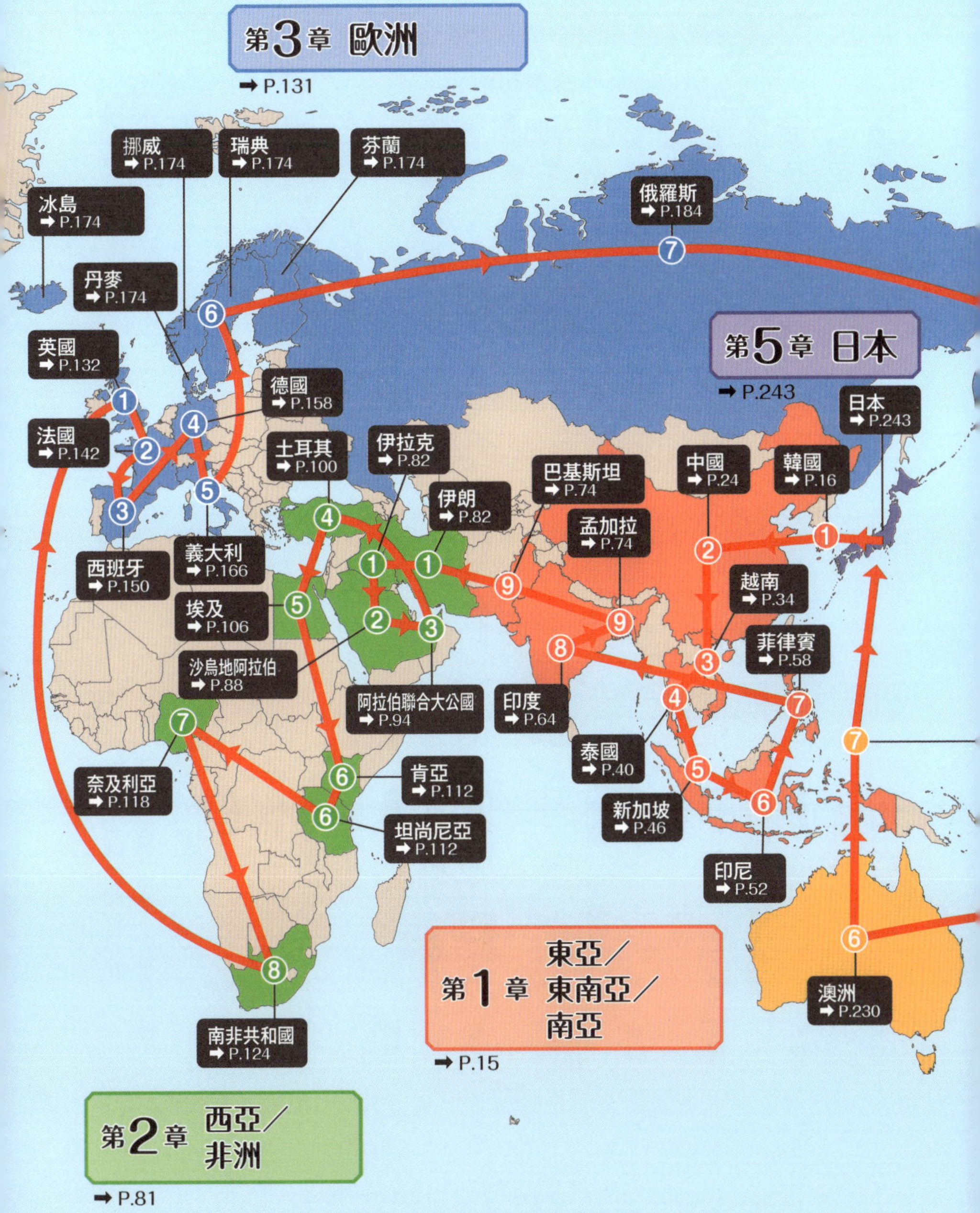

※ 小提醒：本書使用的氣候分類是柯本氏氣候分類法（見 P.291），與台灣教科書常用的氣候分類方式有所不同，請留意對照。

CONTENTS

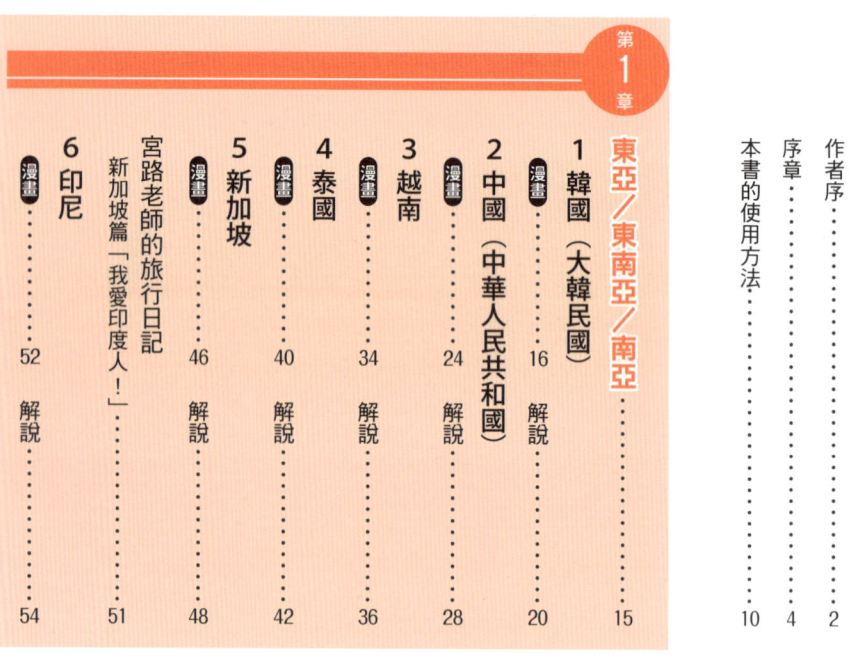

第3章

第4章

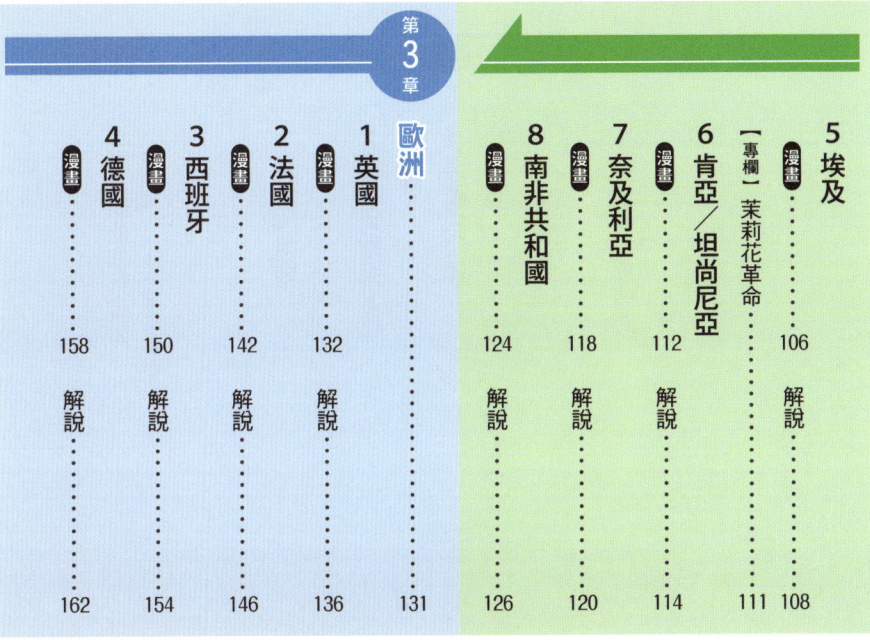

第1章

東亞／東南亞／南亞

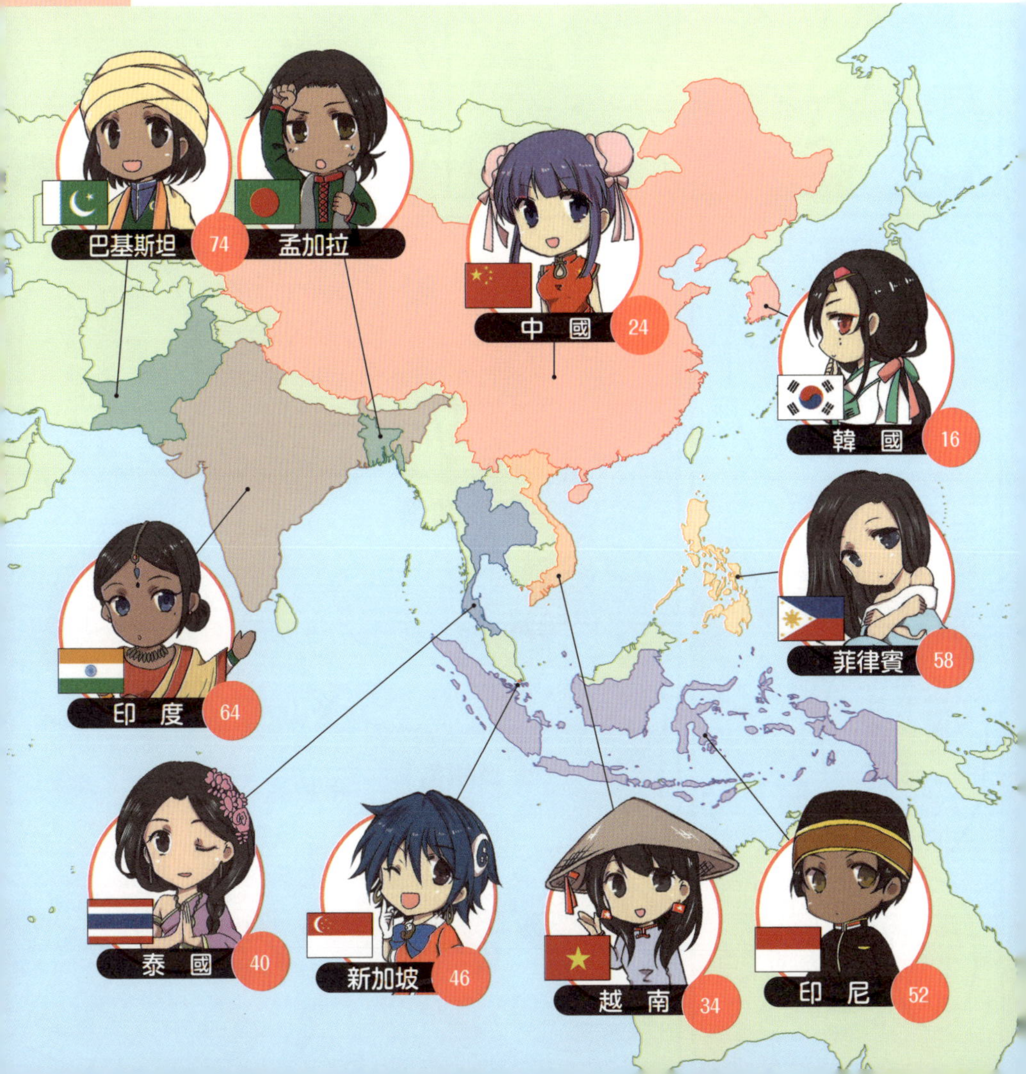

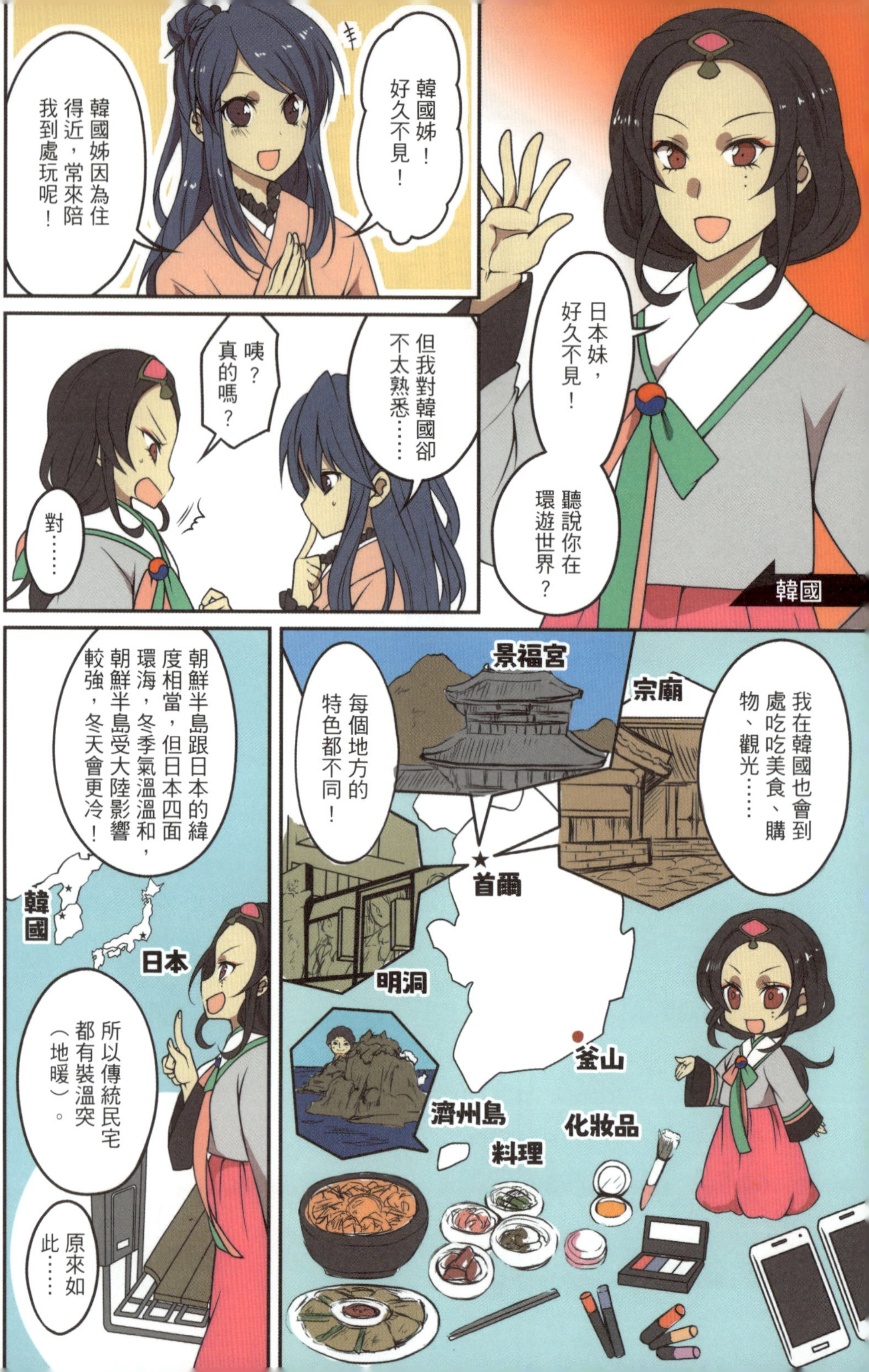
日本妹，好久不見！
聽說你在環遊世界？
韓國
韓國姊！好久不見！
韓國姊因為住得近，常來陪我到處玩呢！
但我對韓國卻不太熟悉……
咦？真的嗎？
對……
我在韓國也會到處吃吃美食、購物、觀光……
每個地方的特色都不同！
景福宮
宗廟
首爾
明洞
釜山
濟州島
化妝品
料理
朝鮮半島跟日本的緯度相當，但日本四面環海，冬季氣溫溫和，朝鮮半島受大陸影響較強，冬天會更冷！
韓國
日本
所以傳統民宅都有裝溫突（地暖）。
原來如此……

至於歷史方面，
朝鮮早從七世紀起就由單一政權統治。
十四世紀，李成桂建立朝鮮，
現在韓國使用的諺文就是當時創造的。
太宗
第三代國王
李成桂(太祖)
世宗
第四代國王
創造諺文
直到二十世紀「日韓合併」，日本將韓國納入統治。
1894 甲午戰爭
1910 併吞韓國
1945 日本戰敗
美國、蘇聯瓜分
朝鮮半島
1950 朝鮮戰爭
1965 日韓基本條約
1988 舉辦首爾奧運
1990 韓俄建交
1991 韓國、北韓加入
聯合國
北韓
38度
韓國
日本在太平洋戰爭中戰敗後，美國與蘇聯以北緯38度為界，分別占領半島北部及南部。
這兩個國家在政治體制跟產業等方面的發展都不同。
北韓
世襲制
社會主義
國家
人口
2600萬人
首都
平壤
GNI
(每人年均)
667美元
韓國
民主制
資本主義
國家
人口
5100萬人
首都
首爾
GNI
(每人年均)
27,600美元
南韓在美國支持下成立，採取資本主義政策。
北韓則在蘇聯扶植下成立，變成社會主義國家。
嗯嗯

至於產業方面，
韓國在一九八六、八七年的經濟成長率達到兩位數，所以爭取到一九八八年在首都首爾舉辦奧運。
這段時間的經濟成長稱為「漢江奇蹟」，當時的總統朴正熙功不可沒。
朴正熙
不僅如此，一九七〇年代開始的新鄉村運動也很有成效。
以前，很多韓國人會去日本打工，但現在這股熱潮好像已經退了。
嗯！
嗯！
說到產業，
韓國跟日本一樣都是以工業為主的國家吧？
嗯，雖然缺乏自然資源，但政府還是努力發展出口導向的工業。
進口原料
加工後出口
同時也發展重化學工業、尖端技術工業跟汽車工業。
新興工業化經濟體
(NIEs)
例如亞洲四小龍：
・韓國
・台灣
・新加坡
・香港
韓國也是亞洲四小龍之一。

砰咚
還有，韓國人非常重視子女教育，愈來愈多人追求高學歷。
升學競爭比日本還激烈。
女性走入社會和少子化的趨勢，讓競爭更加白熱化。
而韓國的鄰居北韓，
就像你說的，因為過去被蘇聯接管，成為社會主義國家。
朝鮮半島的主要工業都市
清津
新義州
咸興
平壤
元山
南浦
首爾
仁川
大邱
蔚山
光州
釜山
韓戰之後，北韓似乎想以「本土資源」和「本土技術」達到經濟獨立，
他們的生產力確實提高了，
但因為資本跟技術不足，政府又擴大投資軍備，
經濟陷入蕭條。
同時又因為發展核武而與美國、日本等國關係緊張，
可說是遭到全世界孤立。
哎——……
哇啊…
原來如此……

韓國（大韓民國）

基本資料

面積 10.0萬km^2

人口 5171.2萬人(2023年)

首都 首爾

通貨 韓圜

語言 韓國語

民族

宗教

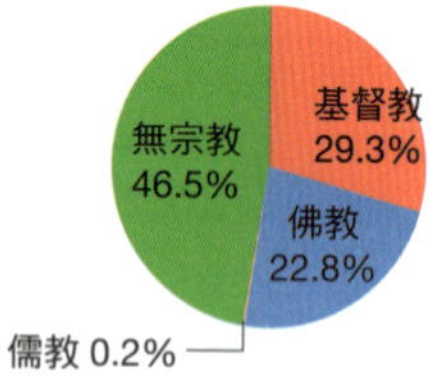

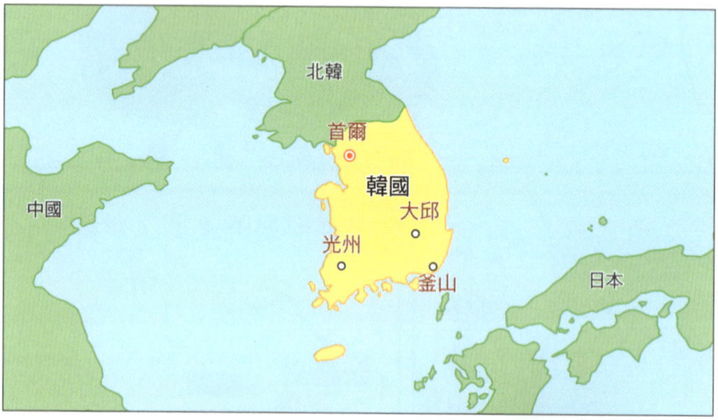

國旗

韓國的人口密度其實
比日本高哦！

❶ 朝鮮半島的地勢

北韓與韓國分別位在朝鮮半島的北部和南部，東部由太白山脈與小白山脈縱貫，呈現「**東高西低**」的地形。西部平原寬廣，西南岸多為**谷灣式海岸**。

由於朝鮮半島位於歐亞大陸與日本群島的過渡地帶，相較於日本受大陸的影響更強，因此年溫差雨水變化較大，冬季更為寒冷。因此，韓國自古以來就習慣使用名為「**溫突**」的地暖設備。

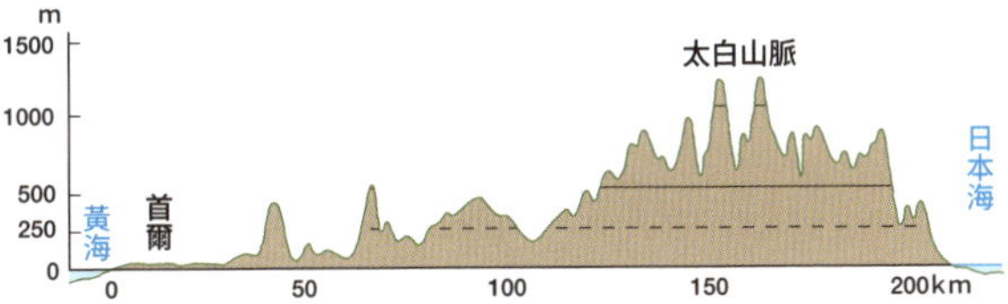

❷ 韓國的經濟發展

一九七〇年，韓國總統推動「**新鄉村運動**」，促進農村現代化。同時，韓國工業逐漸起飛，帶動經濟快速成長。越戰帶來的物資需求，加上韓國派兵支援美國獲得的經濟回報，使出口大增。進入一九八〇年代後，原油價格下降、日圓升值使韓圜相對貶值，出口進一步提升。韓國積極發展工業，成效顯著，與台灣、香港、新加坡並列「亞洲四小龍」，並成為新興工業化經濟體（NIEs）之一。

一九八一年，韓國獲得一九八八年奧運會的主辦

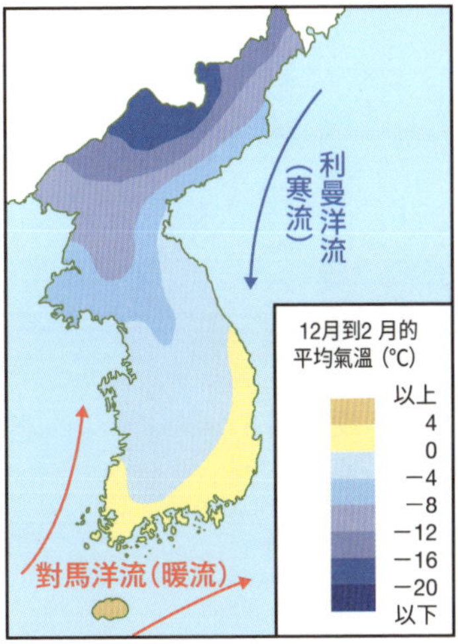

朝鮮半島 12 月到 2 月的氣溫

權，一九九一年又與北韓同時加入聯合國。一九九六年，韓國繼土耳其、日本之後，成為**亞洲第三個加入「經濟合作暨發展組織」**（OECD）**的國家**。近三十年間，韓國經濟成長之快，被喻為「**漢江奇蹟**」。

然而，一九九七年泰國貨幣泰銖暴跌，引發**亞洲金融風暴**，韓國經濟成長減緩。為了度過難關，韓國接受國際貨幣基金組織（IMF）的經濟支援。同時，一改保護主義的經濟政策，推動解散財團、結構改革、貿易自由化及開放海外投資，逐漸走出困境。

❸ 出口導向工業化時期

亞洲四小龍的經濟發展脈絡主要是從進口替代轉型為**出口導向**。**進口替代**是將進口產品改為國內生產來培植國產企業，但市場只限於國內，成長有限。韓國人口目前約為五千萬，國內市場較小，因此必須將目標轉向國民平均所得高（購買力旺盛）、人口多的海外市場，也就是發展**出口導向型的工業**。於是，韓國政府建設**加工出口區**，並積極引進外國資本和技術，並採取廢除關稅、減免法人稅等優惠措施，吸引先進國家企業進駐，藉由這些政策提高國際競爭力，增加出口。

❹ 日韓貿易

如同前述，韓國人口約為**五千多萬人**，國內市場規模較小，因此韓國發展成仰賴出口的經濟體，出口額約占GDP的百分之三十五。主要出口國包含中國、美國、越南；進口國則以中國、日本和美國為主。

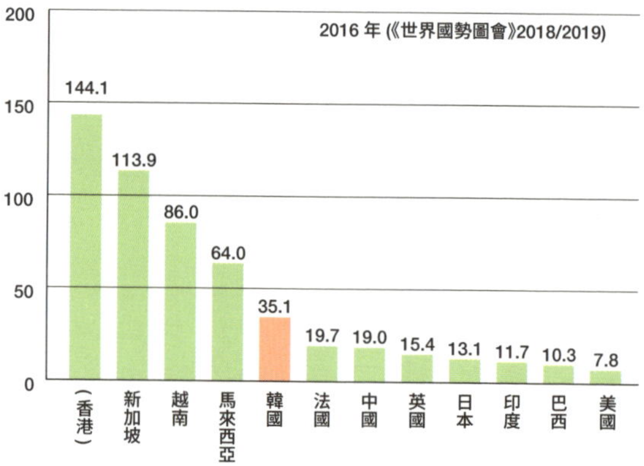

世界主要國家、地區的出口依存度

日本對韓國貿易出超（順差），是韓國主要的進口國家。日本對韓國的主要出口品項約有四成為機械類產品，其他則是鋼鐵、有機化合物與塑膠等。而韓國對日本出口的品項中，機械類約占三成，其他則是石油製品及鋼鐵等。日韓兩國同為先進國家，屬於水平貿易（先進國家之間的貿易），往來以工業產品為主。

位於首爾的獨立門

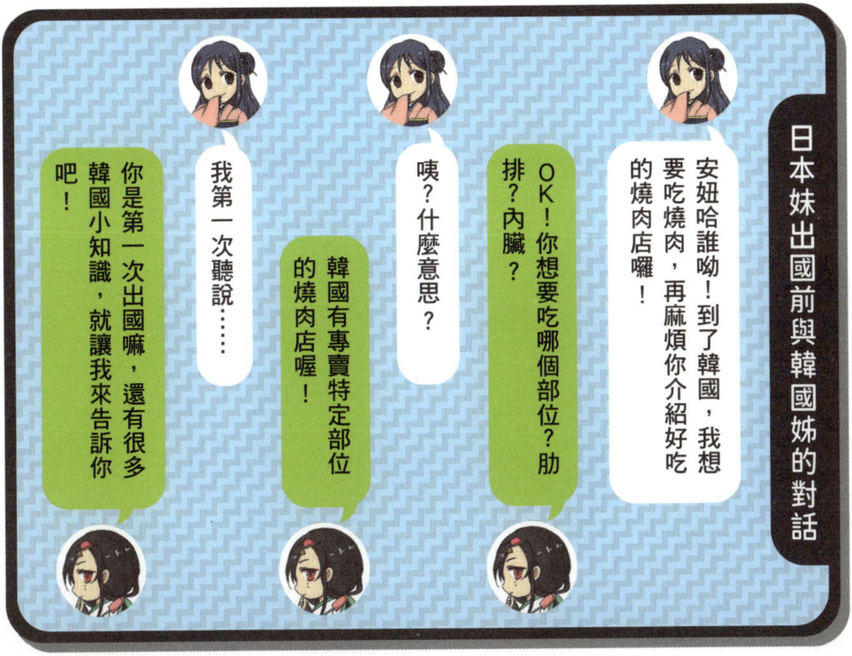
日本妹出國前與韓國姊的對話
安妞哈誰呦！到了韓國，我想要吃燒肉，再麻煩你介紹好吃的燒肉店囉！
OK！你想要吃哪個部位？肋排？內臟？
咦？什麼意思？
韓國有專賣特定部位的燒肉店喔！
我第一次聽說……
你是第一次出國嘛，還有很多韓國小知識，就讓我來告訴你吧！

終於到中國了！
中、日、韓三國有深厚的歷史淵源，
過去朝鮮從中國引進許多文化，之後又傳到日本。
中國
說起來，中國國土真的很遼闊……
沒錯！
中國的領土面積約九六〇萬平方公里，位居世界第四，
還是日本的二十五倍大！
面積可以跟歐洲媲美呢！
那麼，立刻來介紹我的國家……
給我等一下！
嗯？
中國姊！
你們好！歡迎來到中國！
步步
在這之前，說到中國……
呃？
說到中國，絕對不能錯過……
進逼

日本常看到「中華料理」，其實是加入日本風味的中國料理。
也就是日式的中國菜啦！
「中國菜」只是個統稱，其中包含四大菜系，而且口味完全不同！
中國八大菜系
山東
江蘇
浙江
安徽
福建
廣東
湖南
四川
好好吃～♡
後來又加入了四種菜系，合稱中國八大菜系。
幫我夾那個
每種菜系的調味各有特色，不妨找找看最適合自己口味的菜系吧！
喂，你們有在聽嗎？
有在聽，有在聽。
你說中國面積很大，對吧？
……真的有在聽嗎？
話說回來，中國的領土面積僅次於俄羅斯、加拿大和美國，位居世界第四。
不過，國土西部高原與山脈連綿，氣候十分乾燥。
因此全國的十四億人口中，有九成居住在東部的平原地區。
十四億！
5100萬
1億2500萬

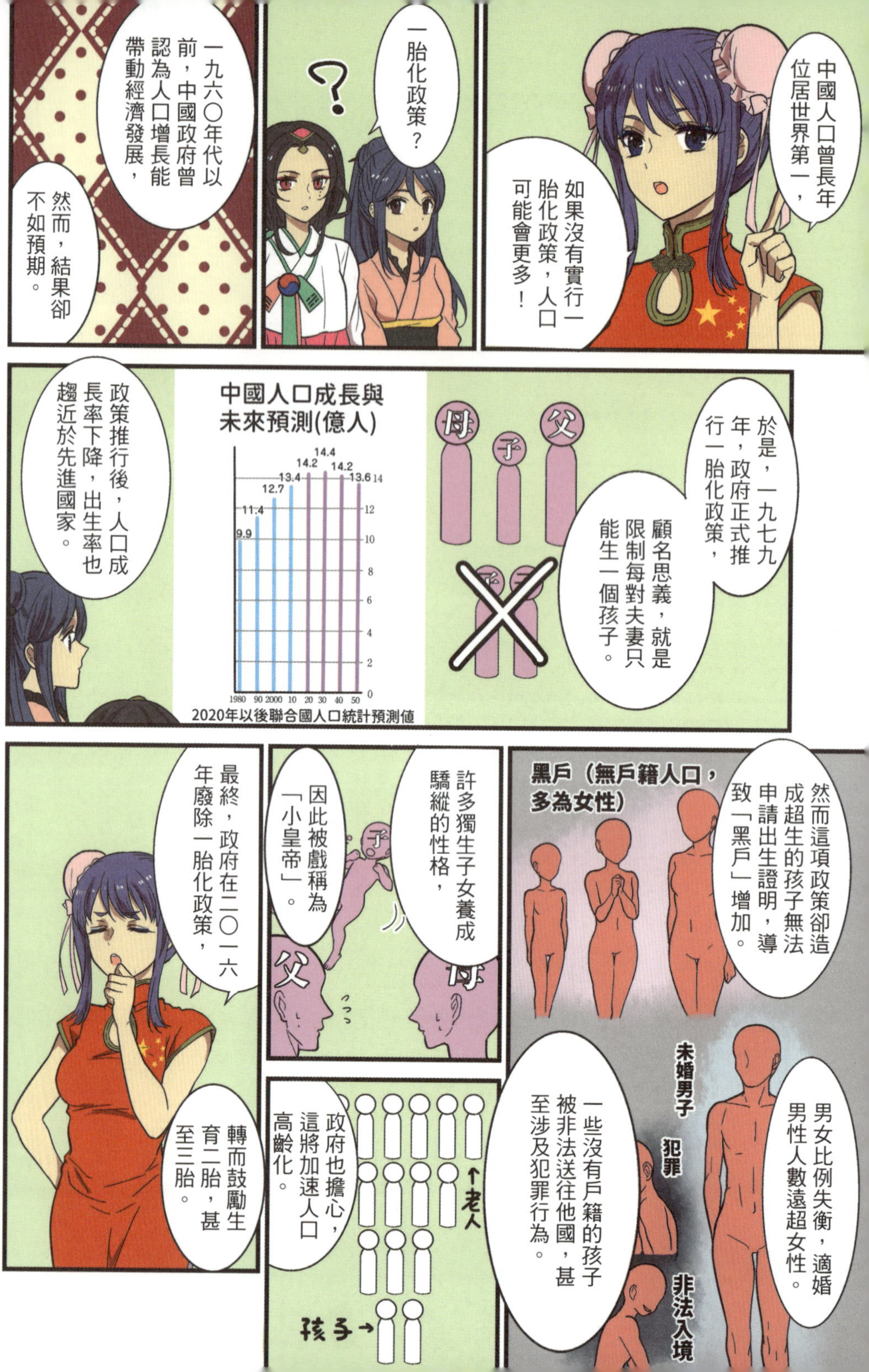
中國人口曾長年位居世界第一，
如果沒有實行一胎化政策，人口可能會更多！
？
一胎化政策？
一九六〇年代以前，中國政府曾認為人口增長能帶動經濟發展，
然而，結果卻不如預期。
於是，一九七九年，政府正式推行一胎化政策，
顧名思義，就是限制每對夫妻只能生一個孩子。
父
母
子
中國人口成長與未來預測(億人)
9.9
11.4
12.7
13.4
14.2
14.4
14.2
13.6
14
12
10
8
6
4
2
0
1980
90
2000
10
20
30
40
50
2020年以後聯合國人口統計預測值
政策推行後，人口成長率下降，出生率也趨近於先進國家。
然而這項政策卻造成超生的孩子無法申請出生證明，導致「黑戶」增加。
黑戶（無戶籍人口，多為女性）
許多獨生子女養成驕縱的性格，
因此被戲稱為「小皇帝」。
子
父
母
最終，政府在二〇一六年廢除一胎化政策，
轉而鼓勵生育二胎，甚至三胎。
政府也擔心，這將加速人口高齡化。
老人
孩子
男女比例失衡，適婚男性人數遠超女性。
未婚男子
犯罪
非法入境
一些沒有戶籍的孩子被非法送往他國，甚至涉及犯罪行為。

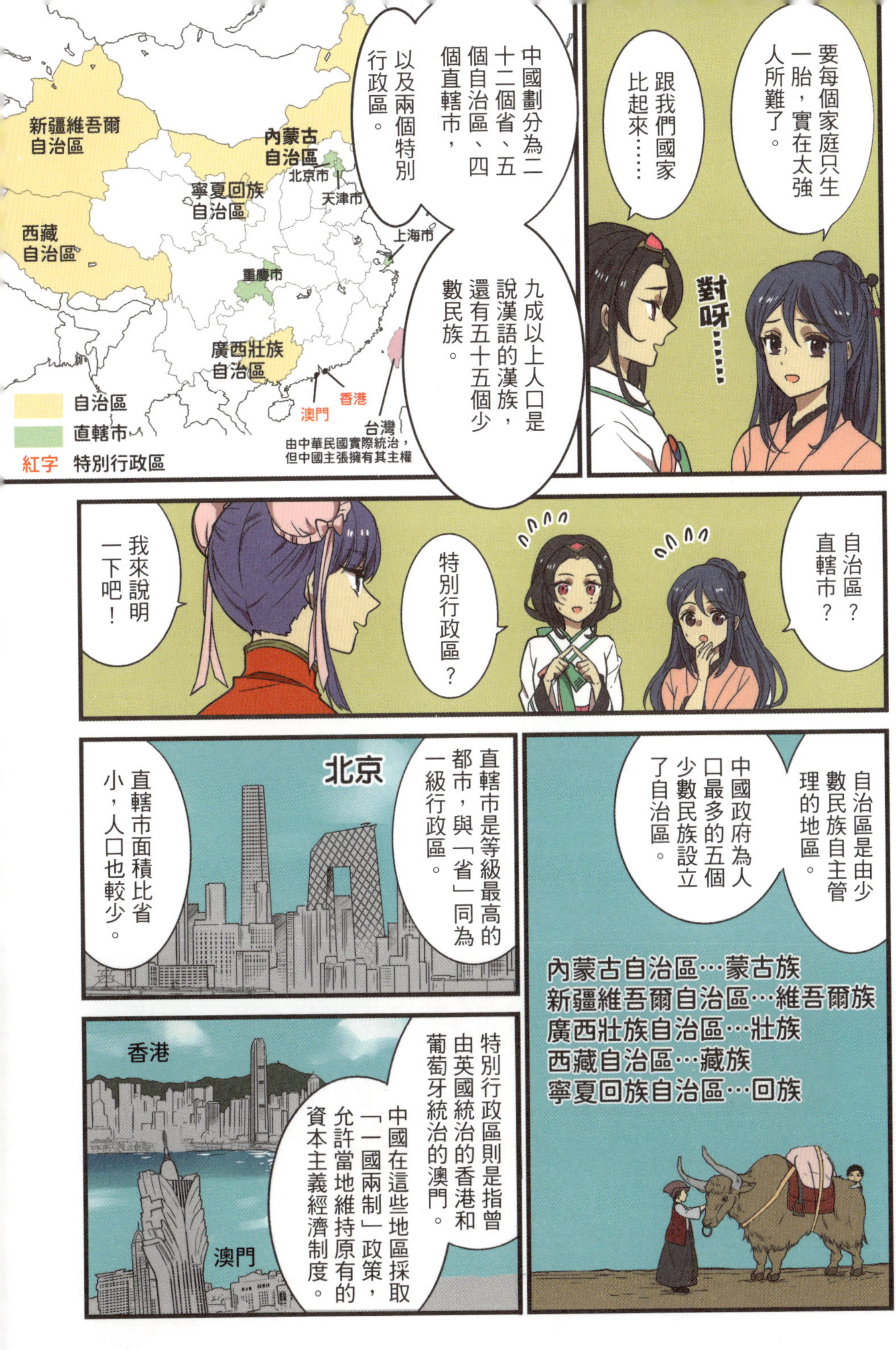

要每個家庭只生一胎，實在太強人所難了。
跟我們國家比起來……
對呀……
中國劃分為二十二個省、五個自治區、四個直轄市，以及兩個特別行政區。
九成以上人口是說漢語的漢族，還有五十五個少數民族。
新疆維吾爾自治區
內蒙古自治區
北京市
天津市
寧夏回族自治區
西藏自治區
上海市
重慶市
廣西壯族自治區
香港
澳門
台灣
由中華民國實際統治，但中國主張擁有其主權
自治區
直轄市
紅字 特別行政區
自治區？直轄市？
特別行政區？
我來說明一下吧！
自治區是由少數民族自主管理的地區。
中國政府為人口最多的五個少數民族設立了自治區。
內蒙古自治區…蒙古族
新疆維吾爾自治區…維吾爾族
廣西壯族自治區…壯族
西藏自治區…藏族
寧夏回族自治區…回族
北京
直轄市是等級最高的都市，與「省」同為一級行政區。
直轄市面積比省小，人口也較少。
特別行政區則是指曾由英國統治的香港和葡萄牙統治的澳門。
中國在這些地區採取「一國兩制」政策，允許當地維持原有的資本主義經濟制度。
香港
澳門

中國（中華人民共和國）

基本資料

面積 960.0萬km²
人口 14億1071萬人(2023年)
首都 北京
通貨 人民幣
語言 華語、少數民族語言
民族

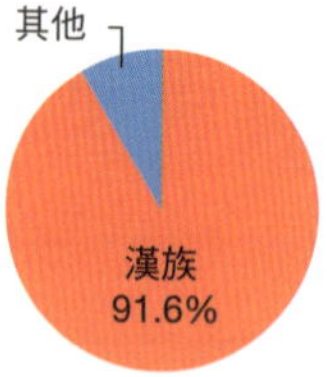

宗教

憲法保證信仰的自由。政府承認道教、佛教、新教(基督教)、天主教、伊斯蘭為五大宗教。

國旗

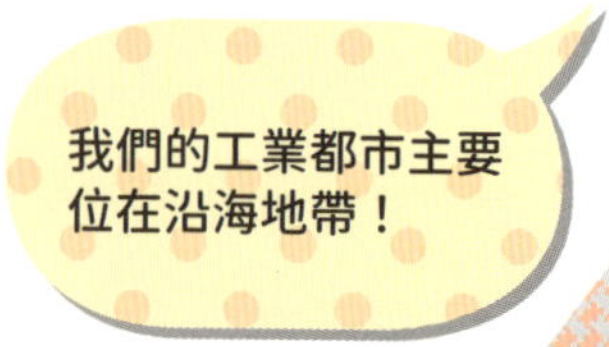

❶中國的地勢

中國幅員遼闊，南北長約五千五百公里，東西寬約五千二百公里，除了位於歐亞大陸的廣大領土之外，還包含海南島等多個島嶼，與中國接壤的國家高達**十四**個之多。西部有高聳的山脈橫亙，自南往北依序是：喜馬拉雅山脈、崑崙山脈、天山山脈及阿爾泰山脈。中國地勢「**西高東低**」，因此黃河、長江、珠江等大河由西往東流，在下游形成**三角洲**。

由於中國位在歐亞大陸東部，夏天受到從海洋吹來的東南季風影響，悶熱且多雨；冬天則受到從大陸吹往海洋的西北季風影響，寒冷且少雨。根據柯本（Köppen）氣候分類法（→P.290），中國屬於寒帶冬乾氣候（Dw）與溫帶冬乾氣候（Cw）；而內陸則因季風無法抵達，形成全年幾乎

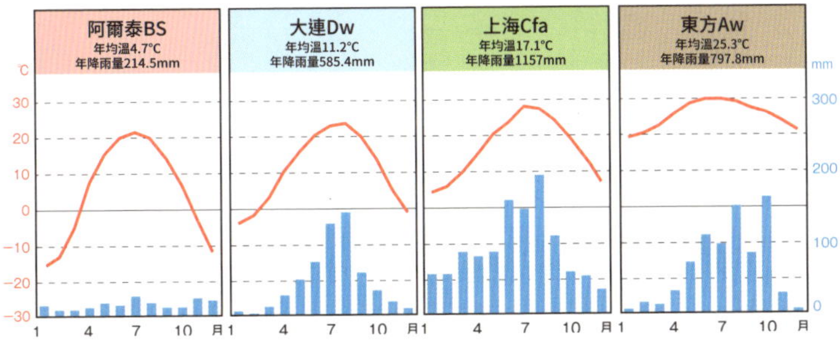

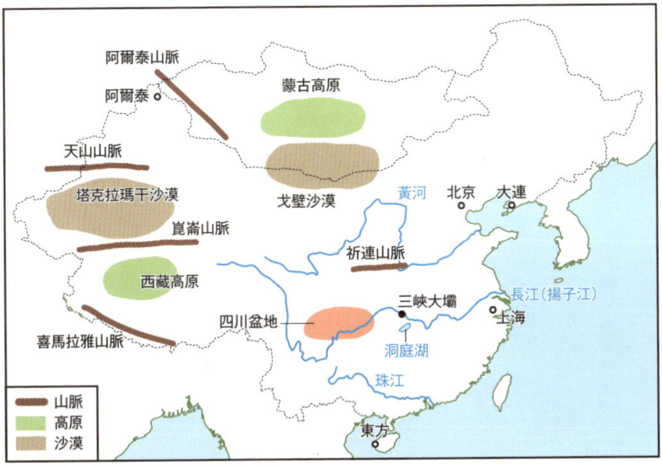

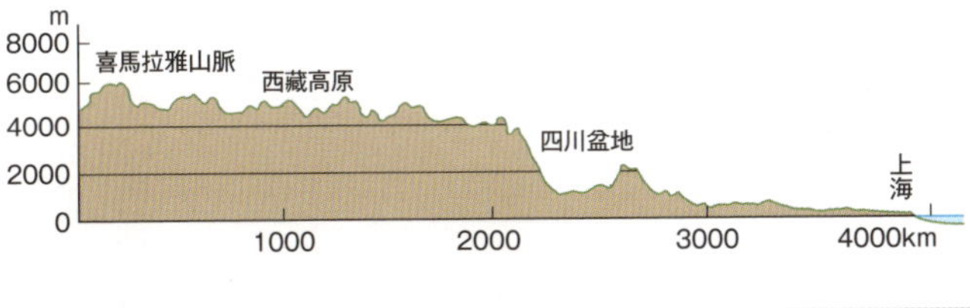

不降雨的**乾燥氣候**。

❷ 深具地方特色的中國菜

中國幅員廣大，幾乎可以與全歐洲國家的國土匹敵（若不計算俄羅斯的歐洲領地）。由於各地的地理環境不同，發展出多樣的飲食文化。其中最著名的是北京菜、上海菜、廣東菜及四川菜，此外還有各式各樣的菜系。

北京菜是在寒冷的北京發展起來的菜系，具有重油重鹽的特色，並大量使用小麥做的料理，像是包子、水餃、麵類等。

上海位在沿海地帶，自古就以海鮮料理聞名。**上海菜**的特徵是口味偏甜，味道濃郁。

廣東菜最著名的就是活用豐富食材製作的點心，如燒賣或魚翅羹等，特色是調味清淡，強調食材的原味。

四川菜多使用辣椒等辛香料調味，如麻婆豆腐、擔擔麵等遠近馳名的料理。四川菜之所以使用大量辛香料，是因為成都位於溼熱的盆地，容易引發地區性流行病，所以當地人利用辛香料促進發汗，幫助維持健康。

❸ 中國的人口與民族

中國的人口超過十四億，是世界人口最多的大國，由五十六個民族組成，其中漢族占總人口的百分之九十一，是最主要的民族。一九四九年中國建國時，人口約為五億四千萬人，在七十年間就增加了兩倍以上。

由於糧食難以供應不斷增加的人口，中國政府推動「一胎化政策」控制人口，限制每一對夫妻只能生一個孩子。一胎化政策取得了一定的成果，卻造成其他問題。在農村地區，孩子是寶貴

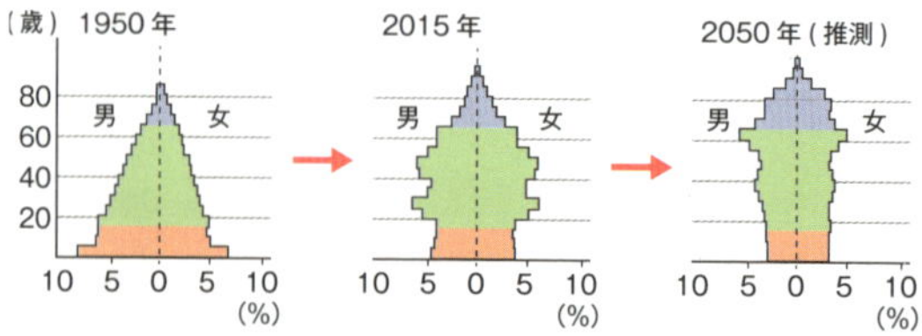

中國的人口金字塔演變

資料來源：World Population Prospects

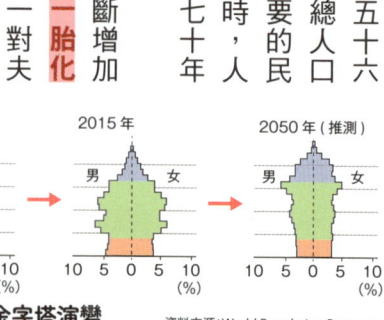

的勞動力，因此許多家庭只為長子登記戶籍，**其餘子女則成為無戶籍的黑戶**，男女比例漸漸失衡。

此外，**少子化迅速加劇，也引發人口高齡化的問題**。隨著中國老年人口比例超過一成，中國政府自二〇一一年起允許特定條件下生育第二胎；並於二〇一六年廢止一胎化政策。

以二〇一五年中國的人口金字塔為例，二十五至二十九歲的年齡層占比最高，而以下年齡層則顯著減少，由此可知**一九七九年推動的一胎化政策影響深遠**。

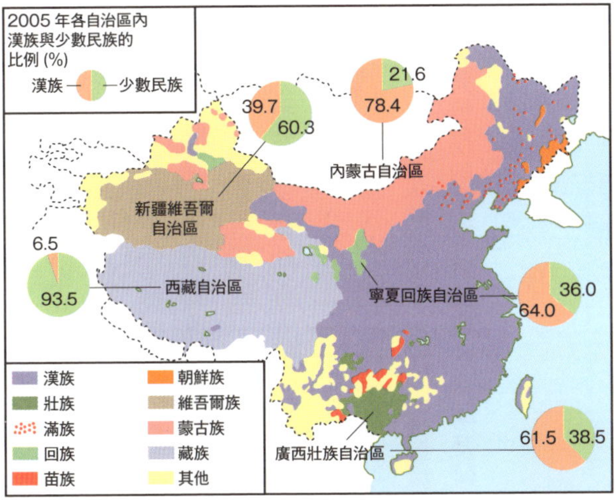

中國的五十五個少數民族中，人數最多的是**壯族**，再來是維吾爾族、回族、苗族、滿族、彝族、土家族、藏族、蒙古族。。其中，維吾爾族、藏族、蒙古族、回族、壯族都基於不同的理由建立自治區，又以**廣西壯族自治區**的人口最多。

4 生產與貿易概況

中國雖然較晚開始推動農業現代化，如今卻已是**世界數一數二的糧食生產國**。包括米、小麥、茶、棉花及馬鈴薯等農作物產量，以及牛、豬、羊的飼養數量都很多，生產的肉類和羊毛等畜產品**大多供應國內龐大的需求**。

由於棉織品需要大量的勞動力（勞力密集型產業），在薪資水準較低且人口眾多的中國，發展尤其蓬勃。中國成為全球棉織品的生產據點，因為材料需求量大，所以也進口大量棉花。在這樣的背景下，「**成衣**」和「**纖維製品**」成為中國主要的出口品項。此外，中國也是家電產品的全球生產據點，「**一般機械**」出口量名列前茅。

中國的鐵礦、煤、稀土金屬等礦產資源豐富，尤其**煤鑛產量居全球之冠**，因此以煤為原料的粗鋼產量也高，**汽車產業更是全球規模最大**。隨著經濟成長，具購買力的族群增加，中國內需市場逐年擴大。另外，中國**造船業的完工量也是全球最高**，與日本、韓國同為世界船隻的製造據點。再加上人民幣的匯率低，帶動中國船隻出口量達到世界第一。

中國擁有高達十四億的龐大人口，不難想像內需市場有多大，不只進口額僅次於美國，更**以全球最大貿易總額為傲**，主要貿易對象包含日本、美國及韓國。

5 經濟特區與經濟發展

經歷一九六六到一九七六年的文化大革命後，中國政府從**一九七八年起推動改革開放政策**，提出以**農業**、**工業**、**國防**、**科學技術**現代化為目標的「四個現代化」，積極引進先進國家的資本與技術。一九七九年，中國政府依序建設**廈門**、**汕頭**、**深圳**、**珠海**、**海**

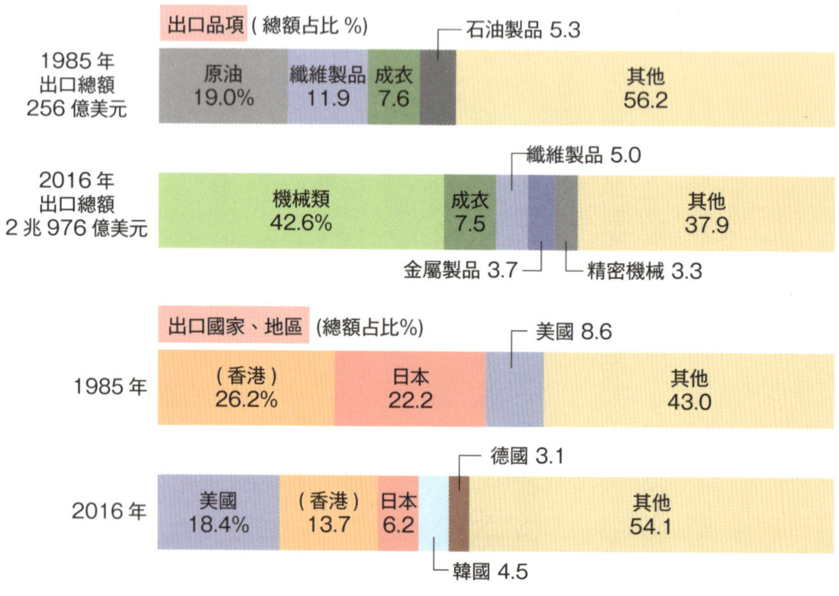

中國出口品項與出口國的變化

南島等**經濟特區**，並在特區中設置加工出口區，吸引外國企業投資。中國擁有大量薪資較低的勞動力，對於追求低生產成本的外國企業而言是一大利多。到了一九八四年，以上海為首的十四個沿海開放城市※進一步推動對外開放，並透過沿海地區的經濟增長帶動內陸發展。（※中國政府為推動經濟發展，特別指定一批靠近海邊的大城市，開放給外國企業來投資、做生意。）

現在的中國，除了機械、汽車、成衣等以低薪勞動力為主的勞力密集型產業外，高科技產業也發展亮眼。尤其是深圳等地區聚集許多高科技企業，運用中國龐大的人口基數生成大數據，持續推動產業進化。

香港街景

西藏布達拉宮

萬里長城

越南
這就是越南的胡志明市……
到處都是機車，好恐怖！
咦？會嗎？
中國妹已經習慣了吧……
日本妹，你來了！
咦？什麼聲音？
以前，越南曾大量從日本進口機車，但近年來，
我們已經建立起完整的生產體系。
這個聲音是……越南妹？
現在依然有越南人
把機車稱為「本田」哦！
這樣的車陣對越南人來說是家常便飯！
過馬路時猶豫不決，小心被撞哦！
尤其是一九八六年推動的改革開放政策，讓越南經濟大幅成長。
改革開放政策
①引進資本主義經濟
②與國際社會合作
③投資民生必需品
④緩和社會主義政策
摩托車也因此更加普及。
越南跟中國一樣是社會主義國家，後來才推動改革開放。
改革開放是引進市場機制發展經濟，但國家仍保有主導權。

越南深受中國的影響，對吧？
沒錯，佛教信仰也是從中國傳入。
不過，我們近年來為了南沙群島的主權問題而互相對立……
哎呀，你們別吵了！
難得來一趟，我們一起去吃越南美食吧！
啊！那麼……
來到越南一定要嚐嚐看越南河粉！
河粉是用米做的麵條，清爽又好吃！
沒錯！越南的稻米產量豐富，出口量也大。
真沒想到……
還有咖啡！越南咖啡通常會加入煉乳。
甜甜的，真好喝！
ON
越南的咖啡產量僅次於巴西，高居世界第二！
這都要歸功於越南北部的紅河跟南部的湄公河。
多虧了改革開放政策，工業發展也大有進步。
紅河
河內
海防
海南島
順化
峴港
湄公河
胡志明市
不過，越南南部的胡志明市人口遠比北部的首都河內還多，同時也存在貧富差距的問題……

基本資料

面積	33.1萬km²	人口	1億35.2萬人(2023年)
首都	河內	通貨	越南盾
語言	越南語(官方語言)、英語、法語、華語等		

民族

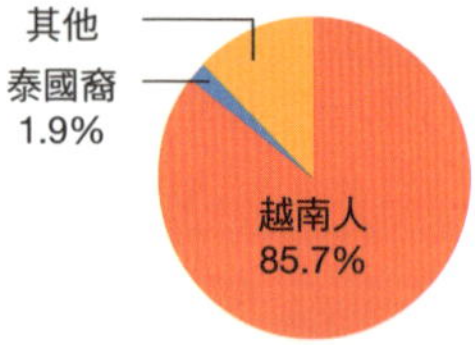

宗教

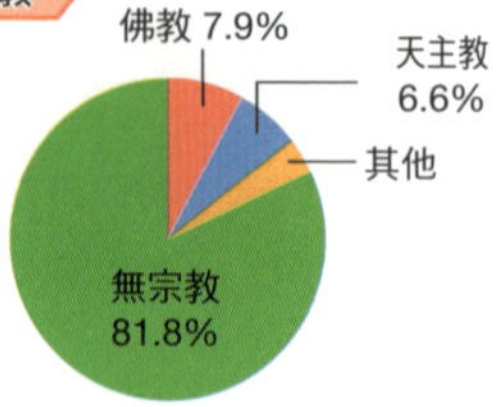

國旗

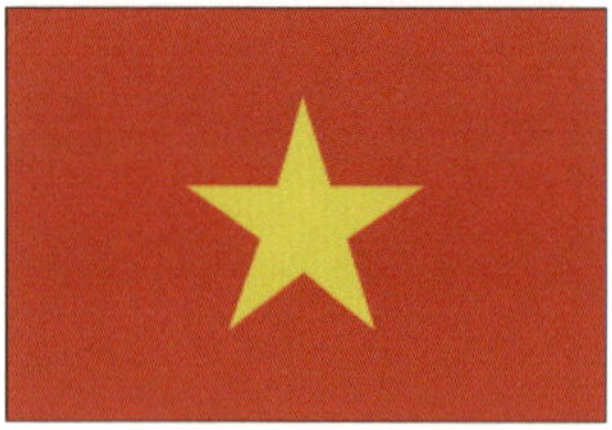

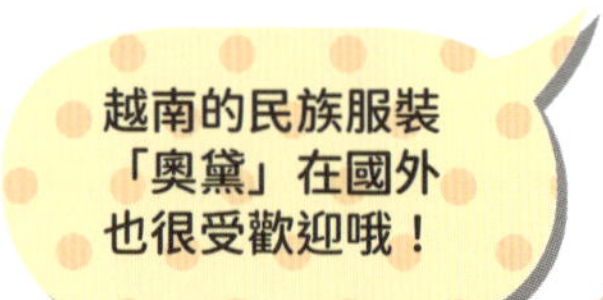

❶ 越南的地形與歷史

越南位於中南半島沿岸地區，是個南北狹長的國家，**過去與寮國及柬埔寨同為法國殖民地**，因此中南半島又稱為法屬印度支那。隨著越戰爆發，越南一度陷入南北分治，但在戰後重新統一，成為今日的越南。

越南境內**有兩大河流**：北部的**紅河**與南部的**湄公河**。兩條河的**下游形成大規模的三角洲**，稻米產量豐富，越南因此成為世界上少數的稻米生產國及出口國。由於氣候**高溫多雨**，部分地區甚至能進行一年兩期的稻作。此外，越南國土西部有**安南山脈**縱貫，形成天然屏障。

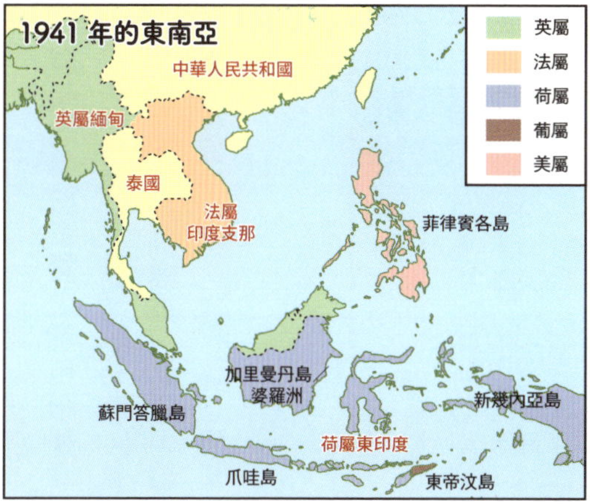

❷ 改革開放政策

越南的正式國名為「越南社會主義共和國」，至今仍然維持社會主義。不過，自一九八六年推行「**改革開放**」以來，國家的面貌大幅轉變。改革開放前，越南的糧食採配給制，國民只能按照規定時間和地點領取生活物資；經濟完全由政府主導，採取計畫經濟模式，但這種模式卻無法解決越南糧食不足和貧窮的窘境。

為了改善經濟，政府仿效中國推行改革開放，引進市場機制、吸引外資，發展出口產業，並鼓勵民眾透過工作賺錢購買商品。一九九一年蘇聯解體，越南隨後於一九九五年**加入東南亞國家協會（ASEAN，以下簡稱東協），走上與國際社會和解的道路**（冷戰時期，東協帶有反共色彩，所以越南無法加入）。

越南透過改革開放實現經濟成長，名目GDP與之前相比成長約四十倍。此外，越南境內的**鴻基煤**

礦、**大熊油田**與**白虎油田**產量豐富，還能用於出口。

隨著經濟發展，越南國內機車需求量也跟著增加，尤其是日本本田汽車在當地的工廠蓬勃發展，越南人甚至以「本田（HONDA）」代稱機車。如今，越南已從以進口成品與零件為主的模式，逐步建立起國內一貫化生產體系。

❸ 越南的咖啡栽培業

改革開放計畫中，越南政府最重視咖啡豆栽培與出口。隨著政策實施，咖啡豆產量增加了約二十倍，位居**世界第二名**，僅次於巴西。

越南的咖啡栽培始於法國殖民時期，因此當地沿用法語「café」來稱呼咖啡，且習慣深焙咖啡豆並花費長時間萃取咖啡液，所以越南咖啡苦味強烈，加入濃郁煉乳調製成的「牛奶咖啡」是最受民眾歡迎的飲用方式。

河內大教堂（當地最古老的教堂）

用米製作的國民美食「河粉」

日本妹與越南妹的聊天室

(8月某日，在胡志明機場)

越南河粉太好吃了！
謝謝你帶我去吃！

很高興能讓你更喜歡越南！對了，你接下來要去柬埔寨，對吧？

我想去看吳哥窟。

真好～吳哥窟已經入選世界遺產了！
它是從前高棉王朝時代留下的遺跡喔！

柬埔寨以前被法國統治過，那麼「吳哥」是來自法語的「encore」嗎？

怎麼可能嘛！（笑）高棉王朝始於九世紀、亡於十五世紀，比法國統治時代更早喔！

柬埔寨現在是雨季嗎？

沒錯，吳哥窟遺跡附近有個洞里薩湖，水位應該已經上升了，說不定還能看到農夫種稻的景象喔！

好多景點可去，真期待！那我出發了，謝謝你的照顧！

一路順風，下次再來找我玩！

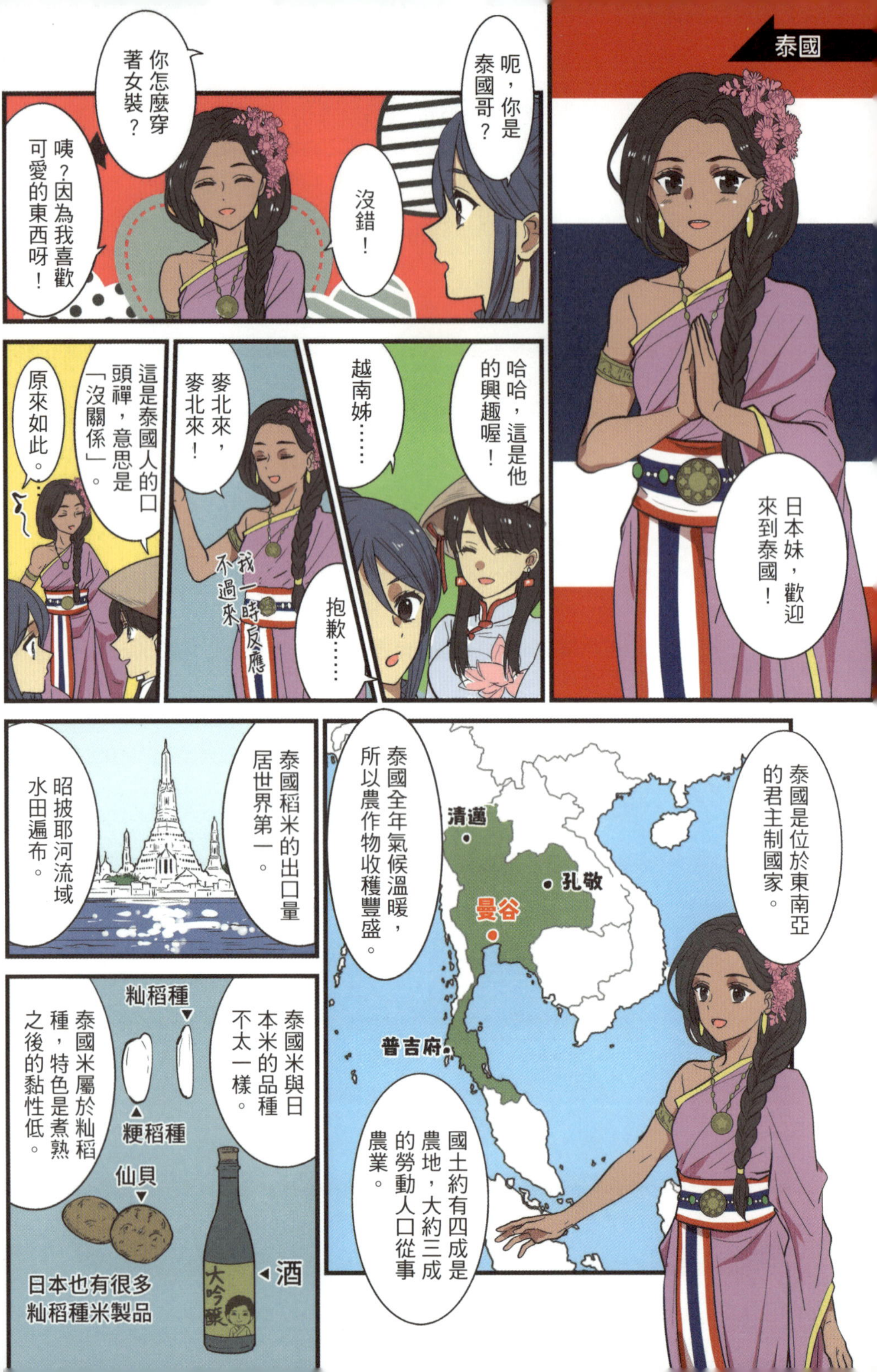
泰國
日本妹，歡迎來到泰國！
呃，泰國哥，你是泰國哥？
你怎麼穿著女裝？
沒錯！
咦？因為我喜歡可愛的東西呀！
哈哈，這是他的興趣喔！
越南姊……
抱歉……
麥北來，麥北來！
我一時反應不過來
這是泰國人的口頭禪，意思是「沒關係」。
原來如此。
泰國是位於東南亞的君主制國家。
泰國全年氣候溫暖，所以農作物收穫豐盛。
清邁
孔敬
曼谷
普吉府
國土約有四成是農地，大約三成的勞動人口從事農業。
泰國稻米的出口量居世界第一。
昭披耶河流域水田遍布。
泰國米與日本米的品種不太一樣。
泰國米屬於籼稻種，特色是煮熟之後的黏性低。
籼稻種
粳稻種
仙貝
酒
大吟釀
日本也有很多籼稻種米製品

泰國有八十三%的人口是佛教徒，可說是泰國文化的一大特色。
在泰國，男子一生中至少要出家修行一次。
每天清晨，僧侶會接受民眾的布施，是修行的一部分。
阿瑜陀耶
泰國古都阿瑜陀耶仍保留著過去阿瑜陀耶王朝的歷史氛圍。
此外，在素可泰歷史公園，可以看到泰族第一個王朝「素可泰王朝」的遺跡哦！
素可泰
聽說泰國菜在日本很受歡迎！
泰國菜的特色是混合了酸、甜、辣、鹹四種味道。
打拋豬肉飯
冬蔭功
而且，幾乎所有的泰國菜都會用到香菜。
香菜
椰汁咖哩
日本人也吃香菜，甚至有香菜口味的零食喔！
對了，泰國還有國技「泰拳」！這是一種結合拳擊跟踢擊的格鬥技。
天哪，太帥了！
喝！
對了，你知道泰國首都曼谷的正式名稱是世界最長嗎？
曼谷在泰語裡簡稱「恭帖」……
但完整名稱是「Krung Thep Mahanakhon Amon Rattanakosin Mahinthara Yuthaya Mahadilok Phop Noppharat Ratchathani Burirom Udomratchaniwet Mahasathan Amon Piman Awatan Sathit Sakkathattiya Witsanukam Prasit」。
好像某種咒語……

基本資料

面積 51.3萬km²

人口 7170.2萬人(2023年)

首都 曼谷

通貨 泰銖

語言 泰語(官方語言)、寮語、華語、馬來語等

民族

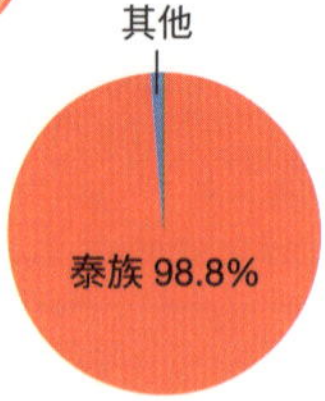

宗教

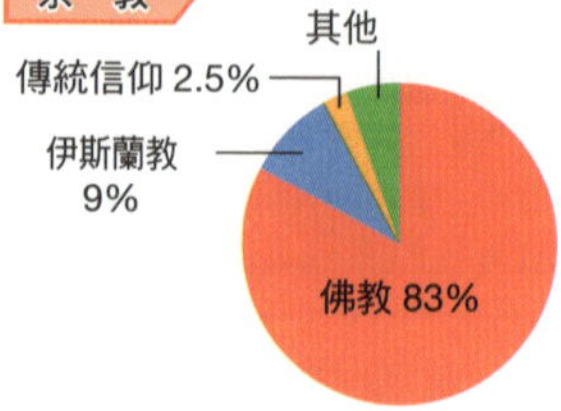

國旗

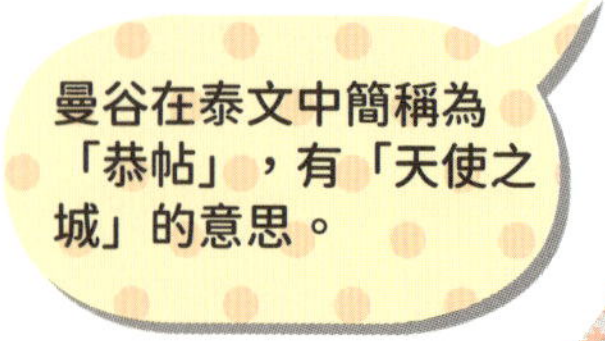

❶ 稻米出口與蝦類養殖興盛

泰國北部是山地，南部是沖積平原，東部是台地，領土最南端還涵蓋部分馬來半島。境內有**昭披耶河**流經沖積平原，農民在下游的三角洲從事大規模水稻栽培。泰國稻作以水稻為主要，部分地區則種植「**深水稻**」（生長於河邊、湖泊旁或河口三角洲地帶，莖可長達五到六公尺）。泰國的稻米出口量旺盛，一直在世界名列前茅。而說到「泰國米」，通常指秈稻，也就是大家熟知的長秈米。

此外，泰國沿海一帶盛行**蝦類養殖**。不過，由於養殖池是砍伐**紅樹林**後開鑿而成，也造成破壞熱帶雨林的問題。

❷ 觀光人次傲視亞洲各國

東南亞各國過去大多曾受到英國、法國、荷蘭、美國、葡萄牙等列強殖民統治，唯獨泰國作為英法的**緩衝國**，得以維持獨立。

泰國各地保留了許多古代王朝的遺跡，尤其是素可泰王朝和阿瑜陀耶王朝的遺跡群舉世聞名，加上氣候溫暖，觀光客絡繹不絕。一年有超過三千萬外籍旅客造訪泰國，外國旅客人數在世界名列前茅，國際觀光收入更是排名世界第四，居亞洲之冠，占泰國GDP約十三%。由此可知，觀光事業是泰國的中堅產業。

一九九七年，泰國經歷泰銖暴跌引發的**亞洲金融風暴**，這幾年終於重新站穩腳步，經濟逐步成長。

❸ 同時是汽車生產國

泰國也是世界聞名的汽車生產國，雖然產量不及世界前十大，卻是東南亞之冠，充分發揮東南亞生產據點的功能。

泰國很早就放棄發展國產車的想法，而是透過招攬外國企業進駐來推動汽車生產。受到泰國對國外汽車企業的優惠待遇吸引，許多日本廠商進入泰國設廠。一九八五年簽訂的「**廣場協議**」造成日幣升值，出口蕭條的日本汽車產業便加速推動泰國的生產，泰國因此成為日本汽車企業在東南亞的重要生產據點。

泰國人口數量約為七千萬人，汽車內需市場較大，不過，除了國內銷售之外，企業也積極將汽車銷往東南亞鄰近諸國，出口表現亮眼。

❹ 東協經濟共同體帶動發展

東協成立於一九六七年，當時正值美蘇冷戰期間，組織的成立目的是聯合反共國家，在國際政治上相互支援。然而，隨著一九九一年蘇聯解體，東協的性質也逐漸轉變，成為以促進區域內貿易和經濟發展為目標的經濟合作組織。

一九九二年，東協設立了「**東協自由貿易區（AFTA）**」，希望促進區域內的貿易交流，減少關稅與其他非關稅壁壘。不僅如此，東協還希望成為全球市場的重要生產據點，吸引國際投資（FDI）並增強成員國間的經濟合作。

到了二〇一五年，「**東協經濟共同體（AEC）**」正式啟動，目標是進一步提升自由貿易區的規模，擴大人員、物資和資金的自由流動。免除區域內關稅後，東協希望吸引更多企業設廠，藉此降低生產成本，推動生產線上的專業分工。冷戰結束後加入東協的多為開發中國家，隨著經濟快速成長，這些國家有望發展成前景看好的新興市場。

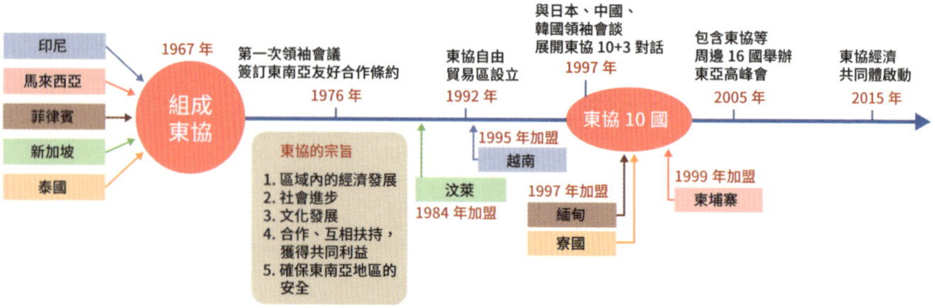

東協的演進

為吸引企業進駐，泰國允許在邊境地區設置經濟特區，促進貿易發展，並展現自己作為工業產品生產據點的優勢。這麼做不僅能有效利用當地的低薪勞動力，還能縮短產品輸往周邊國家的時間與距離，大幅降低生產和運輸成本。

泰國一共有
十八種性別認同喲！

曼谷佛統大塔
（世界最高的佛塔）

曼谷桑普蘭濱江園
（舊名玫瑰花園）

阿瑜陀耶遺跡
（世界遺產）

曼谷臥佛寺
（泰國最古老的寺廟之一）

新加坡是亞洲數一數二以觀光業為主要收入來源的國家。度假！購物！美容！
濱海灣金沙酒店
峇峇娘惹文化（彩虹街）
此外，身為多民族國家，多元文化也是新加坡的一大特色。
蘇丹回教堂
小印度區
新加坡
不過，我們最有名的還是魚尾獅！
噔
噔
震撼力十足，值得一看！
噗，魚尾獅可是世界三大令人失望的景點之一呢！
喂喂喂！放尊重一點！
真的嗎？
呵呵
十九世紀時，新加坡本來是英國的殖民地，
但在第二次世界大戰期間，被日軍占領……
沒錯！戰後，馬來西亞從英國獨立，之後，部分以華裔為主的民族脫離馬來西亞，建立了新加坡！

所以新加坡的人口中約七十五%是華裔，
不過，官方語言卻有四種！
Hi there
馬來語
您好
華語
英語
坦米爾語
Hello
雖然日常生活中主要使用英語，但政府承認四種官方語言，避免偏袒某一方，使民族之間不會因語言而對立。
新加坡的面積很小，對吧？
對呀！因此我們缺乏自然資源，大多仰賴進口。
不過，近年金融和觀光業相當興盛……
因此，「進口資源加工後再出口」的加工貿易，成為新加坡工業的重心。
裕廊工業區就是為此打造的工業地區。
別說這些了，這是我剛才買的洋裝，好看嗎？
哇！好可愛！
可愛
……
……那件衣服有打折或送贈品嗎？
咦？
浪費錢！
應該買這些才對！
買三送一!!
限時特價
20%OFF
先搶先贏
限量!!
不愧是熱愛優惠的新加坡人……

基本資料

面積 719 km²

人口 591.7萬人(2023年)

首都 新加坡

通貨 新加坡幣

語言 華語、英語、馬來語、坦米爾語(皆為官方語言)

民族

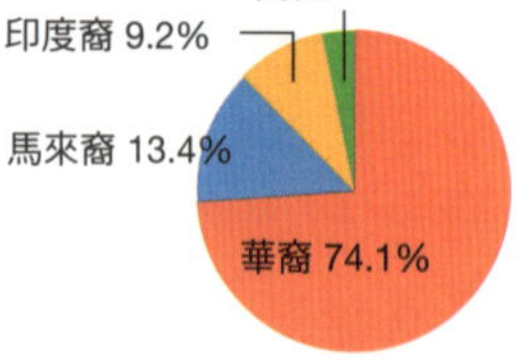
其他

宗教

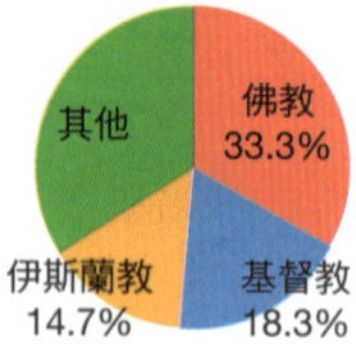

國旗

雖然我們的面積
狹小，還是有很
多觀光景點喲！

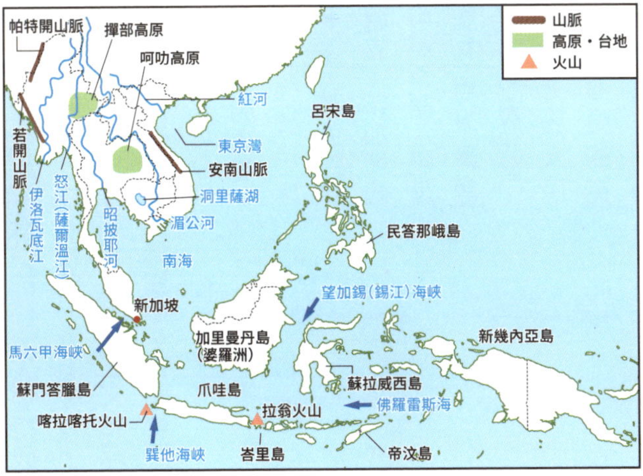

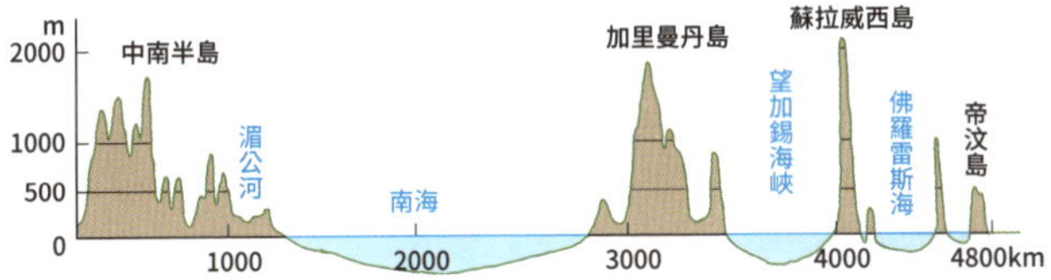

❶ 新加坡的自然環境

新加坡的國土面積約為七百二十平方公里，相當於二・六個台北市大。這個國家僅有一座主要都市，既沒有礦產等自然資源，也缺乏大規模的農耕地。此外，新加坡地勢平坦，沒有高山或主要河川匯聚，水資源相對稀缺，必須從鄰近的馬來西亞輸入淡水。

新加坡的氣候**高溫多雨**，四季如夏。由於位置在赤道附近，地球自轉對氣候的影響較小，因此幾乎不受颱風的影響。

❷ 多元的民族組成

新加坡約有五百九十萬人口，生活在有限的土地上，居民包含**華裔**、**馬來裔**及**印度裔**等三大民族，是一個**多民族國家**。

一九六五年時新加坡脫離馬來西亞獨立，當時，華裔居民不

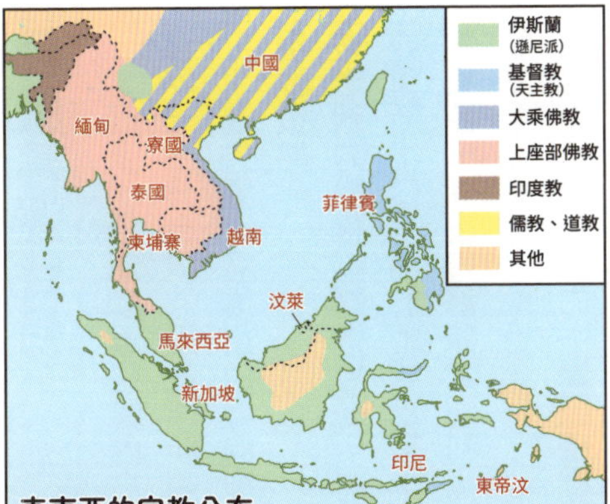

東南亞的宗教分布

滿馬來西亞政府推動的馬來人優待政策，決定脫離馬來西亞聯邦。六年後的一九七一年，馬來西亞政府頒布獨厚馬來土著文化的「**國家文化政策**」。

由於新加坡土地狹小，自然資源有限，因此培育人才成為政府最優先的政策。為了強調民族平等，避免族群對立，新加坡政府將華語、馬來語及坦米爾語訂為官方語言，再加上三大民族共通語的英語，當地共有四種官方語言。

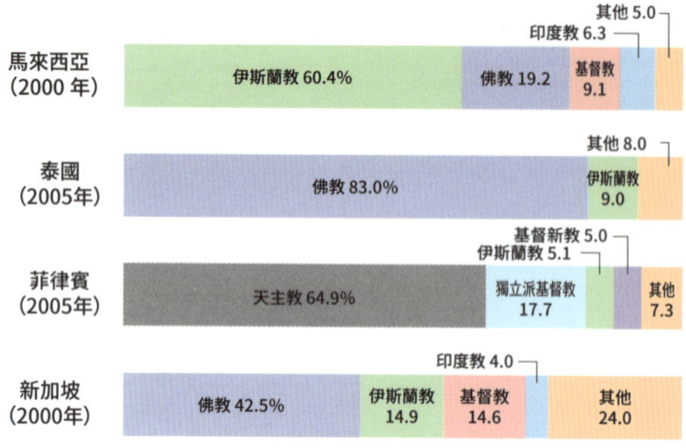

亞洲主要國家的宗教人口占比（%）

❸ 利用地利發展轉運貿易

新加坡是個小國，人口少，若僅以滿足國內市場需求為主，製造業的發展將十分有限。因此，新加坡政府設立**裕廊工業區**，引進外資，發展出口導向型工業，作為經濟發展的重要策略。

除此之外，新加坡也致力於推動轉運貿易，將進口的海外物品再加工或重新出口。由於地處馬來半島南端，正好連結南亞與東亞，進出口都非常便利，使新加坡成為全球轉運貿易中心之一。

正因如此，新加坡是全世界「唯二」出口依存度與進口依存度超過一〇〇%的地方；另一個則是香港。兩地都因地利之便，成為轉運貿易中心。其他知名的轉運貿易國家包括利用萊因河水運的荷蘭和比利時等。

新加坡夜景

魚尾獅

濱海灣金沙酒店

中國城

宮路老師的旅行日記

新加坡篇『我愛印度人！』

二〇一三年二月，我參加了一趟新加坡三天兩夜的短期旅行，費用為三萬六千日圓。

既然到了新加坡，當然要去賭場試試手氣！我先參觀了魚尾獅，然後前往對岸的濱海灣金沙酒店，賭場就在酒店的地下樓層。

新加坡規定外國人須出示護照才能進入賭場。這是我人生第一次踏進賭場，該玩什麼、怎麼玩，我一無所知。總之，我先兌換了籌碼，來到輪盤桌前坐下。我的生日在六月，所以決定把籌碼押在「六」號，接著緊盯著在輪盤上滾動的珠子，卻不停落空。期間又更換了不同的荷官，我的運氣也不見好轉，這大概是沒有人出老千的證據吧！直到輪到一位（應該是）印度裔的荷官，珠子終於掉進「六」號格了！

中大獎啦！我先後一共下注約八千日圓，最後一次中獎贏得三萬六千日圓，淨賺兩萬八千日圓。換句話說，這趟新加坡之旅實際只花了八千日圓。謝謝你，印度人！這趟新加坡之旅，讓我愛上了印度人。

來到印尼了！
原來印尼是島國啊！
……
印尼
你該不會是把印尼跟印度……
搞混了吧？
呃，嘿嘿嘿……
嗨！
印尼哥！
歡迎來到印尼！
接下來麻煩你了！
印尼是全世界島嶼最多的國家，
目前已知的島嶼就有一萬四千個，不過有人居住的島嶼只有四千個左右。
印尼的主要島嶼(面積)
新幾內亞島(約78萬6000km^2)
蘇門答臘島(約47萬4000km^2)
蘇拉威西島(約19萬km^2)
爪哇島(約13萬2186km^2)
峇里島(約5561km^2)
※台灣(約3萬6197km^2)
人口約有六成集中在首都雅加達所在的爪哇島。
島上保留了許多古老的傳統，
比如峇里島的卡恰火舞，
或是在婚禮上演奏的民族音樂「甘美朗」，
還有民族工藝「蠟染」，
以及爪哇島的人偶劇「哇揚皮影偶戲」。

印尼也是全世界穆斯林最多的國家，
擁有約兩億三千萬名伊斯蘭教徒。
不過，在西元十三世紀之前，印尼主要信奉佛教，後來又轉為信奉印度教，
許多島嶼仍保留了這兩大宗教的遺跡。
印尼和日本之間有什麼交流嗎？
有啊，而且隨處可見喔！
印尼是全球主要的蝦子出口國之一，
而且這些蝦子幾乎都出口到日本。
其實，日本是全世界蝦子消費量最大的國家！
我最愛吃炸蝦了……
不過，為了開闢養殖池，許多漁民大量砍伐紅樹林，
導致印尼失去天然的防洪屏障，更容易遭受海嘯襲擊。
此外，印尼開採的天然氣幾乎全部輸往日本。
例如在蘇門答臘亞齊地區開採的天然氣，會運往日本出資的工廠進行精煉。
日本也愈來愈常看到印尼餐廳了！
加了椰奶的料理真好吃！

印尼

基本資料

面積 191.1萬km² **人口** 2億8119萬人(2023年)

首都 雅加達 **通貨** 印尼盾

語言 印尼語(官方用語)、爪哇語等約700種語言

民族

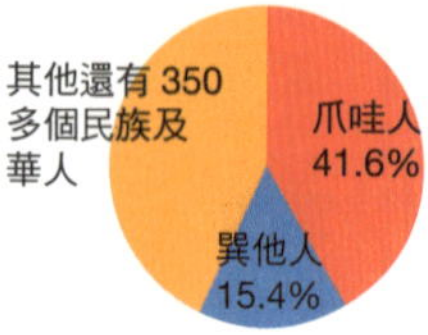

宗教

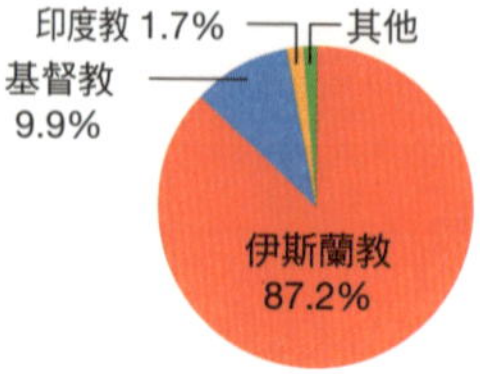

國旗

❶ 世界最多島嶼的國家

印尼由一萬七千多個大大小小的島嶼組成，與其說「印尼島嶼多」，不如說「印尼是建立在多島嶼地區的國家」。這麼多島嶼的形成，主要是因為**環太平洋地震帶**與**歐亞地震帶**正好在此處交會，造就許多**火山島**，而印尼也利用這個地理特點，以積極利用**地熱發電**聞名。

此外，印尼位於**聚合型板塊邊界**（➡P.276），因此地震也十分頻繁。

❷ 世界最大的伊斯蘭國家

印尼的國土面積約為一百九十萬平方公里，是台灣的五十二倍。全國人口約有**兩億八千萬人**，位居**世界第四**，僅次於中國、印度和美國。然而，印尼的人口並非分散居住在各個島嶼，而是約三分之二集中在首都所在的**爪哇島**。因此，印尼政府推動**國內移民計畫**，鼓勵民眾從爪哇島遷移到其他島嶼。

印尼約有九成國民信仰**伊斯蘭教**，是全世界伊斯蘭教徒人數最多的國家（約有兩億三千萬信徒）。儘管如此，印尼仍保存著多元宗教文化的遺跡，例如峇里島住著不少印度教徒，當地的印度教遺跡北沙基母廟（Pura Besakih）十分有名，而爪哇島上則有佛教遺跡婆羅浮屠寺，成為印尼珍貴的觀光資源。

❸ 發達的農、漁業

分析印尼的產業結構，第一級產業（農林漁牧業）的就業者占比約為三成，是印尼的產業重心。許多印尼人生活在農村地區，因此都市人口僅占總人口的一半左右。

印尼人善於運用**高溫多雨**的氣候環境，積極從事稻米栽培。由於人口眾多，國內稻米需求量高，因此印尼到處可見利用山坡地開墾的**梯田**，以增加產量。

此外，在荷蘭殖民統治期間，印尼因**強制栽培制度**開始種植甘蔗。至今，印尼仍仰賴種植天然橡膠、甘蔗、咖啡豆、可可豆等經濟作物為主的**熱帶栽培業**，且多數農民仍採**大規模栽培單一作物**的方式。不過，近年來愈來愈多農民試圖改變這種耕作方式。

漁業方面，印尼是全球第二大漁業生產國，僅次於中國。由於伊斯蘭教徒不吃豬肉，海鮮成為當地重要的蛋白質來源。此外，印尼的椰子產量也很高，椰子油和椰奶等加工品更出口至日本等地。

❹ 印尼的礦業

印尼的國土面積廣大，礦產等自然資源豐富，尤其是原油、天然氣及煤礦等能源資源。由於國內原油需求高，產量幾乎全部供應國內消費，因此印尼最終退出「**石油輸出國組織（OPEC）**」。

不過，印尼的天然氣和煤礦則大多用於出口，對日本出口品項的前三名就包含「**煤**」和「**液化天然氣**」。在日本的能源政策中，印尼扮演重要的角色。此外，印尼的煤出口量幾乎可以與世界排名第一的澳洲匹敵，且錫礦產量也位居世界前列。

在印尼的貿易出口額中，工業製品約占四成，相較於原料和燃料只占約三成，顯示印尼近年的工業發展不容小覷。其中，以油棕加工製成的**棕櫚油**以及椰子加工製成的**椰仁**出口旺盛，產量都在世界名列前茅，是印尼珍貴的外匯來源。

峇里島的建築

印尼炒飯

峇里島的寺廟

宮路老師的旅行日記

印尼篇『出發！峇里島巡禮！』

二〇一三年一月，我前往峇里島旅行。當時我剛開始學習水肺潛水，只要出國旅行，一定會選擇熱帶國家。不過，偶爾也想來一趟不潛水的旅行，於是我打算去蒙古。然而，查過資料後才發現，蒙古首都烏蘭巴托一月的平均氣溫約為零下二十一度，對於我這個從小在鹿兒島長大的南方人而言，體感溫度已經超過最冷的E氣候（柯本氣候分類中的極地氣候），而是F的等級了。當然，柯本氣候分類中並沒有F氣候。

總而言之，我放棄烏蘭巴托，改去峇里島（最後還是去潛水了……）。峇里島一月的平均氣溫是二十八度，雖說四季如夏，但由於位在南半球，一月同時也是雨季，平均降雨量高達三百六十毫米之多。不過，反正都要潛到海裡，下不下雨其實無所謂，重要的是風力大小，因為這會影響船隻是否能出海。

言歸正傳，我從羽田機場出發，搭乘印尼國航嘉魯達印尼航空前往峇里島。「嘉魯達」一詞來自印度教中的神鳥、主神毗濕奴的坐騎「迦樓羅」。印尼約有九成的人口信仰伊斯蘭教，然而航空公司卻取了與印度教相關的名字，十分有趣。

日本飛到峇里島約需要七個半小時，落地完成入關手續後，我立刻去兌換當地貨幣印尼盾。我前往機場旁邊的匯兌處，也不管匯率高低，先換了三萬日圓。當時一日圓約兌換〇．〇〇九四印尼盾，所以三萬日圓總共換得三一九萬一四八九印尼盾。一轉眼，我的錢包就被印尼盾塞滿了。如果這些是福澤諭吉（意指日本的萬元鈔）該有多好……我邊感嘆邊坐上飯店派來的迎賓車。在飯店整理好行裝，我又坐車去參觀需要付費的梯田景點。一張入場券僅需兩千印尼盾，按當時匯率約是十九日圓，非常便宜。

沒想到才說完峇里島的氣候、嘉魯達航空名字的由來和印尼低廉的物價，就把篇幅用完了。峇里島是個很有趣的小島，各位有機會一定要親身走訪看看，非常美麗喔！

離開印尼後，日本妹來到菲律賓。
很多國家都能看到菲律賓移工呢！
就是呀！
菲律賓
歡迎你們！
菲律賓好熱哦！
對呀，因為菲律賓屬於熱帶氣候。
菲律賓的面積約為日本的五分之四，人口卻有一億人。
呂宋島
馬尼拉
明多羅島
宿霧島
巴拉望島
班乃島
內格羅斯島
達沃
民答那峨島
我們跟日本同樣是火山國家，境內共有二十二座活火山。
一九九一年，皮納圖博火山爆發，引發全球氣候異常，日本也出現冷夏。
日本對火山爆發也很頭痛……
畢竟，火山爆發總會引發大災難。
但是，火山活動會形成溫泉，地熱也能用於發電，不只有缺點……
日本人對菲律賓有什麼印象？
這個嘛……聽說在江戶時代，馬尼拉曾有日本人聚居的「日本街」。
沒錯！
日本街是在對日貿易之下形成，全盛時期約有三千人居住！

菲律賓曾先後被西班牙、美國與日本占領，
至今依然受到這些國家的影響。
1521年 麥哲倫率領西班牙船隊到達宿霧，是第一批登陸菲律賓的歐洲人。
1565年 西班牙探險家黎牙實比率領遠征軍占領宿霧，將菲律賓納入西班牙殖民地。
1898年 西班牙於美西戰爭中戰敗，將統治權轉讓給美國。
1941年 第二次世界大戰期間，菲律賓遭日軍占領。
1946年 獨立，建立菲律賓共和國。
十六世紀，西班牙探險隊抵達菲律賓，開始傳播天主教。
現在，約有八十一%的菲律賓人信奉天主教。
此外，菲律賓的公車「吉普尼」
DIVINE
64
最初是用美軍的吉普車改造的！
街上常見的傳統雜貨店「沙里沙里」，
據說是模仿日本雜貨店的風格。
別忘了，菲律賓還是個水果王國！
菲律賓全年溫暖，因此可以經常性出口香蕉、鳳梨、芒果、椰子跟木瓜等熱帶水果。
我們有很多水果做的甜品，像是「哈囉哈囉冰」跟椰果等。
我要開動了！♡

基本資料

面積 30.0萬km²

人口 1億1489.1萬人(2023年)

首都 大馬尼拉都會區

通貨 披索

語言 菲律賓語(他加祿語)、英語，都是官方語言

民族

馬來裔、華裔、西班牙裔與其他族裔的混血、少數民族

宗教

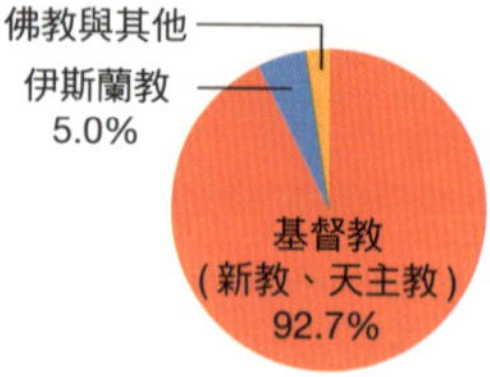

國旗

我們約有一成國民利用英語能力在海外工作哦！

① 地震帶的威脅

菲律賓由超過七千五百個島嶼組成，是一個多島國。由於**菲律賓海板塊**隱沒至**歐亞板塊**下方，在菲律賓東側產生**菲律賓海溝**，形成大量火山分布，例如著名的**皮納土坡火山**。火山帶來地熱資源，因此菲律賓積極利用**地熱發電**，地熱已是菲律賓的主要電力來源。

此外，菲律賓的國土沿著海溝縱貫南北，因此經常發生海溝型地震。自一九六〇年以來，菲律賓已發生至少一萬起以上的地震。

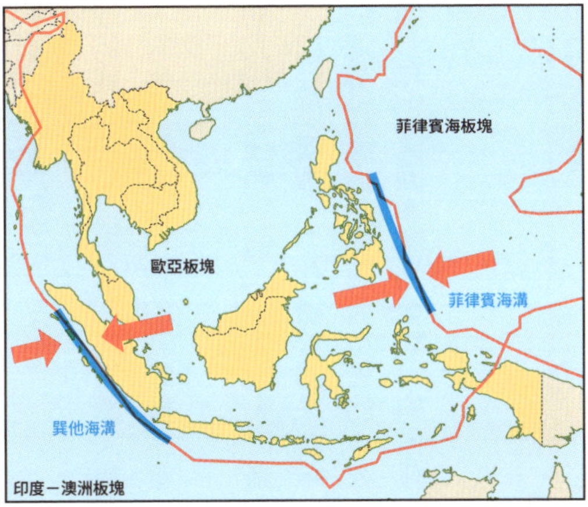

不僅如此，菲律賓還位於東北信風帶（北緯五至二十五度），同時也在颱風常經過的路徑上，每年平均有二十個颱風登陸。加上菲律賓地處熱帶，周邊海域水溫高、蒸發量大，颱風規模往往較大，時常造成嚴重損害。

② 菲律賓的語言與宗教

菲律賓在十六世紀中葉成為西班牙的殖民地。據說，「菲律賓」這個國名就來自十六世紀的西班牙國王腓力二世。過去，菲律賓的主要宗教是伊斯蘭教，但天主教在西班牙的殖民下日漸普及，如今菲律賓國民主要信仰**天主教**。不過，在**民答那峨島**及部分地區仍有居民信仰**伊斯蘭教**，例如**摩洛族**等族群。

一八九八年，美國與西班牙爆發美西戰爭，美國戰勝並接管菲律賓，結束了西班牙近三百年的統治。依據戰後條約，**波多黎各**、**關島**與菲律賓都成為美國的屬地。因此，除了**菲律賓語**之外，**英語**也列為當地的官方語言。

❸ 海外就業風氣盛行

菲律賓約有三成的就業人口從事第一級產業。由於地處熱帶，香蕉、甘蔗及稻米等作物的栽培業相當興盛。

然而，菲律賓的人口已超過一億，更曾因人口暴增引發關注。隨著人口快速增加，工作機會卻未能跟上需求，因此大量的海外就業人口成為菲律賓的一大特徵。據說，這些海外移工匯回本國的金額，約占菲律賓GDP的百分之八。

❹ 人口增加的隱憂

在亞洲各國中，人口增加最明顯的國家就屬菲律賓與巴基斯坦。一九九〇年，菲國人口數約為六二〇〇萬，但到了二〇一八年便增加至一億六五〇〇萬。菲律賓自古崇尚大家庭，認為「多子多孫多福氣」，且由於大多數人信仰天主教（反對人工節育），造成人口控制更加困難。未來，菲律賓的人口恐怕將持續快速增加。

描繪二戰期間巴丹死亡行軍的浮雕

從薄荷島眺望大海

薄荷島的風景（獲得聯合國教科文組織全球地質公園認證）

宮路老師的旅行日記

菲律賓篇『人生第一次的海外獨旅！』

以前出國旅行，我一定會找同伴隨行，除了帶領剛升上大學的學生認識世界，也舉辦過以潛水為主題的熱帶國家之旅。不過，這次，我想和大家分享我第一次獨自出國旅行的故事。

二〇一六年七月，我出發前往菲律賓的薄荷島。我從成田機場起飛，先抵達菲律賓首都大馬尼拉，接著轉搭國內線前往宿霧。在宿霧住了一晚後，第二天早上搭高速船抵達薄荷島。相比有名的宿霧，也許很少人聽過「薄荷島」，不過，這座島在水肺潛水圈其實相當有名。

這是我第一次在菲律賓潛水。當地潛水的賣點是「貴族潛水」，也就是從器材的設定到裝卸，都有工作人員全程服務。我偶爾想親自動手，工作人員卻笑著說：「這也是服務的一部分哦！」把我照顧得無微不至，真有種貴族般的感受，讓我甚至想捋捋鬍子裝腔作勢一翻。不過，我還得先留鬍子才行。

菲律賓最令我驚訝的是低廉的物價。一瓶啤酒僅需三十披索，按當時匯率換算約是六十六日圓。潛水過程中經常結識同船的潛水客，某晚，我和來自伊豆的五人組，以及當地的潛水嚮導一行七人去吃晚飯。結帳時，總額是兩千八百日圓，平均每人只要四百日圓！結果大家搶著付帳：「這麼便宜，我來出吧！」「不不，讓我來！」「別客氣！」結完帳，我們又去了按摩店，六十分鐘的服務僅需三百日圓。拜此之賜，我每天晚上都去光顧。

從按摩店回到飯店只需走路十分鐘，但我還是坐了嘟嘟車（三輪計程車），車費只要九十日圓。三天的旅程只花了一萬日圓，我準備的披索還剩下一半。於是，我在當地超市買了大量的芒果乾，把剩下的錢花光。最後，我帶著滿滿的幸福、滿滿的回憶，還有滿滿的芒果乾回到日本。

印度
是世界遺產泰姬瑪哈陵！
這是蒙兀兒帝國第五代皇帝沙賈汗為他的愛妻姬蔓・芭奴所建的陵墓。
由兩萬名工人耗費二十二年的歲月建造而成，
每年有兩百萬人造訪，是印度最著名的觀光勝地。
日本小姐，你好！
今天就讓我帶你體驗印度的魅力吧！
好！那麼就拜託你了！
一提到印度，大多數日本人都會想到咖哩。
但印度人真的經常吃咖哩嗎？
真的哦！不過，其實「咖哩」在印度並不是特定一道料理的名稱，
而是泛指所有加入多種香料的料理。
也就是說，很多菜都可以稱為咖哩，
就像日本相撲訓練場中的餐食全都叫做「相撲火鍋」，對吧？

「塔里」是印度人常吃的菜餚，
是將飯和香料料理盛在不鏽鋼盤上的料理。
其他美食還有坦都里烤雞、印度香飯、印度烤肉串等等。
這些料理我都聽過！
另外，印度的紅茶也很有名！
我們是世界最大的紅茶生產國。
大吉嶺、阿薩姆、尼爾吉里……這些是著名的紅茶產地都在印度。
大吉嶺
阿薩姆
印度
藍山
斯里蘭卡
烏巴
汀布拉
紅茶愛好者也許都聽過哦！
我要開動了……
啊！抓飯時必須用右手，對吧？
啊—
沒錯，印度人不用湯匙或叉子，而是用手抓飯。
我們認為左手不乾淨，基本上都使用右手抓飯。
這與印度教文化有關，我們約有八成人口信仰印度教。
印度教啊……

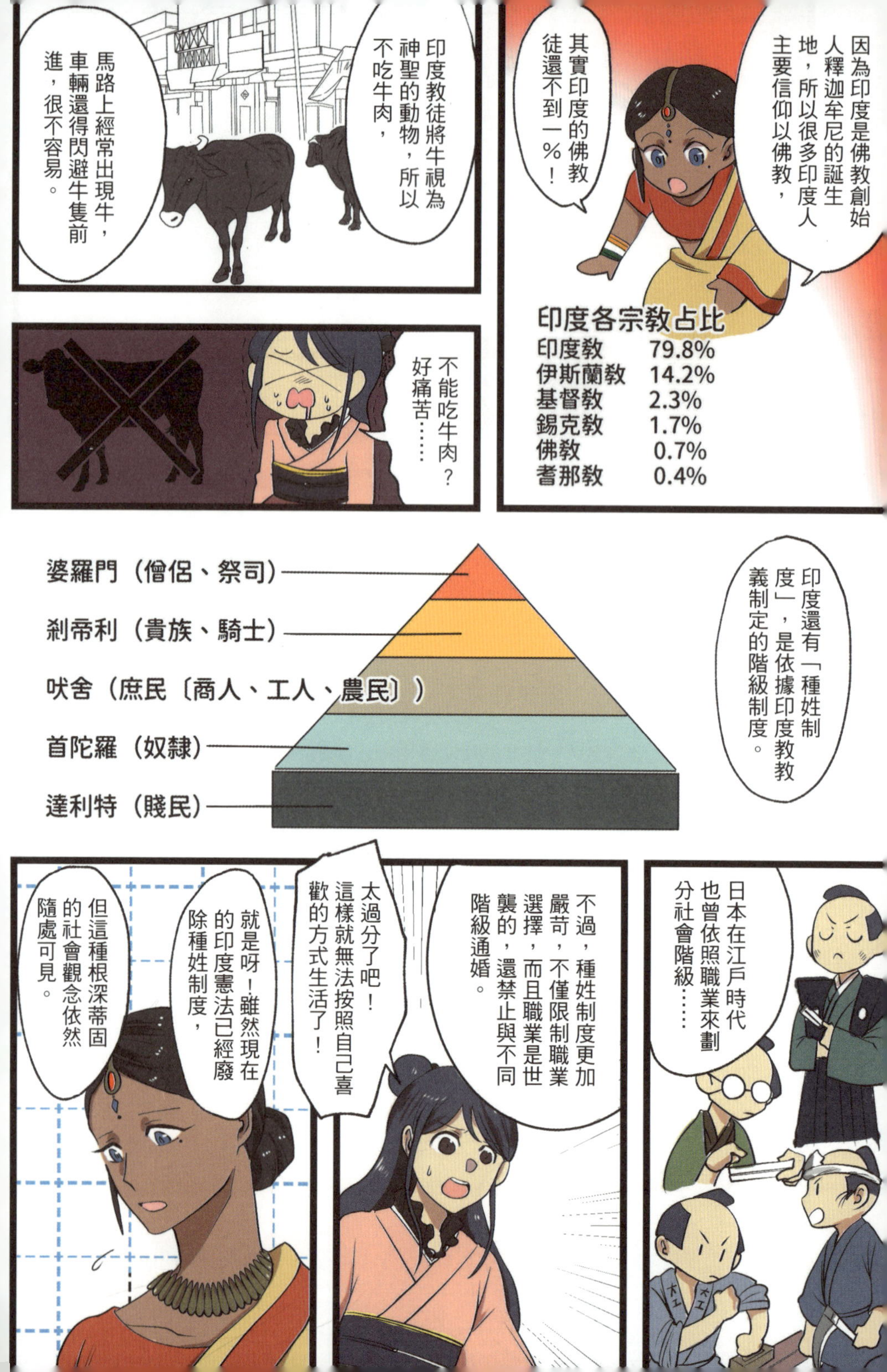
因為印度是佛教創始人釋迦牟尼的誕生地，所以很多印度人主要信仰以佛教，
其實印度的佛教徒還不到一%！
印度各宗教占比
印度教 79.8%
伊斯蘭教 14.2%
基督教 2.3%
錫克教 1.7%
佛教 0.7%
耆那教 0.4%
印度教徒將牛視為神聖的動物，所以不吃牛肉，
馬路上經常出現牛，車輛還得閃避牛隻前進，很不容易。
不能吃牛肉？好痛苦……
印度還有「種姓制度」，是依據印度教教義制定的階級制度。
婆羅門（僧侶、祭司）
剎帝利（貴族、騎士）
吠舍（庶民〔商人、工人、農民〕）
首陀羅（奴隸）
達利特（賤民）
日本在江戶時代也曾依照職業來劃分社會階級……
不過，種姓制度更加嚴苛，不僅限制職業選擇，而且職業是世襲的，還禁止與不同階級通婚。
太過分了吧！這樣就無法按照自己喜歡的方式生活了！
就是呀！雖然現在的印度憲法已經廢除種姓制度，
但這種根深蒂固的社會觀念依然隨處可見。

不過，近年來印度南部致力於工業化，積極發展先進產業，
創造出許多不在種姓制度規範內的新職業。
過去，印度以農業為主，但如今工業發展迅速，社會也變得更加富足。
不僅如此，從一九九一年起，印度引進市場經濟制度，轉向開放經濟，
出口導向型產業興起，帶動經濟大幅成長，甚至成為金磚國家之一。
說到這個，常聽說印度人的數學能力很強、頭腦聰明呢！
57
× 92
4514
10
63
5244
我們也利用這個優勢，積極向先進國家取經，逐步發展資訊產業。
吃完飯後，我帶你去觀光吧！
印度歷史悠久，屬於印度河流域文明的一部分，擁有很多相關的觀光景點。
此外，印度的國民運動「板球」跟寶萊塢電影都非常有名哦！

基本資料

面積 328.7萬km²

人口 14億3806.9萬人(2023年)

首都 新德里

通貨 印度盧比

語言 憲法規定的22種語言、英語(準官方語言)

民族

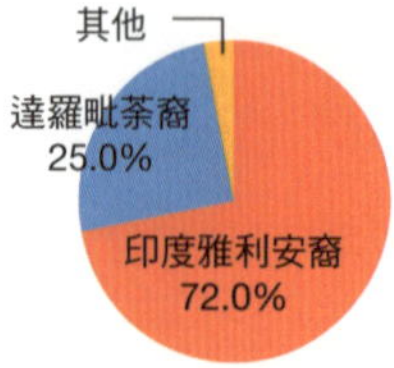

宗教

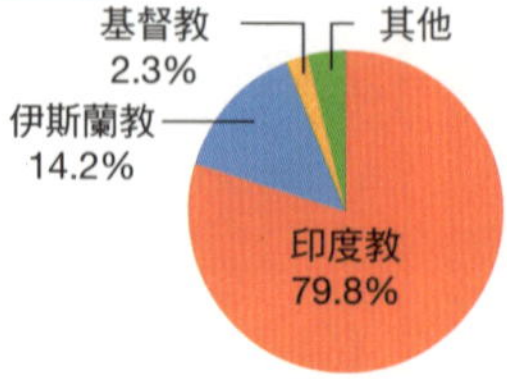

國旗

數學中零的概念就是印度人的祖先發明的哦！

❶ 印度的地形

印度國土面積廣闊，在世界排名第七，地形豐富多變。**喜馬拉雅山脈**橫貫印度北部，是由印澳板塊與歐亞板塊碰撞形成的**褶曲山脈**。遠古時代，印度曾是岡瓦那大陸（由盤古大陸分裂為南北兩塊而成，此為南方大陸）的一部分。後來，隨著印澳板塊向北漂移並與歐亞大陸碰撞，推高了海底的沉積物，形成今日的喜馬拉雅山脈。科學家在喜馬拉雅山脈頂峰附近發現魚類化石，這為山脈的海底起源提供了證據。

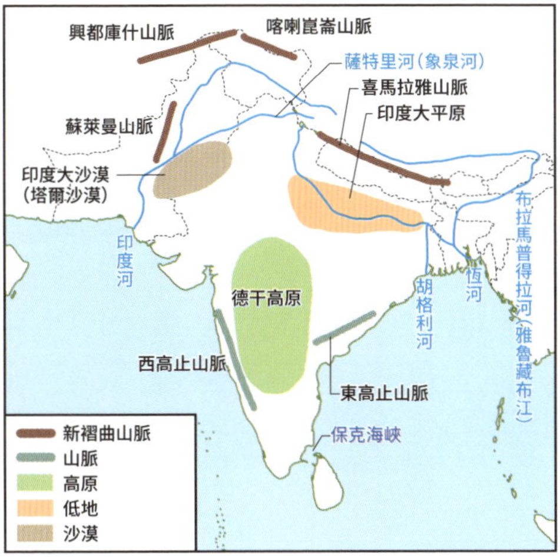

此外，喜馬拉雅山脈阻擋了夏季的西南季風，為山脈南麓帶來大量降雨。位在此地的都市乞拉朋吉，在一八六〇年至一八六一年創下全年降雨量達兩萬六千毫米的紀錄，相當於台灣十年份的雨量。

印度中部是廣大的**印度大平原**，諸多從喜馬拉雅山脈流下的河川在此匯聚形成**恆河**。恆河下游流入孟加拉，形成廣大的三角洲，也導致孟加拉經常發生水患。

印度南部則是寬廣的**德干高原**，土壤主要為玄武岩風化而成的**黑棉土**，因此在孟買、邦加羅爾、清奈及海德拉巴等地區很盛行**棉花**栽培。此外，德干高原阻擋了夏

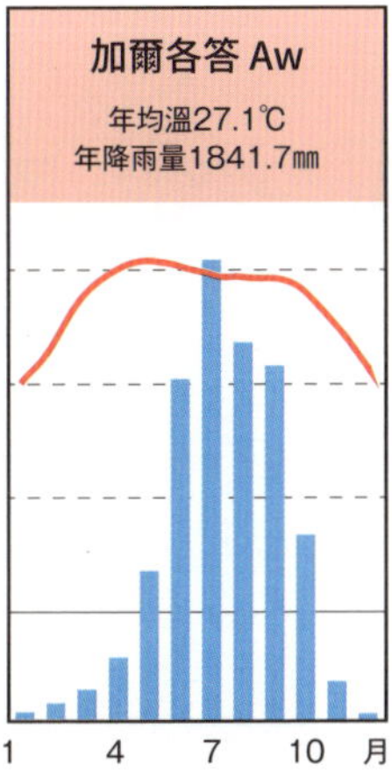

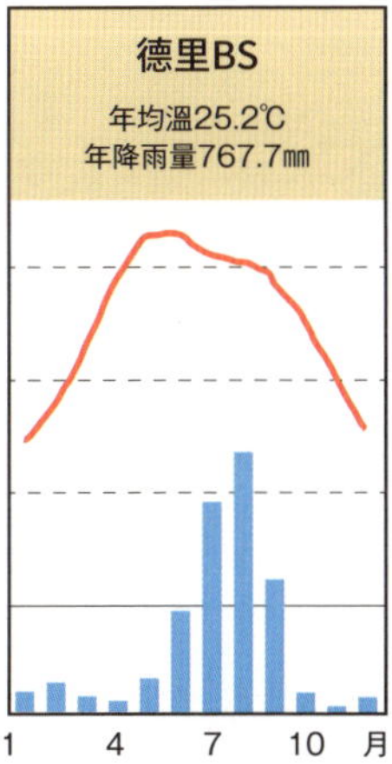

季的西南季風，造成印度西部與喜馬拉雅山脈南麓一樣，降雨量豐沛。

而印度西北部則因為不在季風路徑上，降雨量稀少，形成**乾燥氣候**。這個地區的主要灌溉來源是印度河，自古也多仰賴水運作為交通方式。

❷ 多樣的語言

印度國內人口數已超過十四億，使用的語言據說超過兩百種，即使是聯邦認定的官方語言**印地語**，也約有百分之四十一的國民無法使用。

除了印地語，印度還有另外二十一種官方語言，導致大多數印度電影都會拍攝多語言版本，因此印度的電影年產量也位居全球第一。

印度過去曾是英國的殖民地，英語成為全國通用的準官方語言。這種複雜的語言背景甚至反映在貨幣上，就連印度盧比紙鈔上也使用多種語言標示。

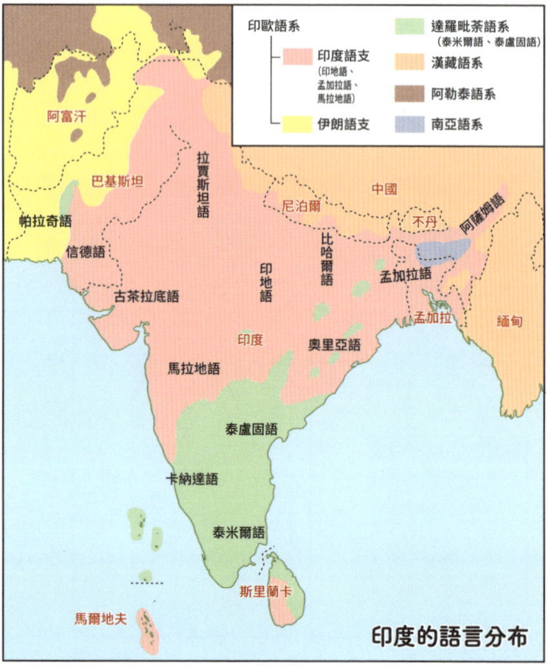

印度的語言分布

❸ 宗教與種姓制度

印度約有八成的國民信仰**印度教**，另外約有百分之十四的人信仰伊斯蘭教。雖然只有百分之十四，但換算起來也有一億九千萬人。

印度社會自古遵循「**種姓制度**」，梵文稱為**瓦爾**

那。種姓制度將主要將人民分成婆羅門、剎帝利、吠舍及首陀羅等四個階級，還有一些人不屬於這四種階級，稱為達利特（賤民）。

雖然印度在一九四九年制定的憲法中，已明文禁止對種姓和達利特的歧視，但隨著時代變遷，階級又依據職業、血緣和地緣等進一步細分出不同的層級，稱為**迦提**。目前據說有兩到三千種迦提，且大部分職業仍以世襲為主。許多印度人相信，只要此生認真打拚，就有機會轉世為更高的階級，因此部分的人仍安於現狀。

不過，也有人為擺脫種姓制度的束縛而改信伊斯蘭教。此外，近年興起的高科技產業創造許多種姓制度無法規範的新興職業，因此愈來愈多年輕人把高薪的資訊工程師當作職涯目標。印度高科技產業的發展如此耀眼，或許與脫離種姓制度的動機有關。

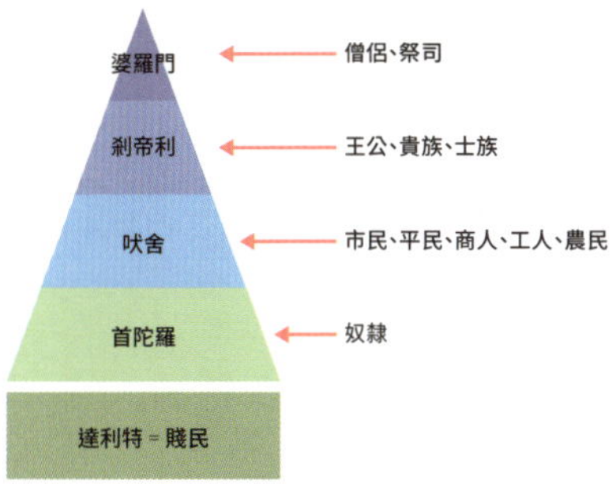

種姓制度

❹ 綠色革命與人口增加

在一九六〇年代中期以前，印度的糧食生產一直趕不上人口增加的速度，全國長期陷於慢性缺糧的困境，進口糧食成為常態。為此，印度政府引進**高產量的穀物品種**（其中以「奇蹟稻米」最有名），並推動農業現代化以增加糧食產量，稱為**綠色革命**。

儘管印度實現了全國糧食自給，但仔細觀察就會發現，各地區糧食供需仍存在失衡的現象。這是因為綠色革命不只需要高產量品種，也必須投入資金用於改善灌溉設備、化學肥料及電力等，因此，反而只有資本雄厚的富裕農家才能受惠。隨著後來經濟成長帶動民眾購買力提升，綠色革命才漸漸普及全國，當地居民的營養狀況也明顯改善。

到了一九九〇年代，印度的穀物產量維持穩定，且足夠供應出口，印度因此成為全球主要的稻米輸出國之一。正因為糧食供應充足，印度人口迎來爆發式成長，成為當今的人口大國。

❺ 印度經濟發展的特徵

印度剛脫離英國殖民時，採行混合經濟體制，依靠豐富的資源和廣大的國內市場，推動進口替代政策，以促進工業化。正如「從涼鞋到人造衛星」這句話所形容的，以鋼鐵業為首的重工業蓬勃發展，消費財多數成功轉為國產。但是，由於技術革新停滯和市場飽和等問題，一九九一年起，印度政府引進市場經濟，轉型為開放經濟體制，並發展**出口導向型工業**，積極招攬外國資本和技術，著重於軟體開發和汽車產業等領域。

近年，印度軟體開發產業蓬勃發展，主要得益於「**地利、語言、人才教育政策與企圖心**」等四個因素。以「印度矽谷」**邦加羅爾**為例，當地以軟體開發產業的集散地而聞名，東經八十度線正好通過此地，與美國中央地帶（西經一百度）**有十二小時的時差**，而美國中部的新創科技園區「**矽草原**（Silicon Prairie）」大約位在西經九十五度，加州的「**矽谷**（Silicon Valley）」則在西經一百二十度左右，這兩處都是高科技產業的集中地。印度利用與美國十二小時的時差，實現二十四小時不間斷的軟體開發作業，這便是「**地利**」優勢。

此外，英語是印度的準官方語言，同時是**電腦語言**的基礎，再加上印度重視數理**教育**，例如印度工科大學吸引許多懷抱夢想的考生，曾在二〇一七年創下篩選倍率高達一〇七倍的紀錄（一一八萬名考生競爭一萬一千個招生名額）。

在**種姓制度**的規範下，印度國民的職業基本上只能世襲，但軟體開發產業中的資訊工程師屬於新興職業，不在種姓制度的範疇內，種姓階級較低者也能從

阿旃陀石窟

胡馬雍陵

事，並有機會獲得高收入，這讓許多年輕人懷抱著**企圖心**報考工科大學，成為軟體開發產業蓬勃發展的助力。

汽車產業方面，日本汽車廠商在印度的銷售表現優異，但是印度本土車廠如塔塔汽車、馬恆達集團的市占率也持續增加。如今，印度的汽車產量已成長到全球前五名。雖然國內買得起汽車的消費者比例不高，但以龐大人口基數計算，數量依然可觀，對外國企業而言，印度仍是極具吸引力的龐大市場。

❻ 遍布世界的印僑

印度出國就業的人數十分可觀，這些在外國工作的**印僑**大致分為兩種。

一種是不需要高專業能力的服務業或體力勞動群體，主要分布在中東產油國、新加坡與馬來西亞等東南亞各國。尤其在**石油危機**之後（這場危機反而是中東國家經濟起飛的契機），許多印度人遠赴中東，填補當地不足的勞動力需求，他們大部分是伊斯蘭教徒（印度有百分之**十四**的伊斯蘭人口）。

另一種是需要專業能力、從事知識型工作的群體，如**資訊工程師**。他們主要前往美國、加拿大及澳洲等英語國家發展。此外，還有很多印度農奴的後代分布在斐濟、塞席爾、蓋亞那、肯亞、坦尚尼亞等國家。總體來看，印僑幾乎遍布世界各地。

泰姬瑪哈陵的前門

泰姬瑪哈陵

你下一站要去哪裡？
嗯——
這個嘛……
先來我家吧，日本妹！
孟加拉弟！巴基斯坦弟！
唉呀！
巴基斯坦、孟加拉
兩個都是印度的鄰國呢！
沒錯，而且這兩國原本屬於同一個國家喔！
呵呵
巴基斯坦原本是印度境內伊斯蘭教徒聚居的地區。
西巴基斯坦
巴基斯坦
東巴基斯坦
孟加拉
一九四七年，巴基斯坦從印度獨立，印度教徒遷入印度，留下的伊斯蘭教徒則成為巴基斯坦的主要人口。
獨立
印度教
伊斯蘭教
當時，巴基斯坦被劃分為東巴基斯坦和西巴基斯坦。
ね——っ
西巴基斯坦
東巴基斯坦
不過這兩地的文化、語言和經濟發展差距過大，
加上國土被印度隔開近一千公里，難以治理，因此東巴基斯坦於一九七一年宣布獨立。
巴基斯坦跟孟加拉確實大不相同呢！
9成人口信仰伊斯蘭教
（其餘1成是印度教、基督教、佛教等）
官方語言是孟加拉語
首都是達卡
總人口是1.71億
孟加拉
96.4%的人口是穆斯林
官方語言是烏爾都語，
但也說旁遮普語、
普什圖語跟信德語等
首都是伊斯蘭馬巴德
總人口是2.47億人
巴基斯坦

唔，這些說明還不足以展現巴基斯坦的魅力……
巴基斯坦的國民大多是伊斯蘭教徒。
與孟加拉相比，更具有國際都市的氛圍。
我們還有象徵古印度文明的摩亨佐達羅，值得一看！
而孟加拉是世界上最貧窮的國家之一，我們跟他們可不一樣！
嗚……我們也很努力耶！
好了好了，別吵架！
孟加拉位在恆河下游，國土幾乎全部是標高九公尺以下的低地。
因此，每當大雨來襲，恆河泛濫，就會發生水災。
不過，洪水也會從上游帶來養分豐富的土壤，使這裡成為適合農業發展的地區。
而且，孟加拉四季溫暖，一年可以收穫三次稻米，約有五成勞動人口從事農業。
尤其是白米產量，位居世界第四，穀物自給率超過九成！
話雖如此，孟加拉人口極為稠密，人口密度是世界之冠……
因此糧食還是得仰賴進口……
真辛苦啊……
(2022年)
每平方公里
1301人
日本…343人
※台灣…646.35人(2025年1月)

巴基斯坦基本資訊

面積 79.6萬km²　　人口 2億4750.4萬人(2023年)

首都 伊斯蘭馬巴德　　通貨 巴基斯坦盧比

語言 烏爾都語(國語)、英語(官方語言)、旁遮普語等

民族

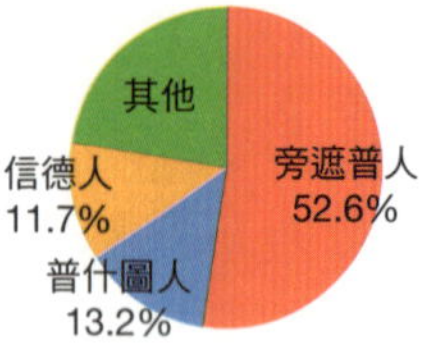

宗教

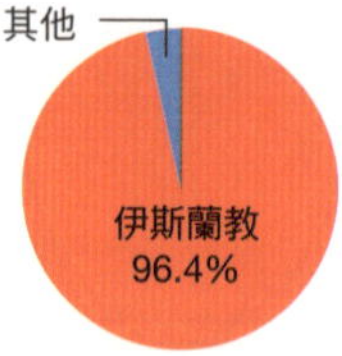

國旗

孟加拉基本資訊

面積 14.8萬km²　　人口 1億7146.6萬人(2023年)

首都 達卡　　通貨 塔卡

語言 孟加拉語（官方語言）、英語

民族

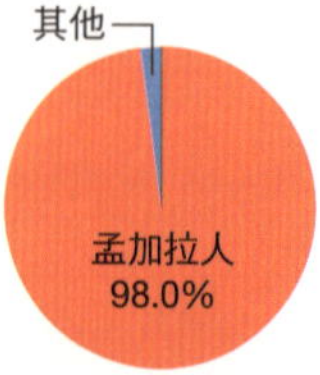

宗教

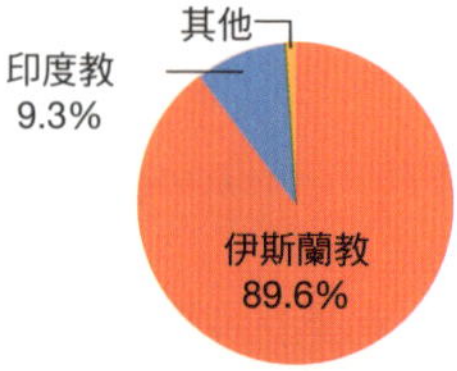

國旗

❶孟、巴原本同屬一國

南亞地區在第二次世界大戰後脫離英國殖民統治，印度與巴基斯坦在一九四七年以宗教人口分布為界，各自獨立建國。這主要是由於印度教徒與伊斯蘭教徒的對立日益加劇，不得不採取分治。當時的巴基斯坦由西巴基斯坦（現在的巴基斯坦）與東巴基斯坦（現在的孟加拉）組成，兩地雖然同樣信仰**伊斯蘭教**，但是在經濟和文化方面卻天差地別。

巴基斯坦位在印度河流域，地形以平原為主，因缺少夏季季風帶來的雨水而呈現**乾燥氣候**特徵，因此農業以**灌溉農業**為主，水源來自印度河。其中，**旁遮普地區**主要種植小麥和棉花，而**信德地區**則著重在出口為主的稻米生產。

孟加拉則位於**恆河**下游，國土大半是三角洲溼地，受季風影響，夏季多雨，稻米產量可觀，同時也盛產茶葉和黃麻。

兩地最明顯的差異是語言。巴基斯坦以**烏爾都語**為官方語言，孟加拉則以**孟加拉語**為官方語言。語言的隔閡加劇兩地的分歧，最終在印度的支持下，孟加拉於一九七一年脫離巴基斯坦獨立。

巴基斯坦	國名	孟加拉
①印度河流域的沖積平原 ②多沙漠與山地	地形	恆河、布拉馬普得拉河下游的三角洲濕地
乾燥氣候 (BW、BS) 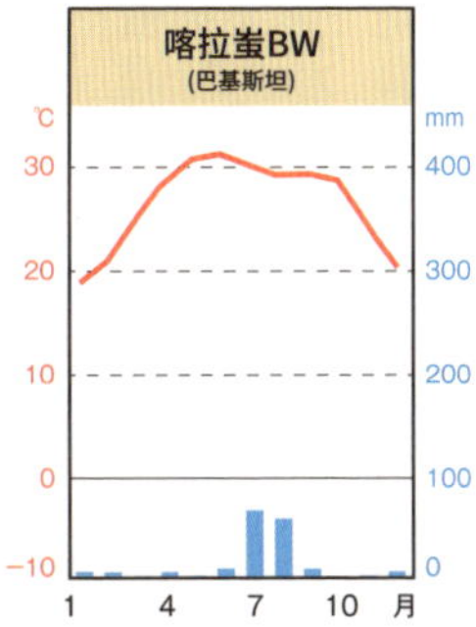	氣候	熱帶氣候 (Aw~Am) 多雨 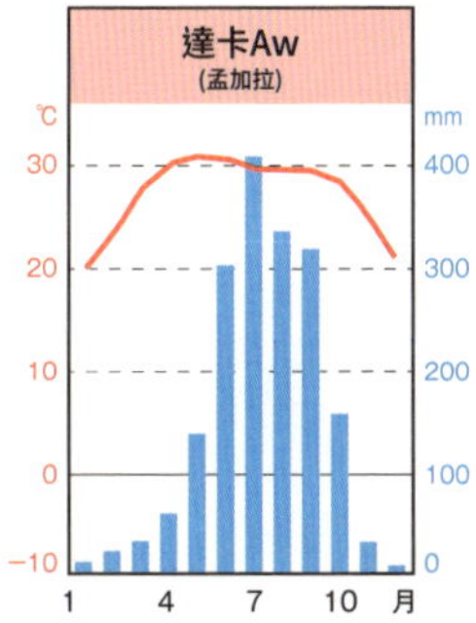
①旁遮普地區生產小麥、棉花、甘蔗等 ②信德地區栽培出口用稻米	主要農作物	①三角洲地帶生產稻米、黃麻 ②阿薩姆丘陵栽培茶葉
棉織工業為主的輕工業	工業	黃麻工業
旁遮普人	民族	達羅毗荼裔孟加拉人
烏爾都語（國語）、英語（官方語言）	語言	孟加拉語（官方語言）
伊斯蘭教	宗教	伊斯蘭教

❷ 巴基斯坦概況

巴基斯坦目前的首都是**伊斯蘭馬巴德**，但在一九五八年以前的首都則是**喀拉蚩**，而喀拉蚩現在仍是當地的第一大城市。

巴基斯坦擁有豐富原料和廉價勞力，棉織工業非常發達，是全球主要棉花產地之一。境內印度河下游的信德地區則盛產稻米，多用於出口。稻米在巴基斯坦的出口品項中排名前三，是重要的外匯來源。

伊斯蘭馬巴德的街景

巴基斯坦在印度西側，氣候很乾燥喔！

❸ 孟加拉概況

如果撇除都市型和面積極小的國家，孟加拉可說是全球人口密度最高的國家之一。每到夏天，熱帶氣旋帶來的大潮以及季風引發河水上漲，頻繁導致水災，例如首都**達卡**就深受水患的困擾。

由於孟加拉幾乎沒有礦產等自然資源，農業是當地的主要產業，稻米與黃麻產量豐盛。近年來，隨著中國經濟快速發展導致薪資水準上升，薪資相對低廉的孟加拉因此吸引外國擴大投資，帶動國內紡織產業成長，紡織品的出口占比也持續增加。

孟加拉在印度東側，經常下雨！

❹ 孟加拉獨立與第三次印巴戰爭

如前所述，南亞各國剛脫離英國獨立時，現在的巴基斯坦和孟加拉曾同屬一國。那麼，究竟孟加拉是如何走向獨立的呢？

當時，印度與巴基斯坦之間因為**喀什米爾地區**的歸屬問題導致關係劍拔弩張，甚至兩度引發**印巴戰爭**。一九七一年十二月，第三次印巴戰爭再次爆發，導火線是東巴基斯坦（現今孟加拉）發起的分離獨立運動。西巴基斯坦（現今巴基斯坦）掌握經濟實權，占據更多優勢，引發東巴基斯坦不滿。一九七〇年，一場大規模氣旋侵襲東巴基斯坦，造成二十到五十萬人死亡。然而，西巴基斯坦政府對此毫無作為，也未提供災害救援，激化了東巴對西巴的不滿。東巴基斯坦藉此機會發起獨立運動，而西巴基斯坦也立即派軍試圖武力鎮壓，造成大量東巴難民逃亡到印度。於是，印度出手干預分離獨立運動，最終演變成印巴全面開戰。**第三次印巴戰爭**以印度戰勝告終，東巴基斯坦則獨立為孟加拉。

與此同時，中國為對抗美國與蘇聯而成為核武國家，引發印度的危機感。為了應對，印度於一九七四年五月進行地下核子試爆，宣布成為世界第六個擁核國家。巴基斯坦見狀，也著手開發核武與之對抗，透過核武的「威懾力量」避免了第四次印巴戰爭開戰。

雖然印巴之間劃定了停火線，並尊重喀什米爾的特殊地位，但至今兩國軍隊仍然衝突不斷，雙方互相指責，未能真正達成和解。

說到阿拉伯，
就會想到石油王！
期待
興奮〃
路上小心！

第2章

西亞／非洲

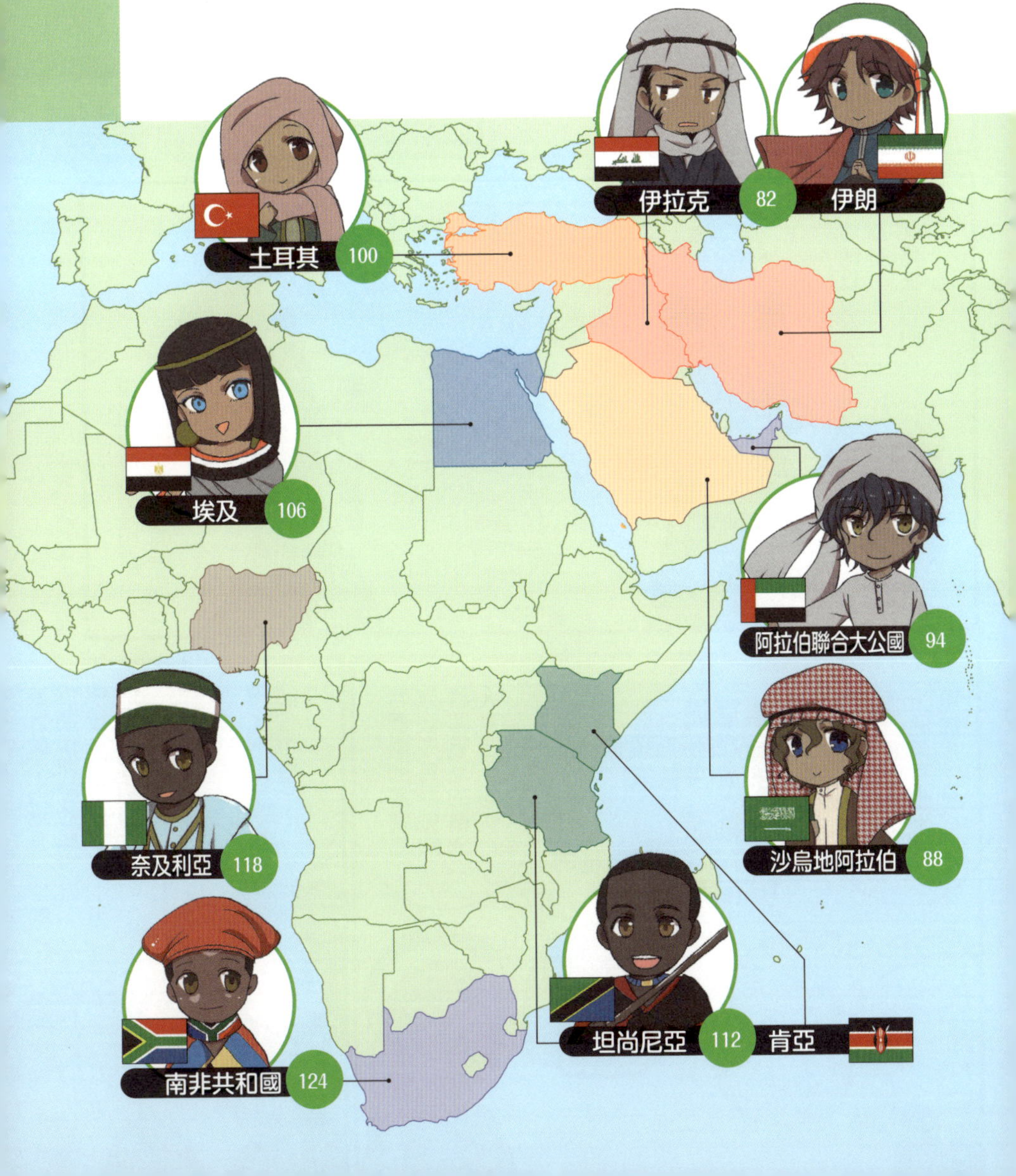

土耳其 100
伊拉克 82
伊朗
埃及 106
阿拉伯聯合大公國 94
沙烏地阿拉伯 88
奈及利亞 118
坦尚尼亞 112
肯亞
南非共和國 124

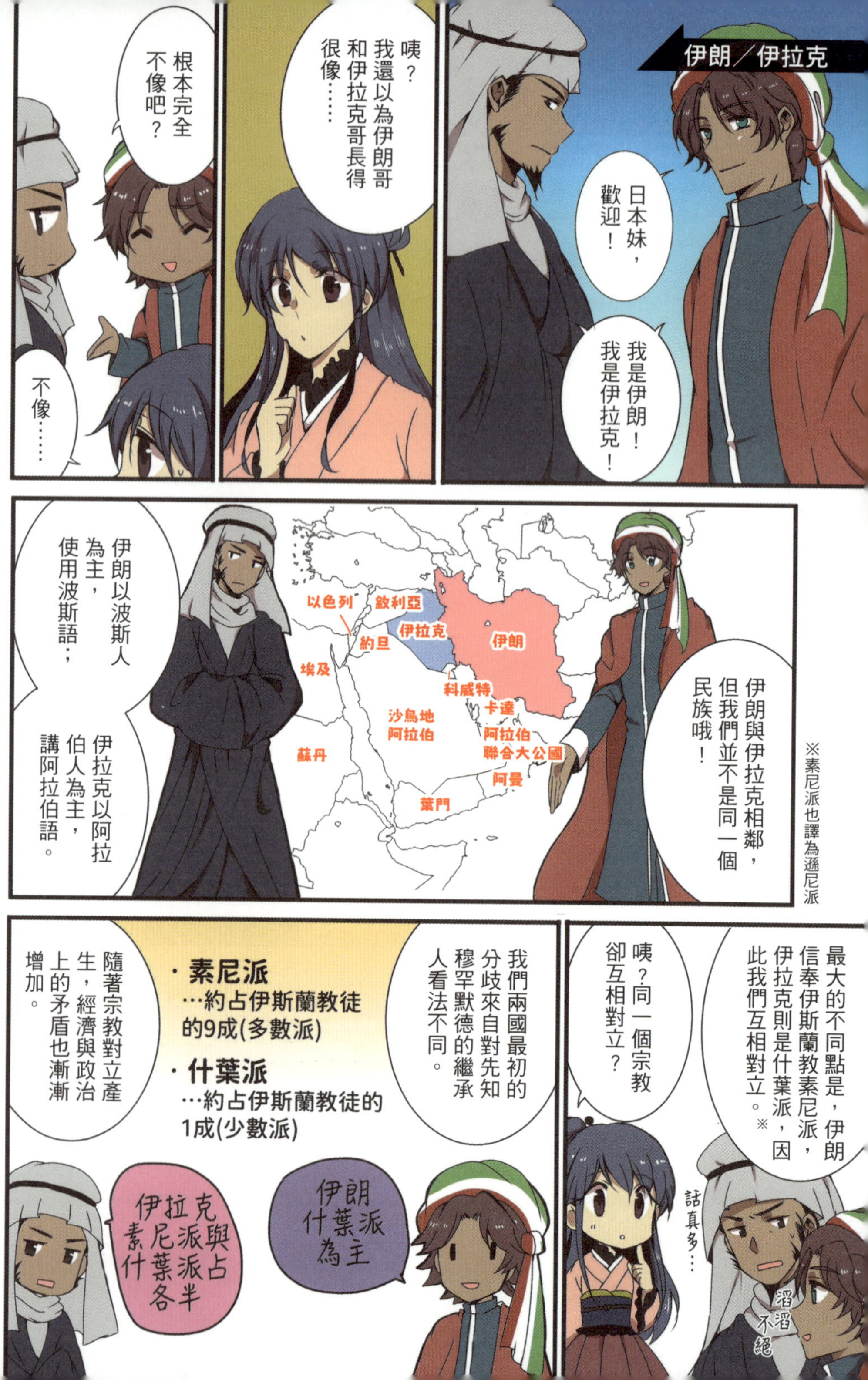

伊朗／伊拉克
日本妹，歡迎！
我是伊朗！
我是伊拉克！
咦？我還以為伊朗哥和伊拉克哥長得很像……
根本完全不像吧？
不像……
伊朗與伊拉克相鄰，但我們並不是同一個民族哦！
伊朗以波斯人為主，使用波斯語；
伊拉克以阿拉伯人為主，講阿拉伯語。
以色列
敘利亞
伊拉克
伊朗
約旦
埃及
科威特
卡達
沙烏地阿拉伯
阿拉伯聯合大公國
蘇丹
阿曼
葉門
最大的不同點是，伊朗信奉伊斯蘭教素尼派，伊拉克則是什葉派，因此我們互相對立。※
咦？同一個宗教卻互相對立？
話真多…
滔滔不絕
我們兩國最初的分歧來自對先知穆罕默德的繼承人看法不同。
・素尼派
…約占伊斯蘭教徒的9成(多數派)
・什葉派
…約占伊斯蘭教徒的1成(少數派)
隨著宗教對立產生，經濟與政治上的矛盾也漸漸增加。
伊朗什葉派為主
伊拉克素尼派與什葉派各占半

※素尼派也譯為遜尼派

伊朗過去曾隸屬於輝煌的波斯帝國。
波斯地毯
日本東大寺的正倉院至今仍收藏著從波斯經絲路輸入的物品。
波斯貓
不過，一九七九年伊朗革命後，傳統宗教價值觀取代了現代化的發展。
廢除男女共學
下令女性穿戴面紗
伊瑪目清真寺
古都伊斯法罕的伊瑪目清真寺更被譽為伊斯蘭建築的最佳傑作。
伊拉克則是美索不達米亞文明的發祥地，被稱為古文明的搖籃。
一千零一夜
首都巴格達經常出現在《一千零一夜》等經典作品中。
烏姆·庫拉清真寺
國土大部分是沙漠，夏季氣溫甚至可超過攝氏五十度，還曾創下世界最高溫的紀錄。
阿拉伯沙漠
我記得伊朗和伊拉克都是重要的石油供應國。
OPEC
石油輸出國家組織
伊朗
伊拉克
科威特
沙烏地阿拉伯
委內瑞拉
沒錯，OPEC的五個創始國中，就包含伊朗和伊拉克哦！
對了，伊朗和伊拉克曾發生過戰爭，對吧？
VS
Go! Go!
還長達八年……
沒錯。
兩伊戰爭
原因很複雜，涉及石油利益和宗教對立等因素。
或許有一點困難，
劈里啪啦
至今，伊朗跟伊拉克之間的關係依然不太和睦。
但還是希望你們能夠和平共處……
天啊

伊朗基本資訊

面積 162.9萬km²
人口 9060.8萬人(2023年)
首都 德黑蘭
通貨 里亞爾
語言 波斯語(官方語言)、亞塞拜然語、庫德語等

民族

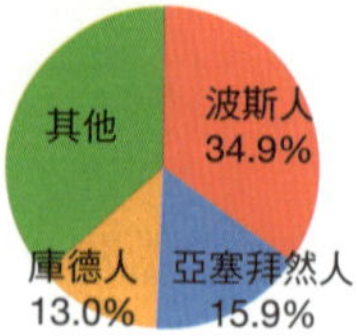

宗教

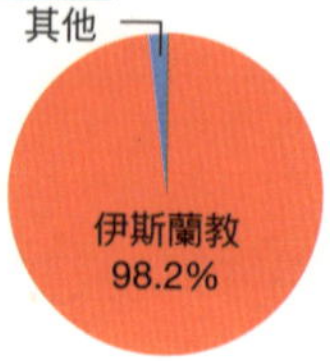

國旗

伊拉克基本資訊

面積 43.5萬km²
人口 4507.4萬人(2023年)
首都 巴格達
通貨 伊拉克第納爾
語言 阿拉伯語(官方語言)、庫德語(庫德斯坦地區官方語言)等

民族

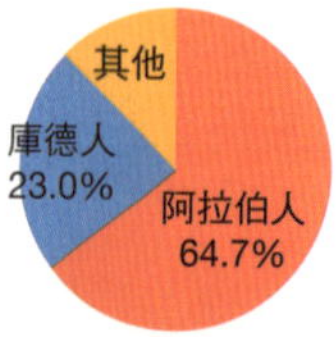

宗教

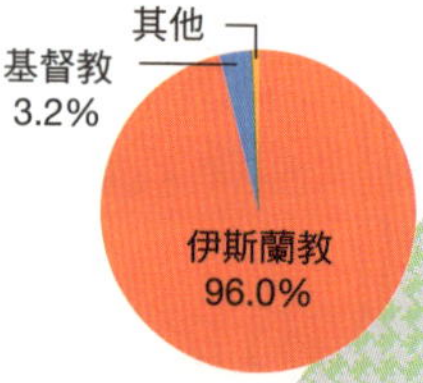

國旗

❶大不相同的兩個伊斯蘭國家

伊朗與伊拉克人口絕大多數都信仰**伊斯蘭教**，且**什葉派**在兩國都占多數，不過伊拉克卻是由**素尼派（又譯為遜尼派）**掌握政權。

伊朗的官方語言是**波斯語**，屬於印歐語系的印度—伊朗語族，這個語族還包含阿富汗的官方語言普什圖語，以及伊拉克庫德斯坦地區的官方語言庫德語等。但是，伊拉克的官方語言卻是亞非語系中的**阿拉伯語**。總而言之，兩國雖然信仰相同，但語言與文化卻大不相同。

伊拉克居民以阿拉伯人為主，有不少素尼派的信徒。
伊朗以波斯人為主，國民大部分信仰什葉派。
伊拉克
伊朗

目前，全球除了**石油輸出國組織**（OPEC）之外，還有另一個**壟斷資源**的聯盟，稱作**阿拉伯石油輸出國組織**（OAPEC）。這個聯盟由阿拉伯國家組成，因此非阿拉伯國家的伊朗無法加入。一九七九年**伊朗伊斯蘭革命**爆發，伊朗遵循伊斯蘭基本教義，由什葉派最高領袖掌握政權，成為政教合一的國家。此舉讓美國認定伊朗為反美國家，兩國自革命後已斷交多年。

❷兩伊戰爭

經過一九七九年的伊朗伊斯蘭革命，伊朗蛻變為新的國家，而伊拉克其實也經歷了同樣的情況。一九七九年七月，**素尼派**的海珊就任伊拉克總統，並建立高度集權的政權。伊朗與伊拉克關係日益緊張，且雙方長年以來持續在邊界問題上爭執不下，戰爭一觸即發。最終，伊拉克於一九八〇年九月進軍伊朗，引發

兩伊戰爭。

戰爭中，伊朗獲得許多鄰國支持。與伊朗同屬**什葉派**的敘利亞總統阿薩德下令切斷通過敘利亞境內的輸油管，使伊拉克無法輸出石油，重創伊拉克經濟。另外，以色列與阿拉伯各國對立（猶太人與阿拉伯人之間爆發過數次中東戰爭）；而利比亞與美國對立，兩國自然也支持立場相同的伊朗。

戰爭初期，伊朗形勢一片大好，直到一九八六年美國開始支持伊拉克，奉行「敵人的敵人就是朋友」的策略。與伊拉克同為阿拉伯國家的沙烏地阿拉伯與科威特等國也相繼支援伊拉克，形勢逐漸逆轉，伊拉克取得優勢。

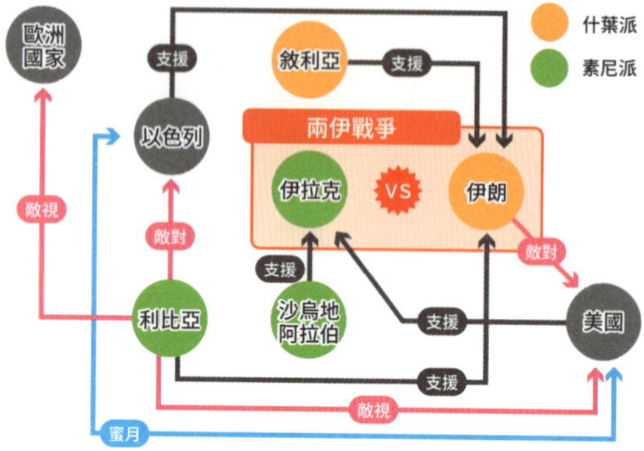

1980 年兩伊關係圖

隨著戰爭持續，愈來愈多人犧牲，據統計高達數十萬人死亡。最終，伊朗接受聯合國的停火決議，結束長達八年的兩伊戰爭。

這場戰爭不僅凸顯出波斯人與阿拉伯人，以及什葉派與素尼派之間的對立關係，也因周邊國家與歐美各國的干預，使局勢更加複雜。

③ 波斯灣戰爭與伊拉克戰爭

波斯灣戰爭發生於一九九一年，戰火從波斯灣周邊向外擴散。起因是**兩伊戰爭**（一九八〇到一九八八年）結束後，伊拉克積欠美國大筆軍事債務且難以償還，於是提出延長償還期限的要求，結果遭到美國拒絕。陷入財政困難的伊拉克於是入侵鄰國科威特，最終引發波斯灣戰爭。

在戰爭期間，一位十五歲科威特少女的證詞影響了美國的輿論。她含淚控訴：「伊拉克軍人在科威特使用化學武器虐待平民」、「伊拉克士兵在科威特的醫院，將保溫箱中的新生兒抓出來任其自生自滅」

等。她的證詞激起美國境內的反伊拉克情緒，當時的美國總統老布希決定派兵支援科威特時，支持率還一度遽增到史上最高的百分之八十九。然而，這位少女其實是當時科威特駐美大使的女兒。她在美國出生長大，並非生活在科威特，這段證詞被揭露是美國的公關公司按照科威特政府意向進行的**政治宣傳**。

美國這麼做的目的是**掌握中東的石油產業**。當初為了排除伊朗這個絆腳石，美國在兩伊戰爭中支持伊拉克；而當戰爭結束後，伊拉克失去利用價值，美國又毫不留情地予以打擊。結果，美國及其盟軍在波斯灣戰爭中並未推翻伊拉克海珊政權，只不過是對伊拉克實行了經濟制裁。

波灣戰爭結束後，美國要求伊拉克主動銷毀並放棄持有**大規模毀滅性武器**。原本應該會事先通知再進行武器檢查，後來卻改為突擊檢查，導致伊拉克官方態度轉趨強硬，美國於是對伊拉克進行軍事介入（**伊拉克戰爭**〔二〇〇三年至二〇一一年〕）。而美國積極的對外軍事行動，也成為國內經濟衰退的原因之一。

沙烏地阿拉伯
日本妹，歡迎來到沙烏地阿拉伯！
好、好多石油王……
都是
到處
日本妹？
哇啊～
你看太多動畫了！
快醒醒！
是！
你好！謝謝你們源源不絕的石油！
日本的原油有四成都來自貴國！
抱歉
沒什麼，別客氣！我們也從日本進口了汽車、機械和電器，算是彼此彼此！
燃料
石油
暖爐
輪胎
如你所說，我們擁有世界最豐富的石油蘊藏量，在OPEC中位居領導地位哦！
世界主要產油國
魯卜哈利沙漠
吉達塔
麥加
我們還在波斯灣沿岸設立成排的石油提煉工廠。
拜石油之賜，民生非常富足！
最早生活在這個沙漠地帶的是游牧民族貝都因人。
直到十六世紀，鄂圖曼帝國逐漸掌控阿拉伯半島。

伊斯蘭教聖地「麥加」也在沙烏地阿拉伯，對吧？
沒錯！
每年，高達兩百萬名朝聖者從世界各地前往麥加朝聖！
朝聖者會進入禁寺獻上祈禱，然後繞行卡巴天房進行「朝覲」。
除此之外，伊斯蘭教徒還必須遵守特定的行為準則，
伊斯蘭五功
①念（宣誓信仰）
②禮
③課（奉獻所得）
④齋
⑤朝
並在規定的時間朝向麥加的方向禮拜。
許多日本人沒有特定宗教信仰，真佩服你們能夠嚴格遵守宗教教義來生活！
佛教
神道教
基督教
也是
如果不准我吃豬肉，我會很難受……
豬肉
禁食!!
嗚嗚嗚
啊
不過，
在沙烏地阿拉伯的豪華宴席上，有時會烤整頭駱駝來款待賓客！
駱駝對居住在沙漠的我們來說可是很珍貴的哦！
駱、駱駝！

基本資料

面積	220.7萬km²
人口	3326.4 萬人(2023年)
首都	利雅德
通貨	沙烏地里亞爾
語言	阿拉伯語(官方語言)

民族

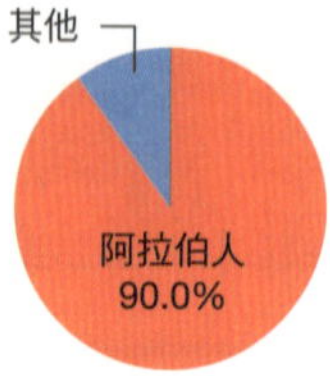

宗教

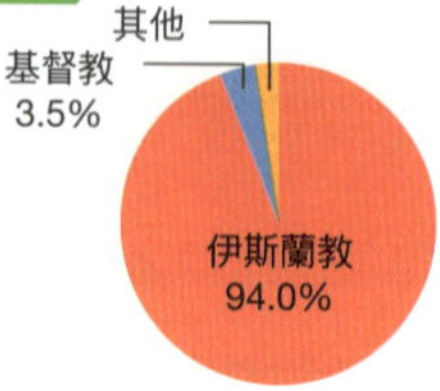

國旗

我們只有1.5%的國土可以耕作，所以糧食主要仰賴進口。

❶ 絕大多數國土是沙漠

西亞在地形上大略分成三部分：**北部由阿爾卑斯—喜馬拉雅造山帶**橫貫，形成阿富汗到土耳其地區**連綿不斷的山地和高原**；**中部是廣大的沖積平原**，主要是由**底格里斯河**及**幼發拉底河**沖積而成的**美索不達米亞平原**；**南部則是以高原地形為主的阿拉伯半島**。阿拉伯半島在遠古時代曾是岡瓦那大陸的一部分，地勢西高東低，半島西側的紅海屬於**張裂型板塊邊界**（➡P. 276），科學家普遍認為紅海是因阿拉伯半島從非洲大陸分離而形成。

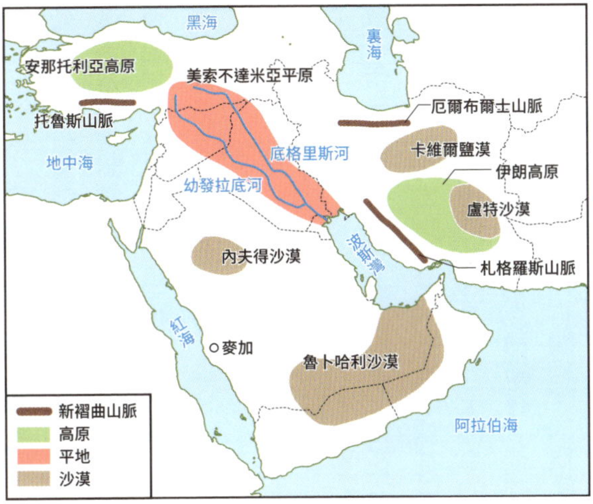

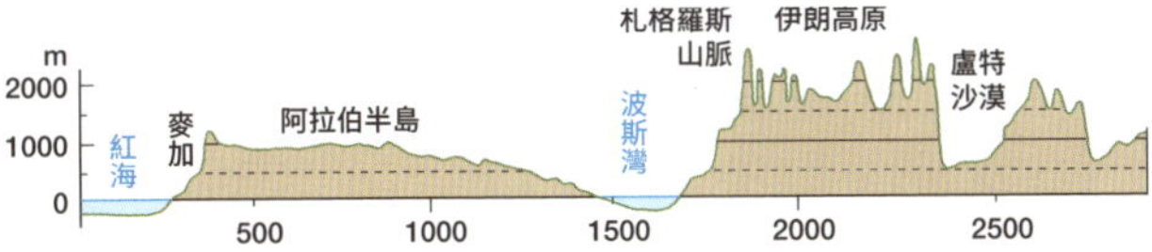

沙烏地阿拉伯位於阿拉伯半島上，北迴歸線橫穿阿拉伯半島中央，所以**當地全年受到副熱帶高壓的影響**，全境幾乎都屬於沙漠氣候。首都**利雅德**的年降雨量不到一百公

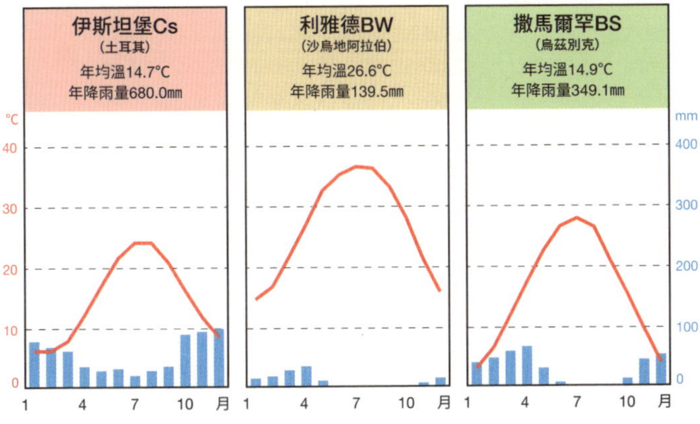

聳，這造就了許多**乾谷**，也就是偶爾降雨時才有流水的河道，是當地獨特的地理風貌。由於自古缺乏水資源，沙烏地阿拉伯致力於開發地下水。然而，近年因擔心地下水枯竭，當地也開始**透過海水淡化技術滿足用水需求**。

❷ 伊斯蘭教的發源地

伊斯蘭教由**穆罕默德**於七世紀初創立，與基督教、佛教並列為**世界三大宗教**，信徒遍布世界各地。據說，穆罕默德的姊姊是世界上最早的伊斯蘭信徒。信仰伊斯蘭教的信徒稱為**穆斯林**，他們信奉唯一的真神阿拉，並遵循聖典《古蘭經》的規範。伊斯蘭教的聖地包括耶路撒冷、穆罕默德的出生地**麥加**，以及他過世的城市**麥地那**。每年，全世界的穆斯林都會前往麥加朝聖。

伊斯蘭教分為素尼派與什葉派這兩大宗派。其中，沙烏地阿拉伯的人口絕大多數信仰**素尼派**，且**大部分屬於尊崇伊斯蘭基本教義的極端保守派「瓦哈比派」**，是一個政教合一體制的國家。

❸ 世界主要產油國之一

沙烏地阿拉伯的石油儲量位居全球第二，僅次於委內瑞拉，而石油產量也名列前茅，與美國及俄羅斯比肩，在**石油輸出國組織（OPEC）**具有領導地位。沙烏地阿拉伯人口數僅約三千萬，因此國內石油消耗量較低，所開採的石油幾乎全部用於外銷，使該國成為世界最大的石油出口國。

原油產出量（最右欄為全球占比）

國名	1937（萬噸）	1980	2000	2015	%
俄羅斯	2850	60321	31127	51023	13.2
沙烏地阿拉伯	1	49590	40850	50824	13.1
美國	17287	42420	28783	46439	12.0
中國	…	10595	16300	21456	5.5
伊拉克	426	13012	12645	17189	4.4

原油貿易量（最右欄為全球占比）

〈出口〉

國名	2015（萬噸）	%
沙烏地阿拉伯	35717	17.0
俄羅斯	24452	11.7
伊拉克	14754	7.0
加拿大	13178	6.3
阿聯	12454	5.9

〈進口〉

國名	2015（萬噸）	%
美國	36316	16.6
中國	33548	15.4
印度	20285	9.3
日本	15863	7.3
韓國	13875	6.4

④沙烏地阿拉伯的國旗與國徽

沙烏地阿拉伯的國旗是依據該國的「基本統治法」設計的，以象徵**伊斯蘭教**的綠色為底，搭配白色文字與阿拉伯彎刀。國旗上的文字是「**清真證詞**」，意思是「萬物非主，唯有真主；穆罕默德，真主的使者」。而彎刀名為「Rahayān」，是沙烏地阿拉伯的國寶。

由於阿拉伯文是從右到左書寫，所以沙國的國旗固定在旗杆左方。另外，國旗上的清真證詞是伊斯蘭教的日常生活原則**「五功」（念、禮、課、齋、朝）**中「念」的部分，具有神聖的地位，因此，沙烏地阿拉伯的國旗無論正面或背面，文字都必須正確呈現，且即使在國家哀悼期間也不得降半旗。

沙烏地阿拉伯的國徽則由一棵棗椰樹與兩把交叉的彎刀組成，約從一九三〇年左右開始使用，並於一九五〇年正式定案。**棗椰樹**能適應乾燥的氣候，是沙烏地阿拉伯的重要農產品，產量與埃及、伊朗及阿爾及利亞一起位列全球前四名。棗椰樹的果實稱為椰棗，通常經過乾燥處理後作為保存食物，也可製成果醬或甜點，更是日本伍斯特醬的原料之一。

接著，日本妹來到沙烏地阿拉伯的鄰國：阿拉伯聯合大公國。
日本妹，你好！
阿拉伯聯合大公國
那個……「聯合大公國」這種形式的國家好像很少見？
嗯，沒錯。
「聯合大公國」指的是由多個君主統治的大公國所組成的政治體。
大公（酋長）
阿拉伯聯合大公國（簡稱阿聯）由七個大公國組成，
其中最大的是阿布達比大公國，其首都阿布達比同時也是阿聯的首都。
富吉拉
沙迦
拉斯海瑪
阿拉伯聯合大公國
歐姆古溫
阿吉曼
杜拜
阿布達比
說到阿拉伯聯合大公國，日本人可能對杜拜的印象最深刻吧？
的確，杜拜近年來發展迅速，在經濟方面表現尤其突出！
杜拜有世界第一高樓「哈里發塔」，還有世界最大的購物商城「杜拜購物中心」等。
哈里發塔
這裡是非常有名的觀光大城，每年都吸引許多旅客造訪。
阿聯給人沙漠國家的印象，但其實綠地很多耶！
沒想到吧？
早在很久以前，阿聯就利用石油收入推動植樹計畫。
植樹計畫
還開發沙漠的地下水，製成礦泉水！
地下水

不過，我們國家只有九%的居民擁有阿聯國籍，
本國籍 9%
外國籍 91%
因此，雖然官方語言是阿拉伯語，但在日常生活中也經常講英語……
竟然只有九%！
其他居民主要是從別的阿拉伯國家以及伊朗、南亞、歐美跟東南亞等地來到阿聯工作的外籍居民。
但是，外籍移工不能攜帶家屬遷入，必須單身入境。
阿聯的外籍居民包含
其他阿拉伯國家
伊朗人
南亞(印度、巴基斯坦、孟加拉、斯里蘭卡)
歐美
東南亞(菲律賓)
此外，本國籍與外籍居民可以取得的政府補助差異極大。
阿聯的國民不僅教育費全免，還不用繳所得稅，且應徵公務員時具優先錄取資格，福利優渥。
阿聯國民
補助金
零用金
外國人
失業者
強制遣返
而外國人必須在阿聯居住三十年以上才能取得國籍，條件非常嚴格。（阿拉伯人則為七年）
由於外籍人口多，阿聯對於他國文化相對包容，在杜拜購物中心等地都可以接觸到世界各地的流行和飲食文化。
杜拜
購物中心
不過，作為伊斯蘭教國家，
阿聯的規範相對較多，比如許多觀光區禁止穿著暴露服裝（尤其是女性）與禁止攝影等。
石油帶來的經濟效益真驚人……
好羨慕啊！
這也要感謝你們，日本可是我們的重要客戶呢！

阿拉伯聯合大公國

基本資料

面積	7.1萬km²	人口	1048.3萬人(2023年)
首都	阿布達比	通貨	阿聯迪拉姆
語言	阿拉伯語(官方用語)		

民族

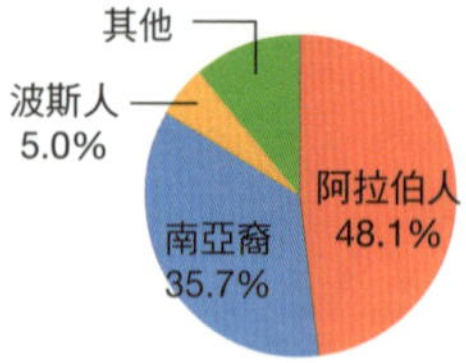

宗教

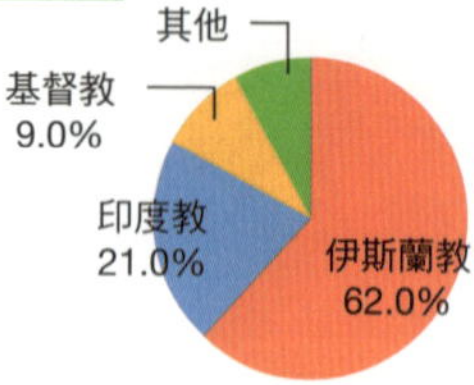

國旗

❶ 由七個大公國組成的聯邦國家

阿拉伯聯合大公國是**由七個大公國**組成的聯邦制君主國。在伊斯蘭世界中，統治者稱為「埃米爾」（Amīr），意思是「大公」，因此由「埃米爾」統治的國家就稱為「大公國」（或稱「酋長國」）。

阿拉伯聯合大公國的七個大公國中，**阿布達比大公國**的面積排行首位，因此其首都阿布達比市也成為阿拉伯聯合大公國的聯邦首都。

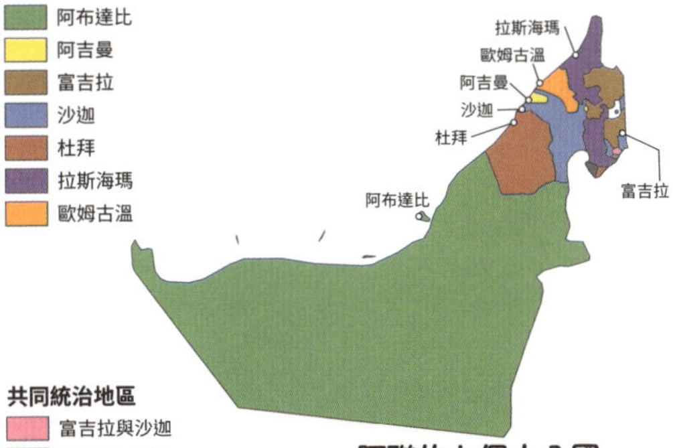

阿聯的七個大公國

一九五〇年代中期，阿布達比與杜拜大公國境內相繼發現石油田，兩地依靠石油出口獲得的資金推動經濟發展。一九六八年，英國宣布撤出蘇伊士運河以東地區，原本受英國保護的各個大公國意識到未來難以維持獨立，於是阿布達比與杜拜決定締結聯盟，並於一九七一年偕其他四個大公國組成阿拉伯聯合大公國。隔年，拉斯海瑪大公國加入，形成今日七個大公國組成的聯邦體制。

阿拉伯聯合大公國的英文國名是United Arab Emirates，簡稱UAE。其中的「Emirate」指的就是大公國，也是知名的阿聯酋航空（Emirates Airline）名稱的由來。此外，當地的**杜拜國際機場**是中東地區航空樞紐，匯集了來自世界各地的航線。

❷ 居民以外國籍為主？

一九六〇年代，阿拉伯聯合大公國的人口僅約十萬人左右，而現在全國人口已增加至一千萬人左右，這個巨大增長主要來自其他國家的移工遷入。目前，持有阿聯國籍的人口僅占當地總人口約一成，其餘九成以上人口是外國人。由於這些移工大多數是印度伊斯蘭教徒，杜拜因此被稱為「世界上最美麗的印度人城市」。

隨著石油產業的日益發展，阿聯經濟起飛，帶動基礎建設與服務業等工作機會的增加，吸引外國青年前往求職。然而，外國人在阿聯取得國籍或是與當地人結婚極為困難，也很難將家人接來團聚。這些青年移工多半在年老後返回母國，由新的一批年輕移工取代，因此阿聯的外籍高齡人口稀少，老年人口幾乎全是阿聯國籍居民。

外籍移工大量湧入也導致**阿聯的勞動人口比例超過八成，但老年人口比例極低，僅占總人口的一%左右**。這種出生率與老年人口比例都低的現象，同樣發生在卡達與科威特等國。

此外，由於杜拜的外籍移工絕大多數是印度裔的伊斯蘭教徒，因此，當地甚至有寶萊塢樂園與印度市集等印度人聚集的區域。

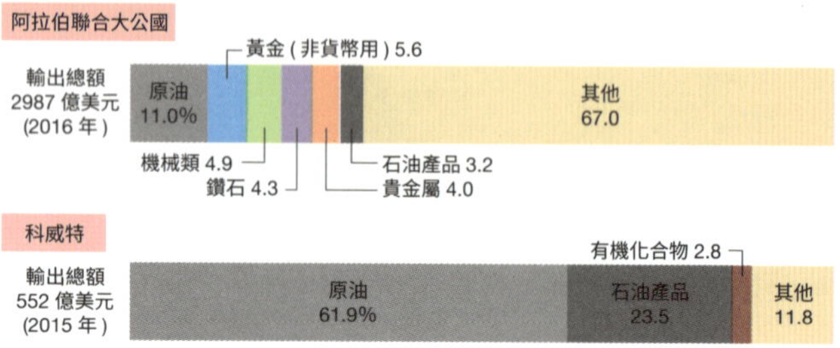

阿聯與科威特的貿易出口品項占比 (%)

❸ 錯綜複雜的BTC輸油管

巴庫—提比里斯—傑伊漢（BTC）輸油管是一條從亞塞拜然首都**巴庫**（B）經過喬治亞首都**提比里斯**（T），延伸到土耳其港口城市**傑伊漢**（C）的石油輸送管線。雖然路線繞經喬治亞稍嫌迂迴，但這其實是不得已的選擇。在一九九〇年代前期，伊朗受到美國與西方各國的經濟

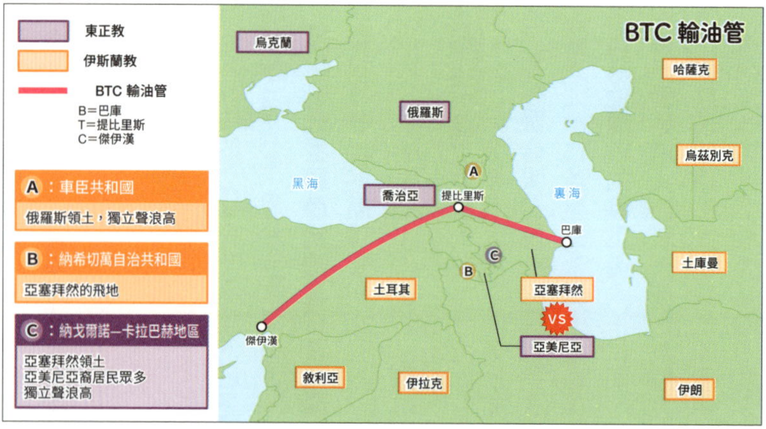

制裁，經由伊朗建設輸油管幾乎不可能實現。而另一個可能的路線是通過亞美尼亞，但亞美尼亞與亞塞拜然及土耳其的關係緊張，原因可追溯到鄂圖曼帝國時期，土耳其境內曾發生針對亞美尼亞人的大規模屠殺。此外，亞塞拜然信仰伊斯蘭教什葉派，亞美尼亞則信仰基督教（亞美尼亞使徒教會），雙方更因納戈爾諾－卡拉巴赫地區的主權問題而摩擦不斷。

最終，管道繞經喬治亞雖然大幅增加建設成本，但從政治角度來看，卻是最穩妥的方案。這條輸油管於二〇〇三年動工，並於二〇〇五年竣工，帶動亞塞拜然與喬治亞的經濟成長。然而，喬治亞內部存在著南奧塞梯與阿布哈茲的獨立運動，土耳其境內又有庫德族要求獨立等問題，維護這條輸油管道實屬不易。

④ 以阿戰爭的背景

在以色列地區建立的古猶太人國家滅亡後，猶太人離開家園，分散到世界各地。直到十九世紀後期，猶太人發起復國運動，計畫以《聖經》中對以色列地區的泛稱「錫安」（Zion）為國名重建家園，因此這一運動又稱為**錫安主義運動**。最終，猶太人成功在一九四八年建立以色列。然而，這一舉動卻引發周邊阿拉伯國家的不滿，雙方的衝突升級，最後演變成四次**以阿戰爭**（也稱中東戰爭）。其中，一九七三年的第四次以阿戰爭導致**第一次石油危機**，嚴重影響全球經濟。

以色列的自然環境嚴峻，國土南部屬於乾燥氣候，不利農業耕作。因此，以色列發展出**滴灌技術**等先進技術，大幅提高農作物產量，如今糧食自給率已接近百分之百。面對政治局勢的動盪與嚴峻的自然環境，以色列致力於發展科技創新以解決國內問題。

在產業結構方面，以色列大多數人口從事第三級產業（服務業），其中又以鑽石加工業最為興盛。鑽石的體積小、重量輕且價值高，適合國際貿易，而猶太人是最早建立鑽石流通網絡的民族之一，為以色列的鑽石加工業奠定了堅實基礎。

這裡是土耳其最大的城市伊斯坦堡！
土耳其
藍色清真寺好宏偉啊，魄力十足！
到處都有清真寺，不愧是伊斯蘭國家。
不過，有些地方的風格又不太一樣……
沒錯。
土耳其自建立共和國以來就致力於推動政教分離。
相較於其他伊斯蘭國家，我們的宗教戒律較為寬鬆，日常生活中的伊斯蘭色彩較淡，
政策上也較為親近歐美，積極加強與國際社會的協調。
在日常生活中，女性可以穿著西式服裝，飲酒也相當普遍，
整體氛圍帶有濃厚的歐洲風情！
日本妹！
你好呀，土耳其妹！
你們倆感情真好呢！
對呀，而且我們兩國從一百多年前就有往來了！
來接日本妹的英國哥

土耳其位在歐洲與亞洲的交界處。
從地理上來看，博斯普魯斯海峽也是亞洲與歐洲的分界線。
博斯普魯斯海峽
達達尼爾海峽
我們的農業相當發達，
種植大量稻米、裸麥、大麥及橄欖等作物。
此外，橄欖油、葡萄酒跟啤酒等食品加工業也很發達！
WINE
OLIVE
BEER
土耳其料理還跟中國與法國料理並稱世界三大料理，
一定要品嘗看看哦！
這個好好吃！
英國哥吃得津津有味耶！
英國哥！
那個，我們也想加入歐盟嘛……
呃，但是我們已經退出了……

4 土耳其

西亞／非洲

基本情報

面積 78.0萬km²

人口 8532.5萬人(2023年)

首都 安卡拉

通貨 土耳其里拉

語言 土耳其語(官方語言)、庫德語、阿拉伯語

民族

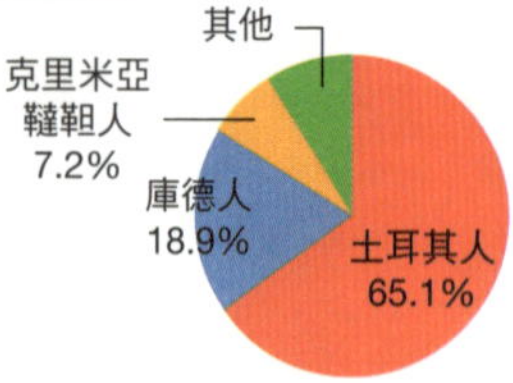

宗教

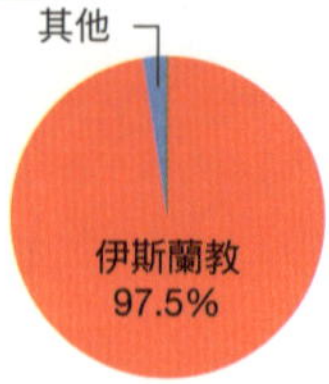

國旗

土耳其是政教分離
的國家哦！

❶ 政教分離的伊斯蘭國家

一九二三年，土耳其人發起土耳其革命，推翻鄂圖曼家族統治的伊斯蘭教國家鄂圖曼帝國，建立土耳其共和國這個民族主義國家，由土耳其革命的領導人凱末爾擔任共和國的第一任總統。

凱末爾推動許多現代化改革，包含**政教分離**、廢止伊斯蘭法並主張擺脫宗教束縛的**世俗主義**、**使用羅馬字母代替阿拉伯字母**，以及**賦予女性參政權**，對土耳其的現代化貢獻卓著。因此，土耳其的宗教戒律相對寬鬆，伊斯蘭教對社會的影響力較淡薄，國家更積極與國際社會合作。

此外，「土耳其」國名的英語為「Turkey」，而土耳其語的發音則是「突奇耶（Türkiye）」。

土耳其的傳統工藝品

❷ 安卡拉與伊斯坦堡

自一九二三年土耳其共和國建立以來，首都便設於**安卡拉**。儘管安卡拉是擁有超過五百萬人口的大都市，不過，土耳其最重要的城市其實是**伊斯坦堡**。伊斯坦堡曾是鄂圖曼帝國的首都，歷史悠久，現今更擁有一千五百萬人口，是土耳其的經濟與貿易中心。

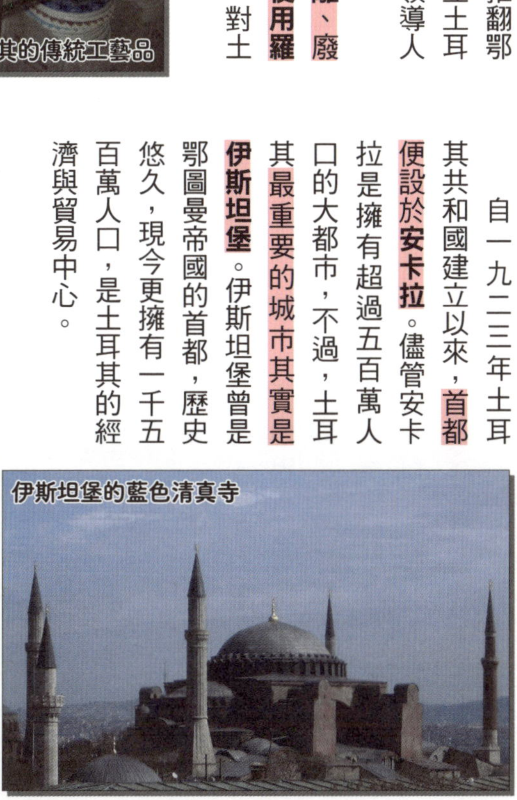
伊斯坦堡的藍色清真寺

❸ 庫德族問題

土耳其境內除了土耳其人，還有其他民族，其中最廣為人知的是**庫德族**。他們的語言屬於印歐語系，與屬於阿勒泰語系的土耳其語完全不同。由於一九一六年《賽克斯—皮科協定》（Sykes-Picot Agreement，一戰期間英國、法國跟俄羅斯私下瓜分鄂圖曼帝國的協定）所劃定的國界線，庫德族被分隔在多個國家之中，其中大多數居住在土耳其東部的**庫德斯坦地區**（橫跨土耳其、伊朗、伊拉克與敘利亞等國的山岳地帶）。據估計，庫德族人數約有三千萬人，是世界上人數最多的無國家民族。

雖然大多數庫德族居住在土耳其境內，但他們在當地仍屬於少數民族，長期遭受諸多歧視。傳統上，庫德族主要以畜牧為業，過著游牧生活；不過，近年來移居到都市地區的人數也逐漸增加。

❹ 賽普勒斯問題

有不少土耳其人居住在隔著地中海與土耳其相望的南方島嶼「賽普勒斯」。最初，賽普勒斯受東羅馬帝國（拜占庭帝國）管轄，因此許多居民使用希臘語並信仰東正教。後來，經歷鄂圖曼帝國與英國的統治，賽普勒斯逐漸出現希望併入希臘的意見，並發起「**希臘－賽普合併運動**」。

然而，島內的土耳其裔居民則主張自己居住的地區應該歸屬土耳其。最終在雙方妥協之下，賽普勒斯於一九六〇年宣布獨立為賽普勒斯共和國，成為多民族共存的國家。不料，獨立之後，民族間的矛盾迅速升級，政局動盪不安。

一九七四年，賽普勒斯發生企圖將島嶼併入希臘的政變。土耳其軍以「保護土耳其裔居民」為由出兵賽普勒斯，並於隔年在島嶼北部建立「北賽普勒斯土耳其共和國」。

二〇〇四年，南部地區成立的賽普勒斯共和國加入歐盟，而北賽普勒斯卻被排除在外。土耳其之所以遲遲未能加入歐盟，庫德族和賽普勒斯等爭端是一大因素。

北賽普勒斯的土耳其裔伊斯蘭教徒與**南賽普勒斯的希臘裔**東正教徒之間存在嚴重對立。因此，當地希臘裔發起「與希臘合併」的運動。**賽普勒斯與馬爾他皆為島國，也同為歐盟成員國**，但賽普勒斯的面積較大。歷史上，兩國皆曾是英國的殖民地。

⑤ 土耳其的汽車產業

土耳其最大的出口品項是「**汽車**」，境內生產的汽車約有八成供應外銷。不過，這些汽車並不是國內自主研發的品牌，而是由外國企業在土耳其設立的工廠進行生產。為吸引外資，土耳其政府對國外車廠提供法人稅優惠，帶動了國內原料與零件等**供應商**增加，有助於汽車產業**供應鏈**（包含從原料與零件供應、產品製造、庫存管理、配送與銷售的完整流程）發展。

目前，土耳其國內的汽車消費市場規模尚小，但隨著經濟成長，未來市場潛力可期，吸引愈來愈多國外車廠進駐。除了供應國內市場，土耳其的汽車原料與零件更大量出口至歐盟等地。近年，土耳其也積極拓展鄰近國家市場，漸漸成為全球汽車原料和零件的生產據點。

這是土耳其有名的
紀念品「惡魔之眼」！

古希臘歷史學家希羅多德曾說：
「埃及是尼羅河的恩賜。」
尼羅河是世界最長的河流，長度約六千七百公里，支撐著全埃及的生活與文化，
兩條主要支流之一的「白尼羅河」發源於坦尚尼亞山區，
與源自衣索比亞高原的另一條支流藍尼羅河在蘇丹交會，最終流入地中海。
埃及
尼羅河沿岸主要種植小麥、稻米、豆類、蔬菜與水果等作物。
你知道嗎？秋葵和麻薏都是埃及原產的作物哦！
埃及姊，尼羅河好寬廣啊！我都看傻了……
天啊
哎呀，真可愛！
而且埃及真的好熱哦！
埃及的夏季白天氣溫超過攝氏四十度，甚至曾高達五十度呢！
什麼！
椰棗原產於阿拉伯，屬於椰子科常綠喬木，是珍貴的栽培植物。
埃及的椰棗產量位居世界第一，椰棗果實可食用，樹液則可以製作砂糖和椰棗酒。

埃及有九十五%的國土是沙漠，
首都開羅位於尼羅河三角洲，是阿拉伯世界最大的都市。
當地保存了大量古埃及文明的遺跡。
像是金字塔跟獅身人面像？
對呀，這兩個地方都離開羅不遠哦！
這些古代遺跡是埃及珍貴的觀光收入來源，每年吸引超過五百萬名觀光客造訪！
埃及的觀光客人數
2020年 368萬人
2021年 799萬人
2022年 1172萬人
2023年 1490萬人
(2020到2021年受到新冠肺炎疫情的影響觀光客人數減少，但近年已恢復疫情前的水平)
不僅開羅，吉薩、亞斯文、亞歷山卓等地也遍布歷史遺跡。
此外，蘇伊士運河寬約兩百多公尺，全長約有一百九十三公里。
每年約有一萬四千艘船隻通過。
這條大運河由埃及與法國共同出資建造，並在一八六九年完工，※
船隻進入運河後必須減速航行，通行時間約需半天。
此外，日本與埃及合作，於二〇〇一年建成橫跨蘇伊士運河的蘇伊士運河大橋，
全長三・九公里，連結亞洲與非洲。
原來日本跟埃及還有這樣的淵源呀！
埃及是非洲數一數二的經濟體，前景看好。
但經濟主要依賴蘇伊士運河與觀光產業的收入，容易受政局影響。

※英國曾透過收購股份主導蘇伊士運河，直到一九五六年運河公司被埃及收回、改為國有。

基本資料

面積　100.2萬km²

人口　1億1453.5萬人(2023年)

首都　開羅

通貨　埃及鎊

語言　阿拉伯語(官方語言)、英語、法語、努比亞語

民族

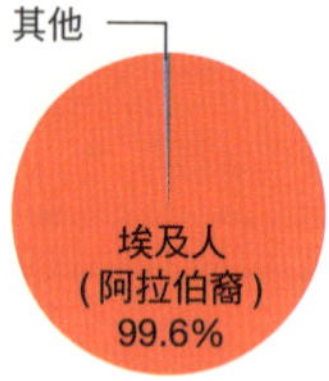

宗教

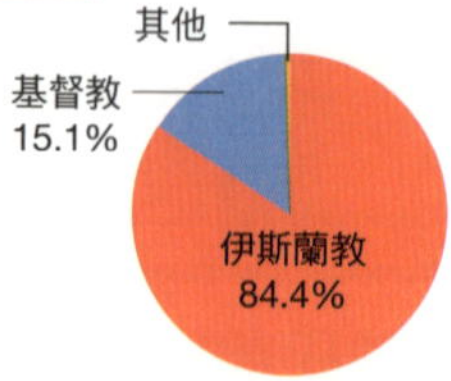

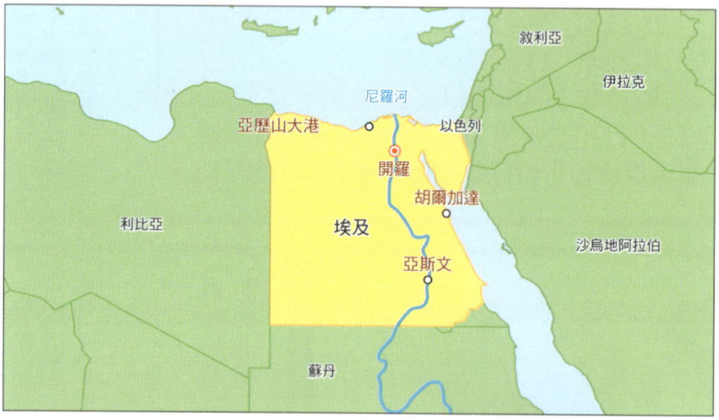

國旗

蘇伊士運河的通行費和觀光收入是埃及重要的外匯來源。

❶ 尼羅河的重要角色

埃及位於**北緯二十二度**（與南鄰蘇丹的國境線）至**北緯三十度**（首都**開羅**的位置）之間。**北回歸線**通過埃及南部，使埃及位在**副熱帶高壓帶（或稱中緯度高壓帶）**的影響範圍，全年氣候乾燥。埃及首都開羅的年降雨量僅約三十公釐，水資源稀少。

正如古希臘歷史學家希羅多德的名言：「**埃及是尼羅河的恩賜。**」尼羅河對埃及的發展不可或缺。這條縱貫埃及的河川是全世界最長的河流（全長六千六百九十五公里），也是發源於豐水區，穿越沙漠流入大海的「外源河（exotic river）」，源自白尼羅河與藍尼羅河，兩河在蘇丹的喀土穆交會形成主河道。尼羅河自古以來會定期氾濫，將肥沃的土壤堆積於流經之處。

尼羅河下游形成廣大的三角洲，主要進行灌溉農業，包含栽培稻米、小麥及棉花等。埃及的耕地只占國土面積的四%，並且全部集中在尼羅河沿岸。

❷ 亞斯文高壩的環境影響

尼羅河定期氾濫為埃及的農耕文明奠定了基礎。然而，隨著人口增加，糧食需求量升高，防止氾濫和確保穩定的灌溉用水成為重要課題。一九〇一年，埃及政府建設了亞斯文低壩（舊壩），但隨著時代變遷，低壩漸漸不敷使用，於是在一九七〇年，埃及又修建了**亞斯文高壩（新壩）**。

高壩雖然成功防止尼羅河定期氾濫，卻也減少下游地區肥沃泥沙的堆積，導致海岸線後退，沿海魚貝類產量減少。此外，原本仰賴氾濫水流沖刷減少的螺貝大量繁殖，造成以螺貝為傳染媒介的血吸蟲病感染病例增加。

不僅如此，高壩的建設也使古代遺跡面臨被水淹沒的危險。為此，埃及政府請求聯合國教科文組織協助，成功將阿布辛貝神殿等努比亞遺址群遷至高處。這次合作促使聯合國教科文組織建立起一套積極保護文化遺產的制度，也就是眾所周知的「**世界遺產制度**」。

❸ 埃及的主要產業

埃及尼羅河沿岸雖然可以發展農業，但還是難以滿足約一億人口的糧食需求，大部分穀物必須仰賴進口。埃及主要的外匯來源包括石油跟天然氣出口、觀光收入、蘇伊士運河的通行費，以及在海外工作的埃及國民匯回埃及的薪資等。

然而，二〇一一年埃及革命對觀光業造成重大打擊，觀光收入銳減。二〇一五年，伊斯蘭國的炸彈恐攻更是讓觀光業雪上加霜，直到近年，觀光業才漸漸復甦。

古埃及是第一個將貓當成寵物飼養的文明。
古埃及不僅有國王的木乃伊，也有狗和貓的木乃伊哦！

古夫金字塔（吉薩大金字塔）

阿布辛貝神殿

開羅街景

獅身人面像

COLUMN

民主化的開端「茉莉花革命」

二〇一一到二〇一二年，阿拉伯世界發生規模空前的反政府示威運動，這起源於突尼西亞的「茉莉花革命」。

二〇一〇年，時任突尼西亞總統班・阿里（一九八七年上任）長期把持政權，導致社會氣氛低迷且停滯不前，還引發歌手發表抗議政權的歌曲。二〇一〇年十二月十七日發生的一起事件，成為茉莉花革命的導火線。二十六歲的攤販穆罕默德・布瓦吉吉在街頭擺攤賣蔬果時，遭到警察以沒有販賣執照為由沒收他的商品。布瓦吉吉三度向警方申訴，卻因不願賄賂而求助未果，最終在政府大樓前以汽油自焚抗議。布瓦吉吉的堂哥阿爾・布瓦吉吉在圍觀群眾中用手機拍下這起事件，在當天傍晚上傳到Facebook。這支影片隨即被卡達的衛星電視台「半島電視台」製作成新聞，迅速傳遍全國。由於伊斯蘭教義禁止自殺，民間也沒有火葬的習俗，這起事件因此在伊斯蘭教徒眾多的突尼西亞投下震撼彈。

布瓦吉吉有六個兄弟，在三歲時喪父，家境貧窮的他為了維持家計換過很多工作，但是當時突尼西亞的失業率高達到十四%，青年族群的失業率更高達三成，像布瓦吉吉一樣找不到固定工作的年輕人非常多。因此，他賭上性命的抗議行為引起類似處境的年輕人共鳴，最終發展成大規模示威。這場示威不久後升級為對長期執政的總統班・阿里的抗議，且在突尼西亞遍地開花，抗議影片陸續上傳到Facebook，政府對媒體幾乎失去管控之力。

這一連串突尼西亞的民主化運動稱為「茉莉花革命」，後來更擴散到約旦、埃及等其他阿拉伯國家。所有示威與遭到官方鎮壓的行為，都透過手機在網路上散布，加上媒體脫離政府管控，讓這場革命受到全球矚目。

接著，日本妹與埃及姊一起南下非洲。
終於來到非洲東南部的肯亞……
救、救命！
好可怕……
肯亞／坦尚尼亞
呵呵呵，別怕！
哇！莽原好遼闊！
喂——
日本妹，歡迎！
嗒嗒嗒
呀啊！
歡迎來到大自然的國度——肯亞……咦？
好可怕好可怕！
這裡沒有想像中那麼熱耶？
肯亞位在赤道上，低地很熱，
但是其他國土幾乎都在海拔一千兩百公尺以上，氣候對於人跟動物都相當舒適！
肯亞的首都奈洛比人口超過五百萬，是非洲首屈一指的大都市。
我們缺乏自然資源，產業以農業為主，
紅茶、咖啡跟玫瑰的出口量都很大哦！
此外，肯亞的手工藝品十分有名，觀光業也是重要的經濟來源之一。

肯亞國旗上馬賽族的盾牌與長矛圖案也很有名哦！
馬賽族？
他們是居住在肯亞到坦尚尼亞一帶的游牧民族。
屬於少數民族，並以勇猛過人而聞名。
坦尚尼亞是肯亞的鄰國，擁有豐富的自然資源，是觀光大國。
肯亞
赤道
坦尚尼亞
境內擁有吉力馬札羅跟塞倫蓋堤等十六座國家公園，大多為野生動物保護區。
坦尚尼亞的主要產業也是農業，盛產劍麻、木薯與咖啡。
雨季結束後，約一百六十萬頭牛羚與其他動物會展開大遷徙，尋找水源與草場！
好壯觀啊！
這裡也是酸味鮮明、香氣濃郁的吉力馬札羅咖啡豆產地。
日本人也經常喝呢！
好香
哇—
對了，在海拔五千八百九十五公尺的吉力馬札羅山山頂，手機還是能收到訊號哦！
哇，好厲害！
5895m!

肯亞基本資訊

面積 59.2萬km²
人口 5533.9萬人(2023年)
首都 奈洛比
通貨 肯亞先令
語言 史瓦希里語(官方語言)、英語(官方語言)、基庫由語、盧希亞語等

民族

宗教

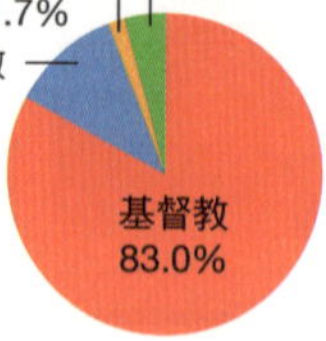

國旗

坦尚尼亞基本資訊

面積 94.7萬km²
人口 6661.7萬人(2023年)
首都 杜篤馬
通貨 坦幣
語言 史瓦希里語(國語、官方語言)、英語(官方語言)、班圖族系各語

民族

宗教

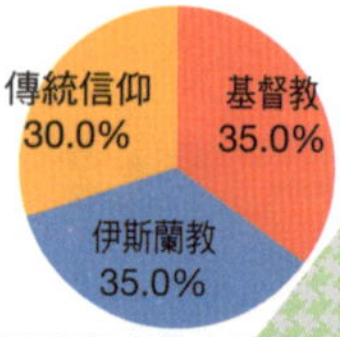

※ 不包含桑吉巴群島

國旗

❶ 曾經同為英國殖民地

殖民時期，英國在非洲採取**縱向占領策略**，殖民地從埃及延伸到南非（埃及和南非都在第二次世界大戰前脫離英國獨立）。肯亞與坦尚尼亞也曾是英國的殖民地，兩國都以**史瓦希里語**和**英語**為官方語言。

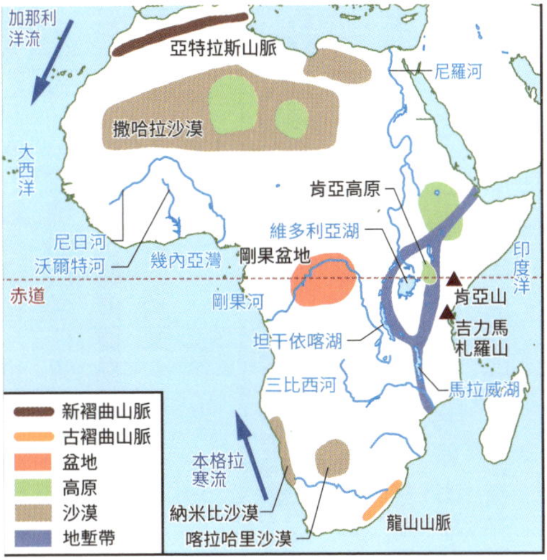

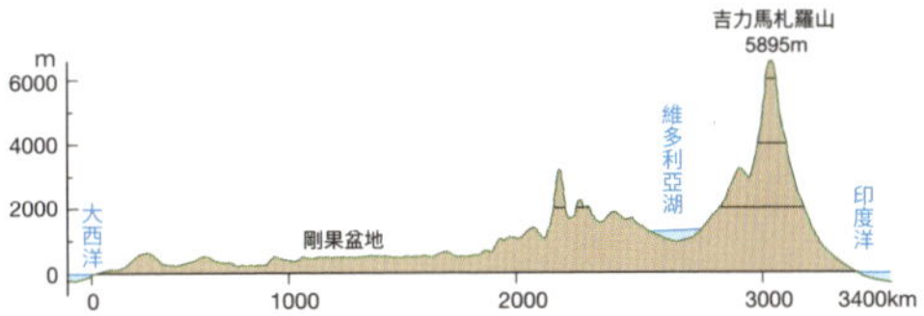

❷ 肯亞盛行茶葉與花材出口

肯亞的地形以高原為主，其中，肯亞高原過往稱為「**白人高原**」，因為習慣歐洲涼爽氣候的英國殖民者定居於這個海拔高、氣候宜人的地區。

肯亞自英國殖民時期開始大規模栽培**茶葉**與發展**熱帶栽培業**以滿足英國的需求，因為英國對於茶葉的需求量高，但是氣候較冷，不適合茶樹生長。茶樹喜歡高溫多雨且排水良好的土地，而肯亞的自然環境正好適合栽培茶樹，至今茶葉仍是肯亞最主要的出口產品。印度和斯里蘭卡也因為同樣的理由進行大規模的茶葉栽培。

此外，肯亞的**切花**（用於花束、插花等裝飾用途的花材）出口量也有顯著成長，尤其是玫瑰，主要出口到荷蘭等地。荷蘭曾盛行玫瑰栽培，但由於地處北緯五十度以北，氣候較寒冷，只能利用溫室栽培。溫室是以天然氣為加溫燃料，成本較高，因此荷蘭轉而從全年氣候溫暖的肯亞進口。

肯亞位在赤道上，年溫差小，氣候穩定，且高海拔處氣溫較溫暖，適合花卉栽培。玫瑰栽培不僅增加了肯亞國內的就業機會，也是重要的外匯來源。

目前，玫瑰出口量在肯亞主要出口品項中僅次於茶葉，而荷蘭則是**轉運貿易**的據點，從肯亞等地進口玫瑰後，外銷到鄰近國家。

❸ 坦尚尼亞的吉力馬札羅火山

知名的東非大裂谷又稱為東非大地塹，位於非洲東部，從紅海縱貫而下。地塹主要形成於**張裂型板塊邊界**（⬇P. 276），這種板塊邊界出現在地函熱對流的上升處，因此坦尚尼亞與肯亞都有多座火山，其中最著名的是**吉力馬札羅火山**。此外，地塹中積水後就形成**斷層湖**，如**坦干依喀湖**及**馬拉威湖**等。一般來說，斷層湖的水非常深，例如坦干依喀湖深達一四七一公尺，僅次於貝加爾湖（一六二〇公尺），是世界第二深的湖泊。

肯亞不只出口茶葉到英國，還出口玫瑰到荷蘭哦！

❹ 坦尚尼亞的歷史

坦尚尼亞曾受葡萄牙殖民近兩百年，直到**阿曼**崛起，終結了西班牙的統治。阿曼位在阿拉伯半島的西南端，地處波斯灣入口，因為現今首都馬斯開特的貿易發達而逐漸興盛。隨後，阿曼將勢力向東擴展到非洲，建立「阿曼海上帝國」。然而，東非的阿曼權貴相繼從帝國獨立，最後只剩下桑吉巴島與奔巴島仍受阿曼統治。

一八二八年，當時阿曼的統治者賽義德・本・蘇丹（Said bin Sultan）率領軍隊控制東非，隨後將現今索馬利亞到莫三比克一帶的東非海岸全部納入版圖。一八四〇年，賽義德在桑吉巴島建設石頭城，將其定為阿曼的首都，並在桑吉巴島獎勵種植辛香料丁香，推動桑吉巴島的丁香貿易。從此，阿曼成為橫跨印度洋的海洋國家，盛極一時。

到了一八五六年，賽義德過世，阿曼內部陷入分裂。在英國的調停下，阿曼與桑吉巴（涵蓋桑吉巴島與奔巴島）決定各自獨立。後來，桑吉巴與英國開戰，但戰事只持續了三十八分鐘，被稱為人類史上最短的戰爭。

經過一個世紀以上，桑吉巴於一九六三年脫離英國並獨立。獨立之初，桑吉巴受阿拉伯人統治，當地居民心存不滿，在獨立半年後的一九六四年一月十二日發動武裝政變，建立桑吉巴人民共和國，它的中央政府則稱為桑吉巴革命政府。之後，桑吉巴與隔海相望的坦干依喀共和國合併，更名為現在的「坦尚尼亞聯合共和國」。

❺ 官方語言「史瓦希里語」

史瓦希里語是東非廣泛使用的語言，肯亞、坦尚尼亞與烏干達都以史瓦希里語為官方語言。「史瓦希里」在阿拉伯語中意為「海岸」，過去，阿拉伯商人主要在東非經商和貿易，因此當地逐漸誕生一種結合非洲語文法及阿拉伯語詞彙的語言，也就是今日的史瓦希里語。由於當時的貿易活動集中在東非海岸，史瓦希里語最初只通行於沿海地區，隨後才漸漸發展為非洲多個民族的共通語言。畢竟各民族若只使用自己的傳統方言，彼此之間將會難以溝通，因此史瓦希里語成為非洲民族間交流的橋梁。

埃及姊，謝謝你陪我遊覽非洲！
奈及利亞
就快到西非的奈及利亞嘍！
咦？怎麼有……
太鼓的聲音？
叩咚叩咚叩咚
嗨！日本妹！
奈及利亞哥，那面鼓是……
用樂器傳遞訊息是非洲人獨特的傳統。這種鼓又稱為「說話鼓」，
可以透過鼓聲傳遞訊息。
對非洲人來說，音樂與舞蹈是生活的一部分。常見的樂器有笛、鼓跟木琴等，多樣性堪稱世界第一，
就連爵士及倫巴等現代流行音樂，也大多受非洲傳統音樂的影響。
奈及利亞的人口超過兩億，是非洲人口最多的國家！
其中包含超過兩百五十個民族，是典型的多民族國家。
我們的首都是阿布加，但最大的都市卻是拉哥斯。
拉哥斯是奈及利亞的舊首都，與埃及的首都開羅並列為非洲規模最大的都市！
非洲各國人口排行榜
第1名 奈及利亞
第2名 衣索比亞
第3名 埃及
第4名 剛果民主共和國
第5名 坦尚尼亞

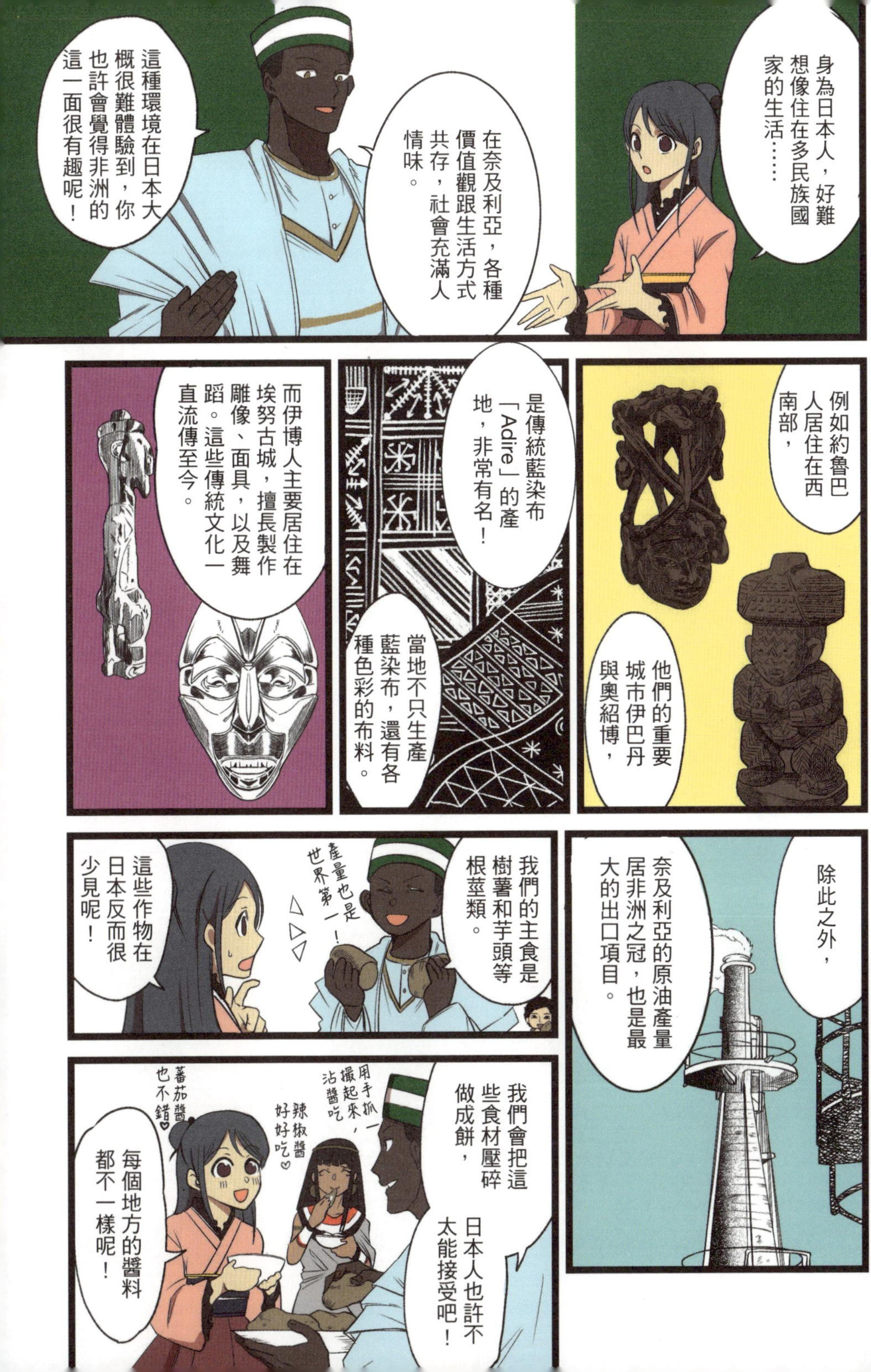

身為日本人，好難想像住在多民族國家的生活……
在奈及利亞，各種價值觀跟生活方式共存，社會充滿人情味。
這種環境在日本大概很難體驗到，你也許會覺得非洲的這一面很有趣呢！
例如約魯巴人居住在西南部，
他們的重要城市伊巴丹與奧紹博，
是傳統藍染布「Adire」的產地，非常有名！
當地不只生產藍染布，還有各種色彩的布料。
而伊博人主要居住在埃努古城，擅長製作雕像、面具，以及舞蹈。這些傳統文化一直流傳至今。
除此之外，
奈及利亞的原油產量居非洲之冠，也是最大的出口項目。
我們的主食是樹薯和芋頭等根莖類。
產量也是世界第一！
這些作物在日本反而很少見呢！
我們會把這些食材壓碎做成餅，
日本人也許不太能接受吧！
用手抓一撮起來，沾醬吃
辣椒醬好好吃♡
蕃茄醬也不錯♡
每個地方的醬料都不一樣呢！

7 奈及利亞

西亞／非洲

基本資料

面積 92.4萬km²

人口 2億2788.2萬人(2023年)

首都 阿布加

通貨 奈拉

語言 英語(官方語言)、約魯巴語、豪薩語等500種以上的語言

民族

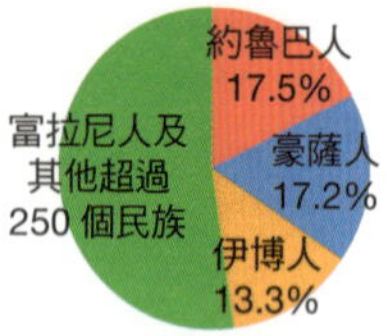

宗教

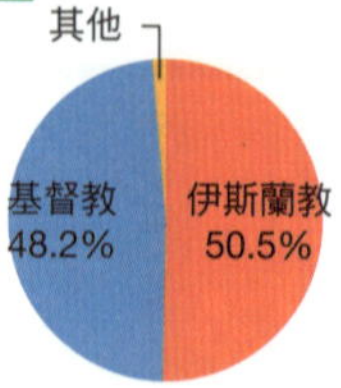

國旗

奈及利亞主要是依賴原油出口提升國家經濟實力哦！

❶ 非洲最大人口國

一九九〇年，奈及利亞的人口約為九千五百萬人，而到了二〇二三年，人口已增加至將近**兩億三千萬人**，在這三十多年間增長了超過兩倍。且二〇一八年的總和生育率為五．五三，與一九九〇年的六．四九相比並未明顯降低，顯示未來人口仍有可能持續快速成長。

奈及利亞的第一級產業就業人口比例高達約三成，且都市人口僅占總人口的四十八％，表示**生活在農業地區的人口占多數**。農業地區通常將子女視為重要的勞動力，因此**許多家庭傾向擁有較多孩子**。

❷ 原油占出口總額的八成

奈及利亞是**石油輸出國組織（OPEC）的成員**，其他的非洲成員國包括阿爾及利亞、利比亞、安哥拉、加彭、赤道幾內亞與剛果共和國。從奈及利亞的貿易數據來看，「**原油**」占出口總額約八成，「**液化天然氣**」約占一成二，再加上「液化石油氣」等能源產品，共計能源產品占出口總額高達九十五％。

由於奈及利亞將經濟重心放在石油出口，導致工業發展相對緩慢，工業製品約占進口總額的五十二％，顯示僅靠國內生產的機械與汽車等工業產品不足以應付需求，需仰賴進口，也可見奈及利亞仍**以依賴式經濟為主**。

另一方面，**奈及利亞的進口總額中約有十六％為糧食**，顯示作為非洲最大人口國之一，當地糧食生產也無法滿足國內需求。

❸ 比亞法拉戰爭與戰後情勢

奈及利亞境內有超過兩百五十個民族，因此民族之間的矛盾常可能引發衝突。一九六七年五月，居住在奈及利亞東南部的**伊博族**宣布獨立，建立**比亞法拉共和國**，並期望透過**奈及利亞東南部的石油資源達到經濟獨立**。

不過，居住在北部的**豪薩族**與西南部的**約魯巴族**反對伊博族獨立，導致內戰爆發。比亞法拉獲得法國與南非共和國的支持，這兩國都期望比亞法拉成為新的石油供應國；而英國不願舊殖民地改變現狀，尚未解體的蘇聯則是在非洲具有強大影響力，因此這兩國支援豪薩族與約魯巴族組成的奈及利亞聯邦軍。雙方**長期交戰**不休，直到一九七〇年內戰結束。據統計，戰爭造成約三百萬人死亡。

戰後，**為防止民族再次對立，奈及利亞政府決定將首都遷移到這三個民族的勢力範圍之外**，從原本約魯巴族居住的**拉哥斯**（現在的第一大都市暨經濟中心）遷移至**阿布加**，並以英語為全國通用語及官方語言。

❹ 幾內亞灣周邊國家概況

【賴比瑞亞】

賴比瑞亞的海岸線被稱為**胡椒海岸**與**穀物海岸**，從十五世紀起就開始與歐洲進行貿易。一八二二年，美國殖民協會將解放的奴隸送來此地，之後這些奴隸建立國家，並命名為賴比瑞亞共和國（Liberia，**源於Liberty〔自由〕**）。賴比瑞亞於一八四七年獨立，是**非洲第一個黑人主權國家**（全球第一個是海地），首

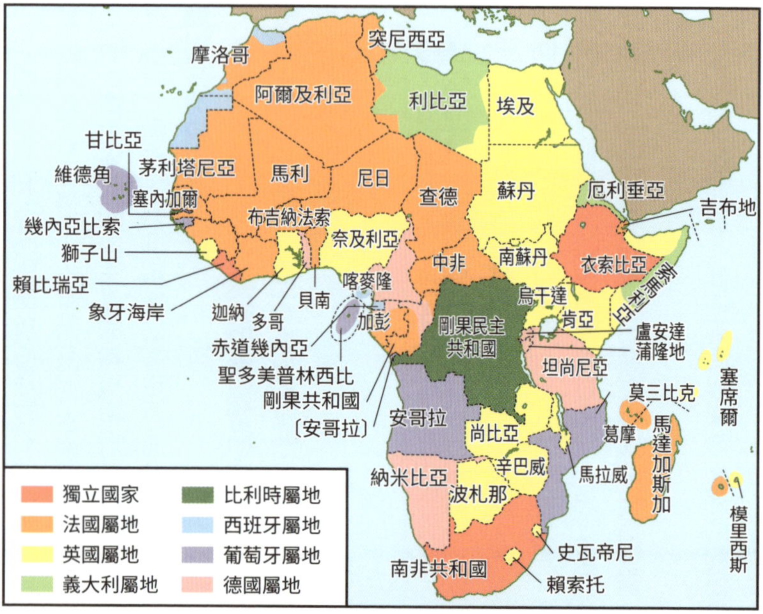

殖民時期非洲各國的宗主國

都蒙羅維亞（Monrovia）則是以提出解放黑奴政策的美國第五任總統**門羅**（James Monroe）命名。

建國後，賴比瑞亞一直由**美裔賴比瑞亞人**（美國解放奴隸的後代）執政，他們引進**權宜船制度**（FOC），並吸引美國企業及外資投入，將挖掘鐵礦和栽培天然橡膠作為經濟發展的重點。此外，賴比瑞亞政府也賦予美裔賴比瑞亞女性和原住民地主選舉權，為消除歧視做出努力。

然而，一九八〇年政變結束了美裔賴比瑞亞人的長期執政，之後又陸續發生兩次內戰（一九八九年至一九九六年、一九九九年至二〇〇三年），導致三十萬人死亡，數十萬難民流離失所。

【象牙海岸】

象牙海岸的法語國名「Côte d'Ivoire」直譯為「象牙海岸」，這個國家原本是法屬西非的一部分，直到一九六〇年獨立，因此法語是當地官方語言。同年，多達十七個非洲國家正式獨立，所以一九六〇年又稱為「**非洲獨立年**」。

象牙海岸最主要的出口品項是可可豆，當地可可豆產量與出口量皆居全球之冠。

【迦納】

迦納曾是英國殖民地，國土位於**本初子午線**（經度〇度）上。由於盛行黃金貿易，英國殖民時期的迦納稱為「**英屬黃金海岸**」，至今，迦納的海岸線仍以「**黃金海岸**」為名，並以境內豐富的黃金產量聞名，「非貨幣用黃金」是迦納最大的出口品項。此外，迦納也盛產鑽石，並擁有外海海底油田，是該國重要的經濟支柱。迦納還建設**阿科松博大壩**，利用**伏塔河**進行水力發電，低廉的電價也造就鋁的高產量。

農業方面，迦納盛產熱帶作物，尤其是可可豆的產量僅次於象牙海岸。當地生產的可可豆大多出口到瑞士等以巧克力聞名的國家。

迦納的可可豆主要由農家小規模栽培，收入普遍較低，導致農家生活貧困。

你好啊！My friend！
這裡是南非共和國喲！
南非共和國
呃……My friend？
哇！日本妹比我想像得更可愛！Cute！
謝謝……
歡迎各位來南非享受溫暖的氣候和豐富的大自然喲！
轉得真快……
南非共和國有草原、莽原、沙漠與森林等自然景觀，其中棲息了許多動物。
哇！有好多沒見過的動物和植物！
大象
狐獴
普利托利亞
約翰尼斯堡
史瓦帝尼
布魯芳登
賴索托
開普頓
好望角
伊莉莎白港
開普頓的街景
納馬夸蘭
據說被咬到後20分鐘就會死亡！
黑曼巴蛇
南非最危險的毒蛇
這裡還有很多瀕危物種，
政府與多個民間團體為它們設立了野生動物保護區。
非洲野犬
黑犀牛
此外，南非以豐富的礦產資源著稱，白金跟鉻的產量都是世界第一，
還是世界少數的黃金跟鑽石生產國之一。

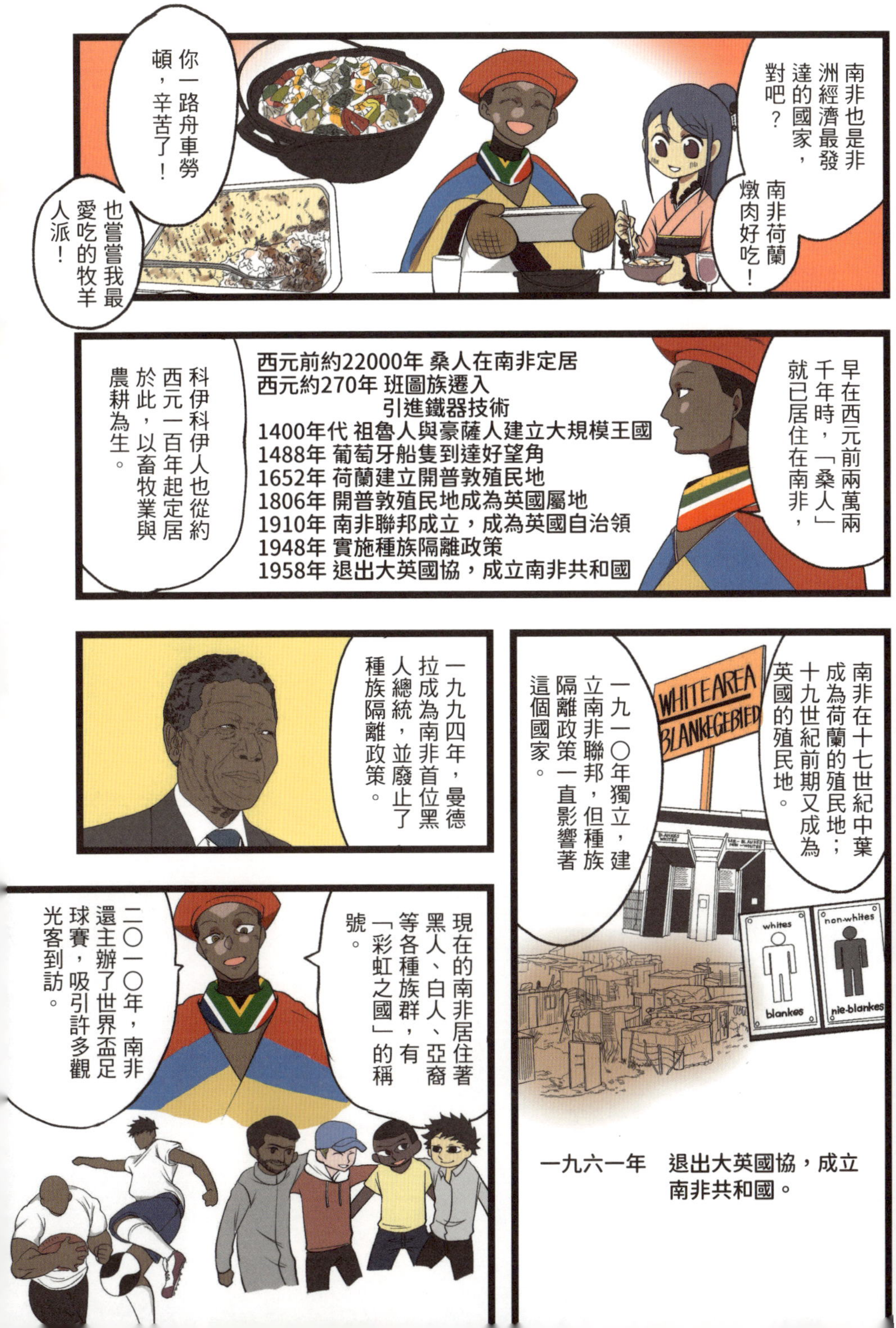
南非也是非洲經濟最發達的國家，對吧？
南非荷蘭燉肉好吃！
你一路舟車勞頓，辛苦了！
也嘗嘗我最愛吃的牧羊人派！
早在西元前兩萬兩千年時，「桑人」就已居住在南非，
科伊科伊人也從約西元一百年起定居於此，以畜牧業與農耕為生。
西元前約22000年 桑人在南非定居
西元約270年 班圖族遷入 引進鐵器技術
1400年代 祖魯人與豪薩人建立大規模王國
1488年 葡萄牙船隻到達好望角
1652年 荷蘭建立開普敦殖民地
1806年 開普敦殖民地成為英國屬地
1910年 南非聯邦成立，成為英國自治領
1948年 實施種族隔離政策
1958年 退出大英國協，成立南非共和國
南非在十七世紀中葉成為荷蘭的殖民地；十九世紀前期又成為英國的殖民地。
一九一〇年獨立，建立南非聯邦，但種族隔離政策一直影響著這個國家。
WHITE AREA
BLANKEGEBIED
whites
blankes
non-whites
nie-blankes
一九六一年　退出大英國協，成立南非共和國。
一九九四年，曼德拉成為南非首位黑人總統，並廢止了種族隔離政策。
現在的南非居住著黑人、白人、亞裔等各種族群，有「彩虹之國」的稱號。
二〇一〇年，南非還主辦了世界盃足球賽，吸引許多觀光客到訪。

基本資料

面積 122.1萬km²　　人口 6321.2萬人(2023年)

首都 普利托利亞(行首都)、開普頓(立法首都)、布魯芳登(司法首都)

通貨 蘭特

語言 班圖語、斐語、英語皆是官方語言

民族

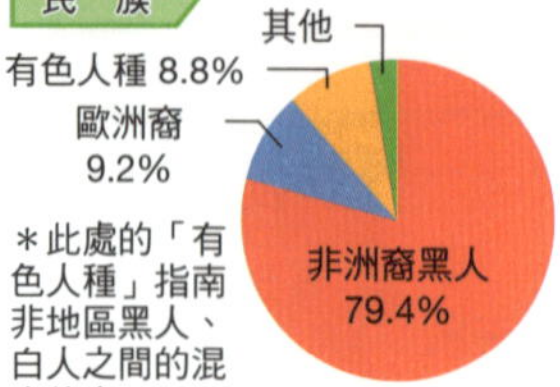

＊此處的「有色人種」指南非地區黑人、白人之間的混血後裔。

宗教

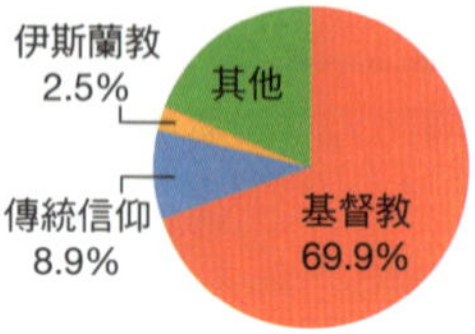

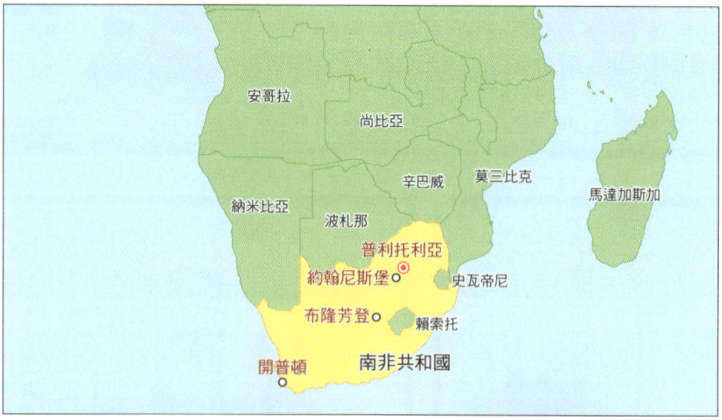

國旗

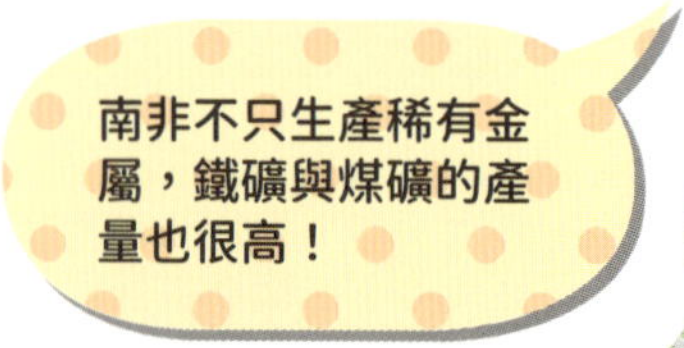

❶南非共和國的歷史

最早在南非進行殖民活動的是來自**荷蘭**的**波耳人**，然而，殖民印度的英國人也看中這片土地。當時蘇伊士運河還未開通，從英國航行至印度的船隻必須繞過非洲大陸南端，航程長達數十日。為了在這個非洲大陸最南端的海上交通要衝設置殖民地，用於補給糧食、水和燃料，英國與先一步殖民南非的荷蘭開戰，史稱**南非戰爭**（又名波耳戰爭）。

最終，英國戰勝，將南非納入殖民地。當地荷蘭人為了與英國人區別，自稱**阿非利卡人**，而他們使用的語言則發展成**阿非利卡語**。

一九三四年，南非脫離英國獨立。一九四八年，南非的荷蘭人政黨上台執政，開始推行**種族隔離政策**。到了一九七〇年代，政府強制黑人遷移到名為「**黑人家園**」（又稱「班圖斯坦」）的指定居住區。

❷稀土對種族隔離政策的影響

在冷戰時期，東西方陣營幾乎沒有交流，這使西方國家難以從蘇聯進口先進技術產業所需的**稀土金屬**。然而，稀土金屬大多蘊藏在舊蘇聯境內、中國與非洲大陸南部等地區。換句話說，對西方國家來說，當時唯一可靠的稀土金屬來源只有南非共和國。西方國家為了進口稀土金屬，選擇對南非的種族隔離政策睜一隻眼閉一隻眼。

直到冷戰結束，西方國家可以從舊東歐國家取得稀土金屬，南非共和國原本壟斷的稀土金屬供應地位大幅下降，而各國對**種族隔離政策**的批判也日益高漲，迫使南非共和國不得不廢止種族隔離政策。

❸南非的能源政策

南非共和國雖然擁有**煤礦**資源，石油產量卻極低。隨著經濟不斷成長，南非國內的石油需求量攀升，卻因為實施種族隔離政策，遭到國際指責與石油禁運的制裁，導致南非幾乎無法進口石油，被迫以煤礦作為能源政策的重心。

❹ 非洲第一個舉辦世界盃的國家

一九八九年**馬爾他峰會**上，美蘇宣布終結冷戰，但直到一九九一年蘇聯解體，冷戰才正式結束。隨後，南非共和國也宣布廢止種族隔離政策，並在一九九四年實施首次不分種族的國民選舉。選舉結果由黑人政黨「非洲民族議會」（ANC）大獲全勝，黨魁**曼德拉**就任總統。

同年四月，南非推出全新的國旗，其中的紅色代表種族隔離時代流的血，藍色代表天空與海洋，綠色代表自然與農場，黃色代表天然資源，而黑色代表黑人，白色代表白人。雖然國旗顏色不到七種，但仍有如彩虹般展現多元共存的精神。

受種族隔離政策的影響，南非共和國曾遭長期禁止參加國際運動賽事。自獲准參加後，南非先是在一九九八年首度打入法國世界盃足球賽，又在二〇一〇年成為世界盃足球賽主辦國，這是第一次由非洲國家主辦的世足賽。當時，現場觀眾吹奏南非特有的「巫巫茲拉」塑膠喇叭的身影，令人印象深刻。

❺ 非洲南部國家概況

【尚比亞】

尚比亞北部擁有從北方鄰國**剛果民主共和國**延伸而來的**銅礦帶**，銅礦開採興盛，在出口品項中，「銅」占總額近八成。尚比亞是內陸國，開採的銅礦主要經由中國出資興建的坦贊鐵路運送到坦尚尼亞的三蘭港，並出口至海外。

此外，尚比亞與東部鄰國**辛巴威**交界處的**維多利亞瀑布**是世界著名的三大瀑布之一，已被聯合國教科文組織列入自然遺產。

【**安哥拉**與**莫三比克**】

安哥拉與莫三比克曾是葡萄牙殖民地，由於葡萄牙長期遭軍政權把持，遲遲不願放棄殖民地，兩國因此經歷了十年以上的獨立戰爭，直到一九七五年才正式獨立。然而，獨立後的安哥拉跟莫三比克又為了爭奪國家執政權而爆發內戰，在安哥拉內戰中，交戰雙方分別受到美國和蘇聯支持，宛如美蘇的代理戰爭，戰爭直到二〇〇二年才結束。莫三比克內戰則在一九九二年休戰。

安哥拉擁有東部鄰國剛果民主共和國延伸而來的鑽石礦床，**鑽石**開採興盛，境內又蘊藏大量原油和天然氣。**原油**是安哥拉最主要的出口品項，約占出口總額的九十五%；「原料與燃料」共計占出口總額的九十九·九%，可見**礦業**是安哥拉的經濟支柱。

莫三比克則因水力發電之便，煉鋁工業發達，鋁出口量僅次於焦煤。另外，當地稀土金屬產量也很豐富。

【馬達加斯加】

馬達加斯加曾是非洲南部少見的法屬殖民地，因此法語及馬達加斯加語同為當地的官方語言，最大的出口國也是法國。

馬達加斯加居民主要是馬來人種，被認為是馬來西亞與印尼移民的後代。當地盛行**稻作**，據說正是由這些先民從**季風亞洲**（指受季風影響的亞洲東部到南部地區）帶來的文化。此外，馬達加斯加東部地區位於東南信風迎風面，降雨豐富，因此當地四處可見水田。

在土耳其

對了，英國哥怎麼會來這裡？
土耳其正好位在亞洲與歐洲的交界處，
我特地來迎接日本妹呀！

呃，抱歉，其實我接下來要前往非洲……
行程表
震—驚
什麼？

第3章

歐洲

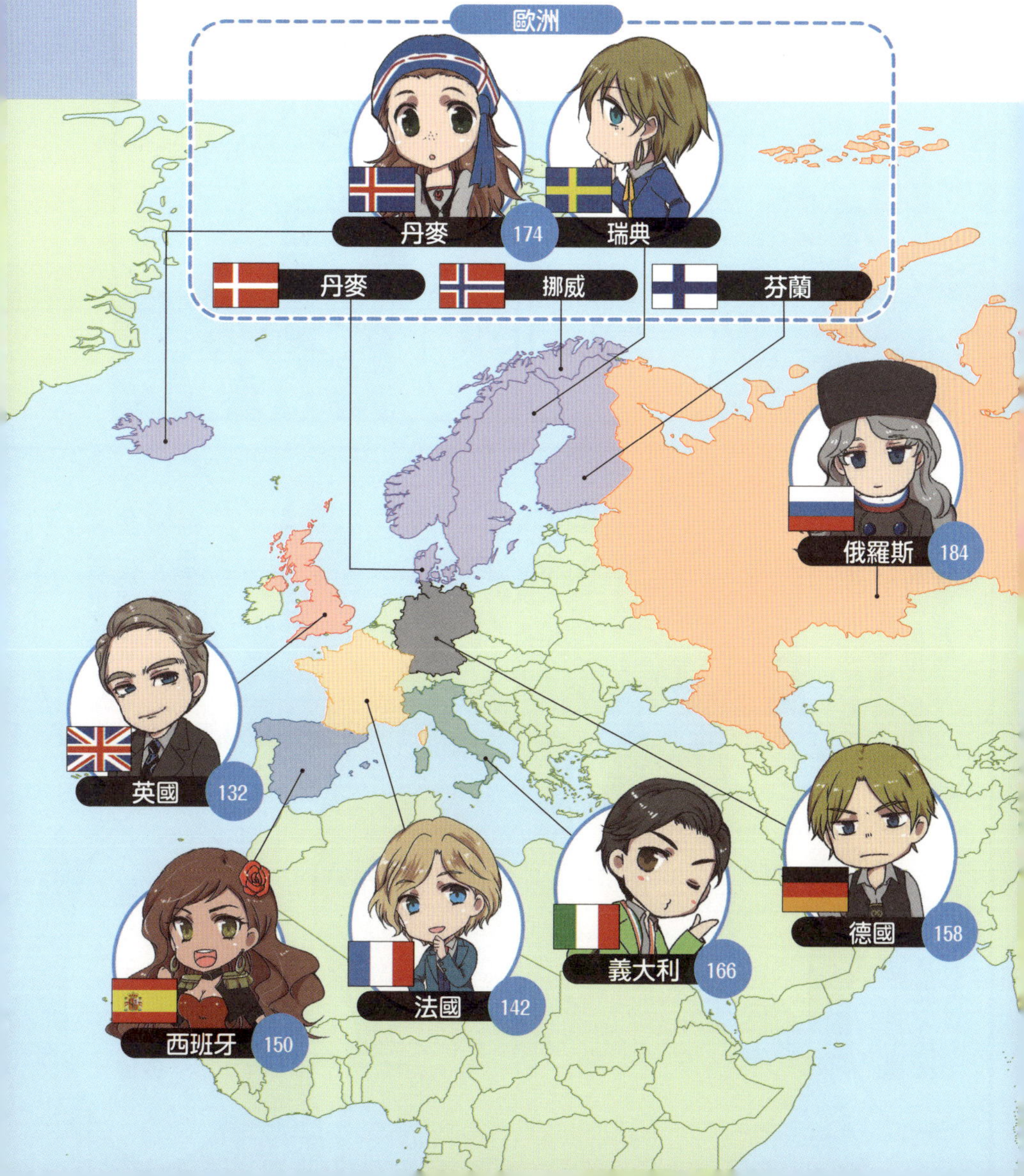

Lady，你終於來了。
歡迎來到歐洲的英國。
呃……這壓倒性的帥哥魅力……
什麼？
好耀眼！
接下來就由我擔任導遊。
先去倫敦逛逛吧！
女士優先
謝謝
倫敦有很多歷史建築，比如國會大廈西敏宮、英國王室居住的白金漢宮，
還有大笨鐘、西敏寺跟倫敦塔等知名地標。
大英博物館可是全球最大的國立博物館，展出的藏品用一個星期都看不完呢！
哇！真不愧是歷史悠久的英國！

不僅如此，倫敦還是國際金融中心之一。
英鎊
英國過去在歐盟內仍然使用自己的貨幣「英鎊」，算是一大特色。
……怎麼了，日本妹？
嗯……
我有個小小的疑問，
英國的英文名稱為什麼簡稱ＵＫ？
英國跟英格蘭有什麼不同？
哦！
英國指的是蘇格蘭、英格蘭、威爾斯和北愛爾蘭四個國家組成的聯合王國。
所以英國的正式名稱是「大不列顛暨北愛爾蘭聯合王國」。
蘇格蘭
北愛爾蘭
威爾斯
英格蘭
其中，這四個國家各有特色，也保有自己的傳統。

過去，英國曾稱為「大英帝國」，統治了世界四分之一的領土。
由於無論何時，太陽都會照耀在某個英國的統治區，因此英國又稱為「日不落國」。
當時，許多英國殖民地加入了大英國協，
以英國為中心，共有五十六個獨立國家參與。
大英國協
英國與舊殖民地獨立後建立的主權國家組成的國家聯盟
成員包含英國、印度、巴基斯坦、斯里蘭卡、馬來西亞、新加坡、孟加拉、加拿大、澳洲等
我們休息一下吧！
其實，紅茶是在十七世紀初從荷蘭傳入英國的。
當時，英國為了獲取中國產的紅茶，甚至不惜發動戰爭，
可見紅茶對英國人有多重要！
以前英國人主要喝綠茶，但現在更習慣喝紅茶加牛奶。
我們來吃下午茶吧！
英國人習慣在下午三點左右，搭配紅茶吃點輕食。
這原本是十九世紀時貴婦人之間的流行活動，後來普及到一般大眾。
我們喜歡把司康塗上滿滿的果醬跟凝乳奶油後享用。
好好吃哦！英國料理的口碑不是不太好嗎？
呃！

這個嘛，整體來說，英國菜的外觀也許比較隨興，
滿好吃的吧？
但我覺得味道還不錯呀……
傳統的英式早餐一定要分量十足。
晚餐則以烤牛肉等烤箱料理為主，主食是通常馬鈴薯。英國有不少傳統酒吧，我們習慣喝威士忌。
這麼說來，英國還是許多熱門運動的發源地呢！
尤其是足球！這也許是全球最有名的運動了吧！
發源於英國的運動
●足球
●橄欖球
●高爾夫
●曲棍球
●賽馬
●冰壺
●水球 等
此外，英國悠久的歷史也孕育出了許多文學名作。
如何？是不是更了解英國了？
嗯！
對了，日本明治時代為了推動現代化，也從英國學了不少東西呢！
我今天學到了好多新知識！
順帶一提，日本也很關注英國脫歐的狀況哦！
這、這樣啊……

基本資料

面積 24.2萬km²　　**人口** 6835萬人(2023年)

首都 倫敦　　**通貨** 英鎊

語言 英語（官方語言）、愛爾蘭語、威爾斯語等

民族

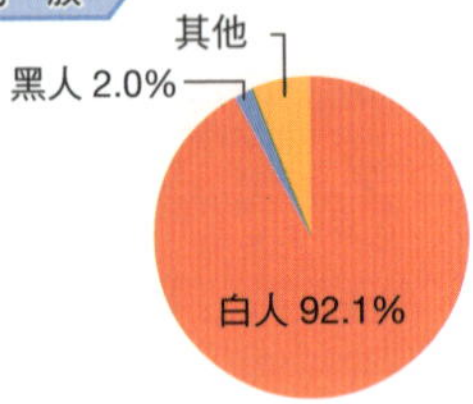

宗教

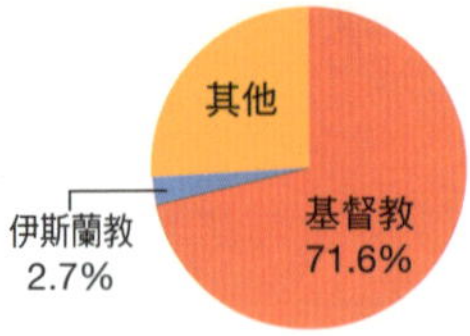

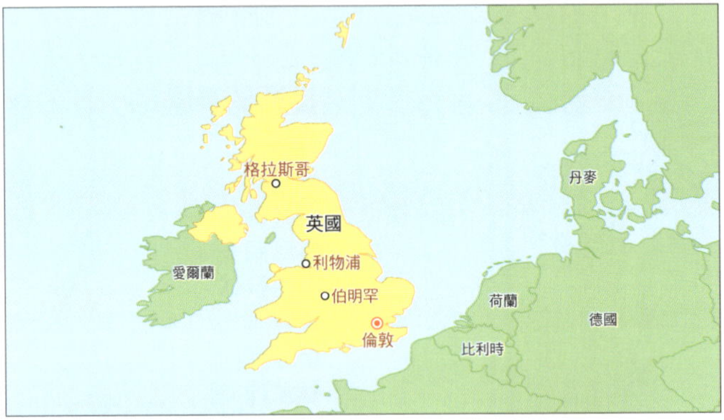

國旗

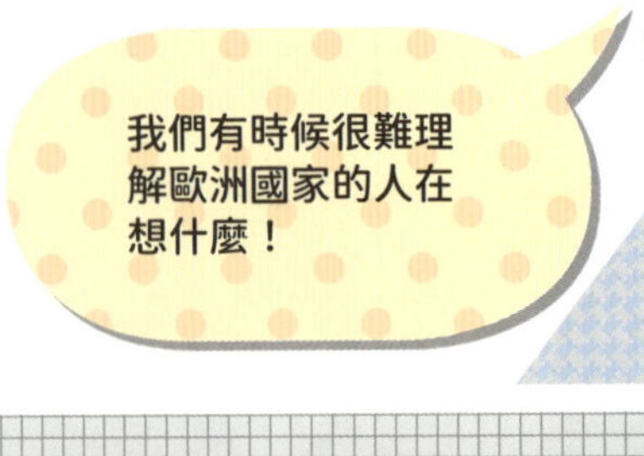

❶東、西部產業發展

英國是由**大不列顛島**和**北愛爾蘭**組成的聯合王國，正式國名為「**大不列顛暨北愛爾蘭聯合王國**」，國旗俗稱「聯合傑克」，是由蘇格蘭、英格蘭與北愛爾蘭的旗幟融合而成。

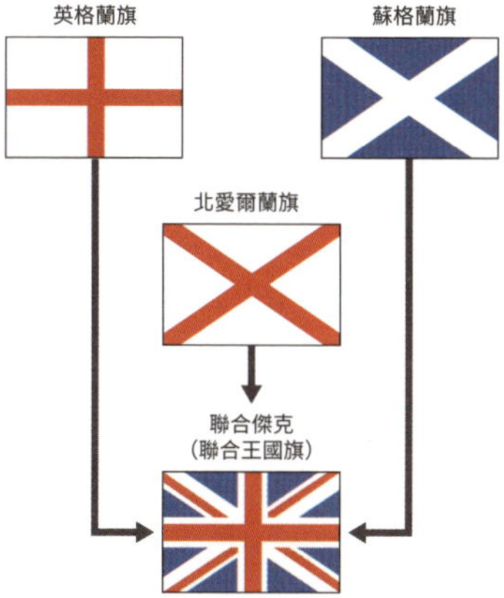

大不列顛島位在北緯五十度到六十度之間，西側外海有**北大西洋暖流**流經，帶來源源不絕的暖空氣，使得此地雖然地處高緯度，氣候卻相對溫和。此外，大不列顛島中央由本寧山縱貫，且位在偏西風帶，所以本寧山脈西側的蘭開夏地區與東側的約克夏地區氣候與環境不盡相同。

蘭開夏地區位在英國北部主要山脈「本寧山脈」西側的迎風面，偏西風遇到本寧山脈後產生上升氣流，導致降雨量多、濕度高，適合棉織品工業發展。一般來說，棉織品在乾燥環境容易斷裂，所以傳統上棉織品工業多集中在濕度較高的地區。

卡那封城堡（威爾斯）

而**約克夏地區**位在本寧山脈的背風側，受到從本寧山脈吹下來的焚風影響，較蘭開夏地區乾燥，毛織品工業發達。

十八世紀後期，英國成為全世界最早推動工業革命的國家。**瓦特**改良**蒸汽機**，帶動蒸汽火車與蒸汽船等交通工具的革新。蒸汽機以煤作為燃料，使工業革命期間的煤炭需求量大幅增加。此外，手工業工廠在引進機器後得以大規模生產，發展出**機械化生產制度**，更因為產量過剩，促使英國尋求**殖民地**作為新的銷售市場。英國同時利用殖民地居民和移民在殖民地推動種植棉花及甘蔗等工業原料，以及咖啡豆和茶葉等產品，並進口到英國供應國內需求。

❷ 北愛爾蘭的宗教問題

英格蘭普遍信仰英國國教派，屬於基督教新教的一支，而北愛爾蘭則主要信仰天主教。

過去，愛爾蘭島曾是英國的農業殖民地。一八四〇年代後期，馬鈴薯因病害大幅減產，引發飢荒。然而，英國政府卻對此不聞不問，導致大量愛爾蘭人餓死，或被迫移民至美國。

後來，愛爾蘭全島成為英國的自治領，但北愛爾蘭選擇回歸聯合王國。因此，北愛爾蘭境內既有信仰新教的群體，也有信仰天主教的群體，雙方長期對立，不時發生衝突。

其實，北愛爾蘭的矛盾不只宗教，政治衝突也日趨白熱化。長期以來，「**北愛爾蘭問題**」始終是英國與北愛爾蘭的棘手議題。

❸ 英國的漁業

英國自古以來漁業興盛，是**拖網捕魚法**的發祥地。因為位於北大西洋暖流與東格陵蘭寒流交匯處，並擁有**多格淺灘**、**大費雪淺灘**及法羅淺灘等多處**淺灘**（大陸棚的淺水處，又叫淺堆），因此英國周邊海域的魚類資源十分豐富。

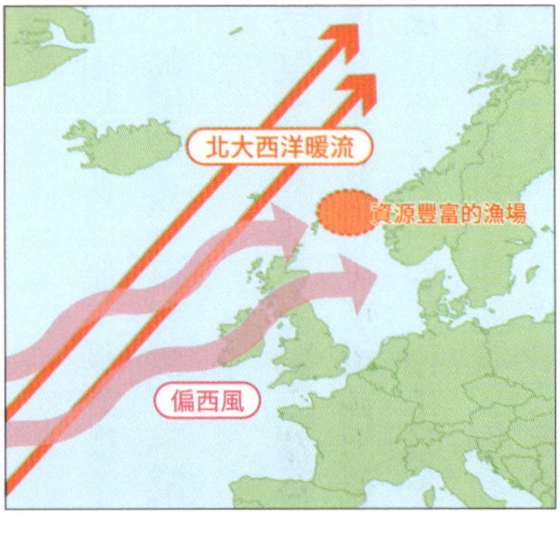

英國的知名料理「炸魚薯條」正是以豐富海產為基礎，通常以鱈魚等白肉魚排油炸，搭配馬鈴薯條。

從前，英國曾與冰島發生數次爭奪北海捕魚權的「**鱈魚戰爭**」。冰島**要求擴大經濟海域至兩百海里**，英國雖然挾強大軍力試圖對抗，但最後還是在北約斡旋下接受了冰島的主張。由於時值冷戰期間，因而取「Cold War」的諧音，稱為「Cod War」（直譯為「鱈魚戰爭」）。

❹ 工業發展與「英國病」

現在的英國不論在半導體、石油、汽車及航空等產業皆有相當的發展，出口表現亮眼。蘇格蘭的半導體產量突出，甚至有**歐洲矽谷**（Silicon Glen）的美譽。此外，密得堡和亞伯丁得力於北海油田，石油化學工業興盛。在多種產業的推動之下，英國首都倫敦成為全球知名的金融都市，「**倫敦金融城**」更是世界經濟中心之一。

炸魚薯條

自一九六〇年代起，英國政府致力於建立完善的**社會保險制度**，強調「**從搖籃到墳墓**」的全面保障，並大規模推動產業國有化。但是，這些政策卻削弱英國的國際競爭力，**石油危機**更引發經濟衰退。一九七九年起，英國政府推動國營企業民營化，並放鬆市場管制，提倡「**小政府**」政策以實現經濟自由化。然而，這卻導致**英鎊危機**（英鎊貶值），使整體經濟惡化，稱為「**英國病**」。直到二〇〇一年，英國政府才正式宣布「已經克服英國病」。

❺ 大倫敦計畫與新市鎮

工業革命以後，人口紛紛集中到首都倫敦，引發許多城市問題。現代城市規劃的先驅**霍華德**（Ebenezer Howard）在他的著作《明日田園城市》（To-morrow：a Peaceful Path to Real Reform）中提出建設「**田園城市**」的構想，也就是「結合鄉村農業與都市工商業」的聚落。一九〇三年，第一座田園城市**列區沃斯**（Letchworth）誕生，隨後於一九二〇年，**威靈田園城市**（Welwyn Garden City）在英格蘭興建。構想成功實現後，一九四四年英國政府發表《**大倫敦計畫**》（Greater London Plan），並於一九四六年通過《新市鎮法》（New Town

橫跨泰晤士河的倫敦塔橋

Act）。

英國重新整頓過度稠密的倫敦人口和產業，將倫敦方圓五十公里的範圍劃分成內圈、近郊圈、綠帶圈及外圈等四個部分，試圖維持適當的人口規模。這個期間興建的城市稱為新市鎮，標榜「結合鄉村和都市」，並提供城市所需的「食、住、育、樂」等功能。

❻ 脫離歐盟

英國於二〇一六年六月二十三日**舉行公民投票，決定是否脫離歐盟**，最終贊成脫歐者占五十一．六%，反對脫歐者占四十八．一%，以些微差距確定脫離歐盟。

英國的脫歐議題可追溯到二〇一三年一月，時任英國首相**卡麥隆**承諾舉行公民投票，意圖緩和民怨以及大眾對歐盟的反感。當時英國正因為二〇〇七年起日益嚴重的**全球金融危機**及二〇一〇年歐洲主權債務危機（**歐債危機**）而陷入經濟蕭條。同時，**來自歐盟境內的移民人數暴增，導致英國國內對歐洲大陸的不滿情緒升高**。其實英國早在一九七五年就曾針對脫歐舉行過公民投票，由留歐派獲勝，因此**英國政府預期「雖然國人不滿歐盟，但是公民投票結果應該還是會由留歐派獲勝」**。

沒想到，二〇一五年起，歐洲因敘利亞內戰爆發難民潮，加上巴黎發生多起恐怖攻擊事件與歐債危機的影響，歐盟國家經濟停滯、失業率一再攀升，不難理解英國公民對歐盟抱持的懷疑態度。最終，二〇一六年的公投中高達半數以上參與者支持脫歐。這一年，結合「Britain」與「Exit」的新單字「Brexit」（英國脫歐）成為熱門關鍵字。

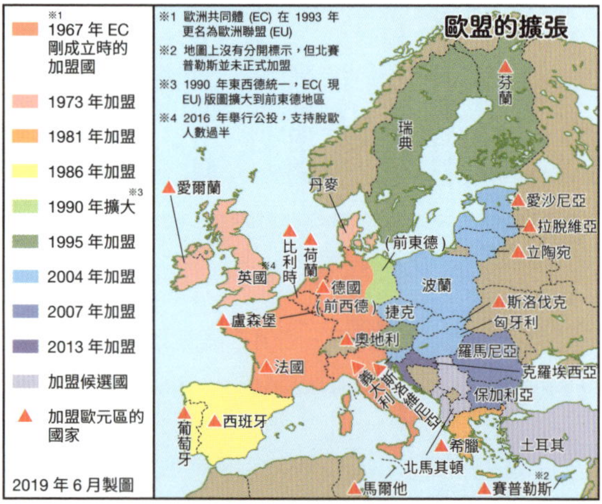

卡麥隆卸任之後，**梅伊**接任首相之位（順帶一提，梅伊在大學時主修地理學）。梅伊上任後，表明英國將退出歐盟單一市場和關稅同盟，並優先管制移民，採取強硬的脫歐政策。為了強化政治基礎，她解散國會並舉行大選，然而執政的保守黨席次卻未過半。因此她改變策略，與歐盟維持合作關係，緩步脫歐，這麼做卻受到內閣成員強烈批評。

二〇一九年一月，梅伊政府在英國國會上提出《脫歐協議草案》，但遭到否決。即使經歷多次修改並舉行三次表決，仍未能通過。脫歐進程陷入僵局，梅伊最終於同年六月辭職，由**強生**接任首相。

強生上任後，試圖發起解散國會並舉行大選，但遭到否決。他也試圖透過「暫時關閉國會」的方式來壓制反對脫歐的聲音，但此舉被英國最高法院裁定違憲。最終，強生向歐盟提出延後脫歐期限的申請，將原訂的二〇一九年十月三十一日延長至二〇二〇年一月三十一日，歐盟也接受了這個提案。隨後，強生提出特例法案，於二〇一九年十二月舉行解散國會大選，保守黨獲得壓倒性勝利，確保了英國的脫歐進程。此後，強生政府於二〇二〇年六月表明不會延長脫歐過渡期，並表示英國將專注於與歐盟及其他國家進行貿易談判。

英國社會長期對薪資水準偏低的東歐國家移民抱有疑慮，擔憂移民增加會剝奪英國公民的工作機會。然而，身為歐盟成員國就無法拒絕移民入境。面對不同文化背景的移民與難民，民眾擔心稅賦負擔加重、文化衝突與治安惡化等問題，這些因素促成了英國脫歐的決定。

白金漢宮

西敏寺，知名的大笨鐘就在北端的塔樓

繼英國之後，日本妹來到花都巴黎。
Mademoiselle（小姊），歡迎來到巴黎！
接下來就由我來陪伴您。
好、好的！
法國
真可惜。
呼—
打冷顫
我也來了。
英、英國佬……
你那麼輕浮，怎麼能讓她一個人來呢？
哼……
你們英國人老是妨礙別人……
彼此彼此！
呃，英國哥和法國哥的關係似乎很差？
英國的建立可以說是從一〇六六年法國入侵英格蘭開始的。
之後又經歷了百年戰爭、殖民地戰爭……英、法之間幾乎一直在打仗。
沒錯，所以很多法國人聽不懂英文。
我們對美食的品味也大不相同呢～
法國人花太多時間吃飯了。
在我看來，你們這樣吵來吵去，反而有點像是在打情罵俏呢……
怎樣
怎樣

算了，不跟你計較，先來介紹巴黎吧！
拿破崙為了紀念戰爭勝利建造了凱旋門，而艾菲爾鐵塔則是為了紀念法國大革命一百週年而建。
協和廣場過去是處刑場。還有路易十四下令建造的傷兵院……
巴黎為了維護市容，不僅限制建築物的高度，電纜也全面地下化，花了不少心血！
巴黎還是時尚的發源地，巴黎時裝週更是全球時尚的標竿！
大道兩旁滿是精品店。
還有蒙馬特，這裡孕育了畢卡索等許多藝術家，
現在仍有許多畫家和肖像畫家聚集於此。
來到巴黎近郊，則有世界遺產凡爾賽宮。
繼續往西，還有建在小島上的聖米歇爾山修道院。
而法國南部則到處都是休閒勝地和田園景色。

根據法國的休閒法，每年五週的有薪假是國民的義務呢！
放假時，南法的蔚藍海岸是熱門的度假聖地。
每年五週？在日本根本無法想像……
日本人工作過度了。
嗯，我也有同感。
法國人認為，陪伴家人的時間也很重要。
完全無法反駁……
法國人喜歡全家一起悠閒地享受美食。
早餐吃可頌和歐蕾咖啡；午餐則因人而異，通常是三明治之類的輕食。
晚上吃套餐，前菜、湯、主菜、沙拉等料理依序上桌。
法國人連蝸牛、兔子跟青蛙也吃……
太可怕了
英國人才不懂這種美味～
抱歉！來杯紅酒，冷靜一下……
法國人熱愛紅酒，簡直把紅酒當水喝！
我們的紅酒消費量是世界第一；產量僅次於義大利，是世界第二；擁有波爾多與勃根地等有名的紅酒產區。
怎樣？青蛙笨蛋！
來打啊？烤牛笨蛋！
你們冷靜點！

法國的起司種類也是全球之冠，共有四百到七百種。
有些人會直接把起司當作點心吃哦！
法國人對飲食真講究呢！
沒錯，因此
我們也成為歐洲數一數二的農業國！
我們的小麥和甜菜產量是歐洲之最。
穀物的自給率超過百分之百，農產品的出口額是全球第一。
核能發電比例也是全球數一數二的，
接近八成的電力都是來自核能發電。
核能在日本有不少爭議，在法國卻是普遍的選擇啊！
法國與英國同樣位在歐洲，差異卻很大呢！
沒錯，我們熱愛自己的文化，
就連外國的商品跟專有名詞都會刻意改用法語名稱。
許多人認為法國人排外，但我們可是最喜歡日本文化了！
悄悄地…
像是浮世繪、陶藝，以前在法國都很受歡迎。
而現在，日本漫畫和動畫在法國也很熱門，法國修習日本柔道的人數還比日本人更多！
喂！你的手往哪裡擺！

基本資料

面積 64.1萬km^2

人口 6828.7萬人(2023年)

首都 巴黎

通貨 歐元

語言 法語(官方語言)、普羅旺斯語、布列塔尼語等

民族

法國人(凱爾特・日耳曼族、古羅馬人等混血)、少數民族(布列塔尼、巴斯克、科西嘉等)、移民(南歐裔、馬格里布裔、土耳其裔等)

宗教

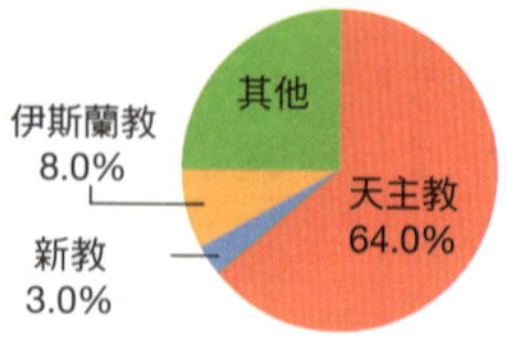

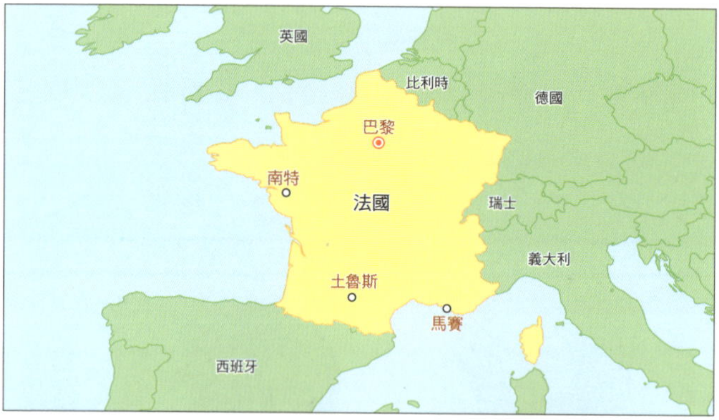

國旗

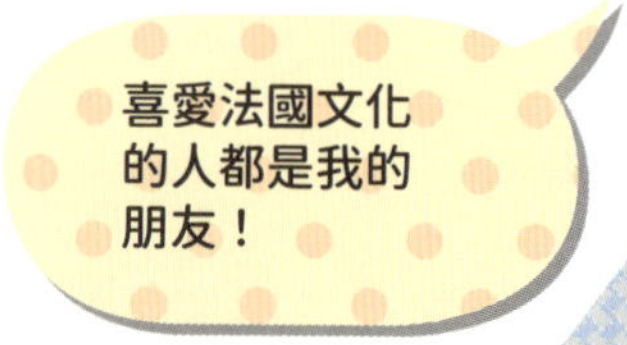

❶ 西歐少見的農業國家

法國是西歐主要的農業大國，為了提高農業生產力，政府實施土地整併，透過交換土地來擴大農場規模，因此當地每戶農家的平均耕地面積高於歐洲大部分國家。

法國幾乎所有農產品種類都可以自給自足，其中，**小麥**更大量出口到世界各地。法國南部屬於**溫帶夏乾氣候（Cs，又稱地中海型氣候）**，夏季晴朗乾燥，自古以果樹栽培為農業的一大特徵，其中以葡萄樹最為知名。由於葡萄容易腐壞，因此葡萄酒釀造業是「原料區位」的產業。

世界前十大葡萄酒生產國

2014 年	萬噸	%
義大利	480	16.6
西班牙	461	15.8
法國	429	14.7
美國	330	11.3
中國	170	5.8
阿根廷	150	5.2
智利	121	4.2
澳洲	119	4.1
南非	115	4.0
德國	92	3.2
全球統計	2911	100.0

法國的葡萄酒產業全球馳名，是當地主要的出口品項之一。然而，葡萄酒的保存對溫度控制要求嚴格，因此在陸上交通不穩定的時代，很難拓展銷售市場。拿破崙三世還為此在一八五二年建設連接巴黎與波爾多的鐵路，拜此之賜，當時法國境內大多數地區才得以享受到美味的葡萄酒。法國葡萄酒的主要產地包括波爾多、勃根地及香檳區等，此外，同屬溫帶夏乾氣候的義大利、西班牙與葡萄牙，也都是著名的葡萄酒生產國。

❷ 核能是主要電力來源

核能是法國的主要電力來源，核能發電的占比接近八成。由於法國缺乏能源資源，早期主要依賴火力（煤炭）與水力發電，後來受到**能源革命**的影響，能源政策改以石油為主，然而石油仍須仰賴進口。

一九六七年奈及利亞爆發**內戰**（比亞法拉獨立戰爭），法國決定支持當地的伊博族，希望藉由協助對方獨立換取獲取石油的管道。然而，伊博族獨立失

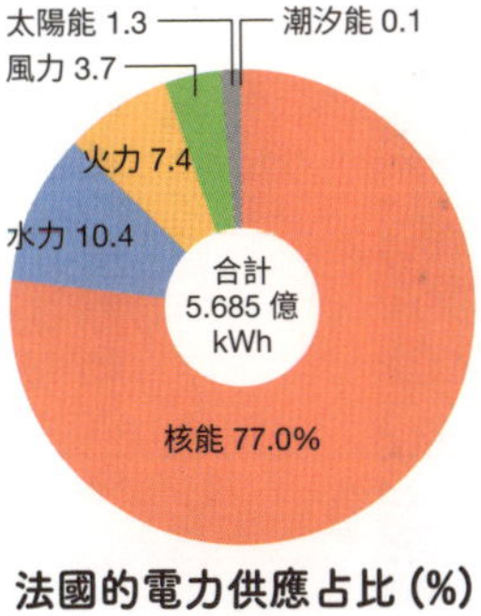

法國的電力供應占比（%）

敗，法國的計畫落空。到了一九七三年，第一次石油危機席捲全球，法國被迫重新審視能源政策，減少對石油的依賴，並將目光轉向核能。

國際能源總署認定核能發電不會排放二氧化碳，屬於乾淨能源。法國由於高度依賴核能，因此二氧化碳排放量在工業國家相對較低。此外，法國政府認為核能發電的電費較低，有助於降低企業成本並提高產業競爭力。然而，隨著時間推移，核能發電廠的維修與安全管理成本逐漸上升。法國政府在能源政策上過度依賴核能，日益突顯能源多樣化的必要性、控制電力成本和確保安全性等問題。

二〇一五年，法國通過《能源轉型法案》（Energy Transition for Green Growth Act），預定在二〇三〇到二〇三五年間將核能發電比例降到五十％。然而，如果找不到替代能源，轉而使用化石燃料，恐怕將導致二氧化碳的排放量增加。

❸ 世界第一的觀光大國

法國以擁有全球第一的外國觀光客人數自豪，每年吸引近一億人次到訪，甚至超過法國的總人口數，且法國的觀光收入排名全球第三，僅次於美國及西班牙，觀光是當地經濟的重要支柱。法國擁有許多家喻戶曉的觀光景點，包括凱旋門、艾菲爾鐵塔、聖母院、凡爾賽宮殿和聖米歇爾山等。

此外，法國地中海沿岸地區則憑藉溫暖的氣候，開發許多度假勝地，例如遠近馳名的**尼斯**和**坎城**，在美食與時尚等產業更是魅力無窮。

亞維儂教宗宮

巴黎街景

❹ 移民與宗教概況

在歐盟成員國中，法國人口僅次於德國，大約為台灣人口的二．九倍。宗教信仰方面，天主教占比較高，而語言方面則以法語為主，使得法國在歷史上民族一致性較高。但是，法國境內也住著許多來自前法屬殖民地的居民，如阿爾及利亞、摩洛哥與突尼西亞等非洲國家移民及其後代，而這些族群主要信仰伊斯蘭教。不難想像，在天主教徒占多數的法國，不同宗教的差異可能引發許多衝突。

❺ 航空城「土魯斯」

法國南部的**土魯斯**是著名的航空重鎮，民航飛機製造商「空中巴士（Airbus）」主要組裝工廠就設立於此。空中巴士公司由英國、德國、法國及西班牙四國合資設立，目的是為了對抗美國波音公司對全球民航機市場的壟斷。

一般來說，開發大型民航機約要花費六千億到一兆兩千億日圓左右（約一千兩百億到兩千四百億台幣），因此公司必須取得大量訂單才能平衡收支。製造飛機所需的數百萬種零件，幾乎都來自外部**供應商**，而空中巴士有近七成的零件由日本製造。待世界各國製造的零件集中到土魯斯後，約要花費一年時間製造飛機，再經過一年的試飛，最後才交貨給航空公司。製造飛機需要花費大量時間和資金，一家公司無法統包從開發到零件製造、組裝等所有工作，因此法國從世界各地進口零件，再組合成飛機。「航天器及運載工具」在法國出口項目中排名第二（二〇二二年），可見航空工業是法國重要的經濟支柱。

西班牙
西班牙是法國的鄰國，這裡陽光燦爛，居民熱情洋溢。
喂，英國佬！
為什麼連你都跟來了？
少囉嗦！怎麼能讓你跟日本妹單獨相處！
你說什麼！
西班牙旅遊指南
好了好了，別吵了！
喂喂喂！你們怎麼吵吵鬧鬧的！
西班牙姊！
日本妹，你終於來了！
西班牙人熱愛節慶，一年四季都有不同的慶典，
一起去體驗吧！
西班牙北部的納瓦拉每年都會舉辦奔牛節，
參加者會在牛棚到鬥牛場之間約八百公尺的道路上與牛隻驚險追逐！
哇啊啊啊啊啊！
還有在瓦倫西亞舉辦的番茄節！其實就是打番茄仗。
嘿喲！
啊哈哈哈！

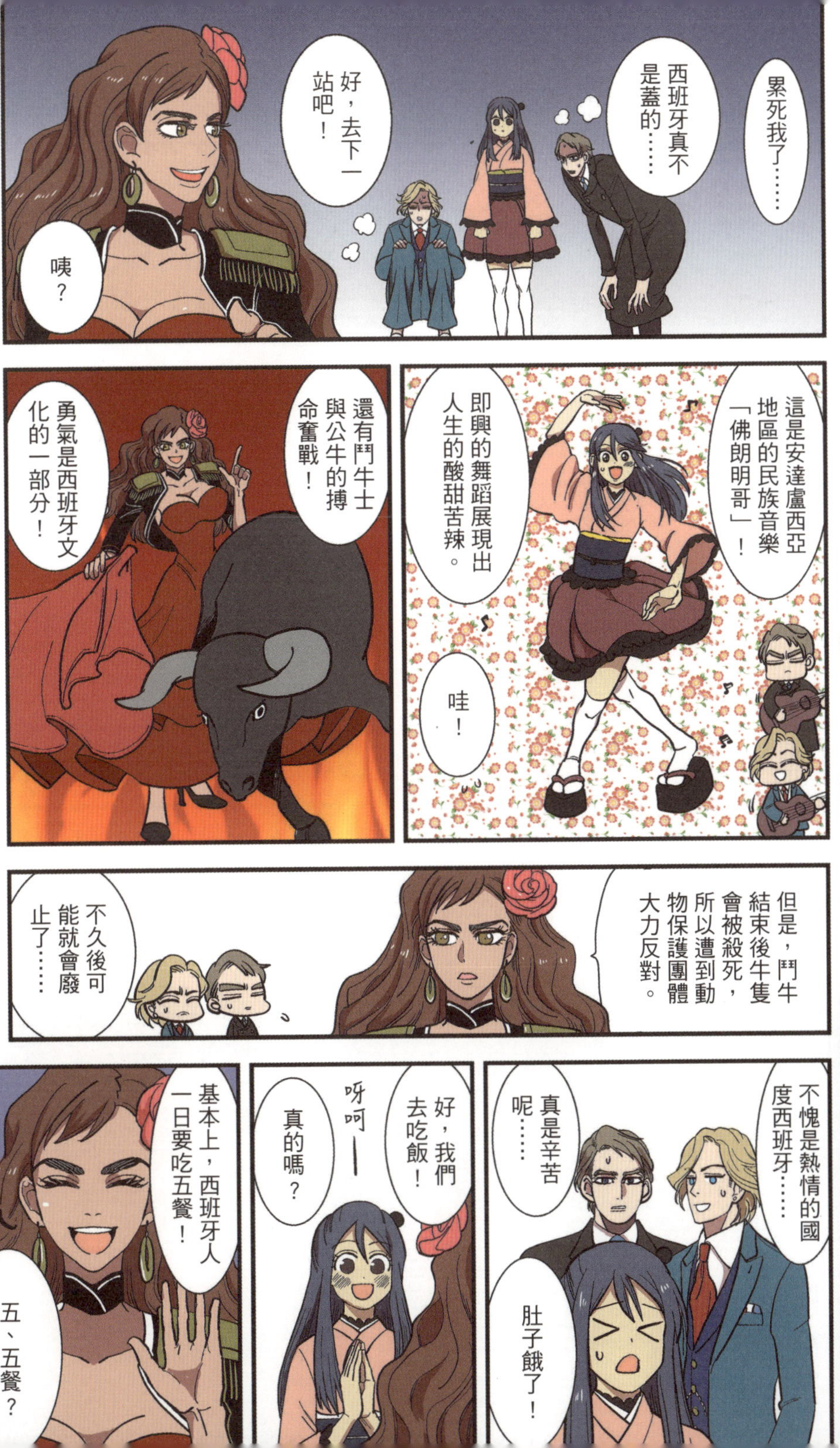
累死我了……
西班牙真不是蓋的……
好，去下一站吧！
咦？
這是安達盧西亞地區的民族音樂「佛朗明哥」！
即興的舞蹈展現出人生的酸甜苦辣。
哇！
還有鬥牛士與公牛的搏命奮戰！
勇氣是西班牙文化的一部分！
但是，鬥牛結束後牛隻會被殺死，所以遭到動物保護團體大力反對。
不久後可能就會廢止了……
不愧是熱情的國度西班牙……
真是辛苦呢……
肚子餓了！
好，我們去吃飯！
呀呵——
真的嗎？
基本上，西班牙人一日要吃五餐！
五、五餐？

早餐是簡單的麵包配咖啡歐蕾。
十點時吃點輕食。
午飯從下午兩點開始，悠閒地用餐。
到了傍晚，則是喝點酒和小菜代替點心。
晚上九點，再吃簡單的晚飯。
西班牙有很多餐酒館，供應美味的餐食與酒，
提供人們輕鬆用餐的場所。
說到西班牙料理，少不了海鮮和薄餅。
此外，海鮮燉飯是瓦倫西亞地區的名菜，特色是用浸泡番紅花的水來煮飯。
橄欖能夠適應西班牙夏天的乾燥氣候，
西班牙的橄欖產量約占全球的三十五%。
我們的橄欖產量與出口量都是全球第一。
橄欖油大蒜蝦真好吃！
夏天時，西班牙南部可達攝氏四十度以上。
此外，過去南部曾遭到伊斯蘭王朝入侵，留下了不少伊斯蘭建築。
西班牙面積比日本稍大，但是人口只有日本的三分之一。

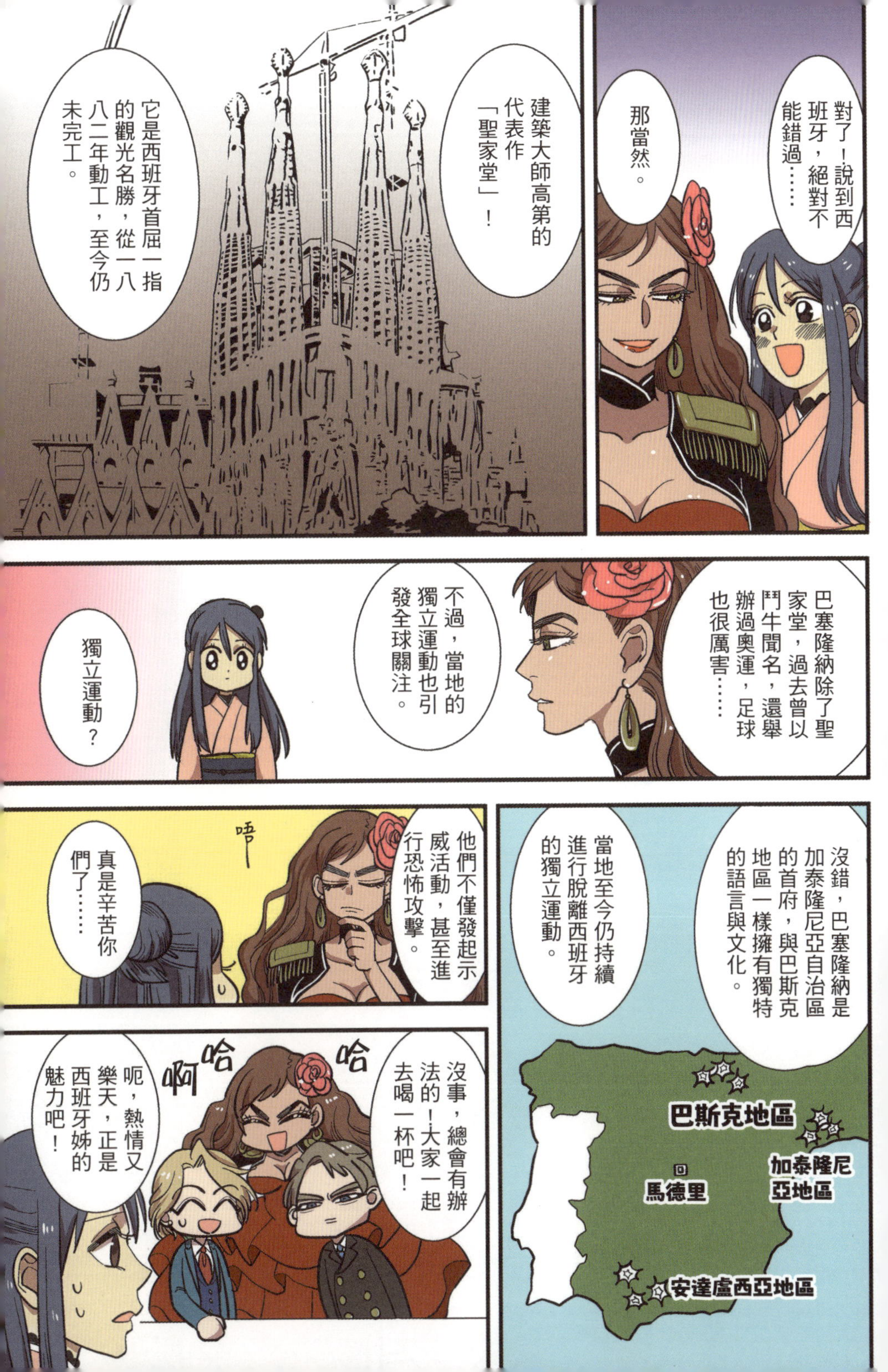

對了！說到西班牙，絕對不能錯過……
那當然。
建築大師高第的代表作「聖家堂」！
它是西班牙首屈一指的觀光名勝，從一八八二年動工，至今仍未完工。
巴塞隆納除了聖家堂，過去曾以鬥牛聞名，還舉辦過奧運，足球也很厲害……
不過，當地的獨立運動也引發全球關注。
獨立運動？
沒錯，巴塞隆納是加泰隆尼亞自治區的首府，與巴斯克地區一樣擁有獨特的語言與文化。
當地至今仍持續進行脫離西班牙的獨立運動。
巴斯克地區
加泰隆尼亞地區
馬德里
安達盧西亞地區
唔
他們不僅發起示威活動，甚至進行恐怖攻擊。
真是辛苦你們了……
沒事，總會有辦法的！大家一起去喝一杯吧！
啊哈哈
呃，熱情又樂天，正是西班牙姊的魅力吧！

基本資料

面積 50.6萬km²

人口 4834.7萬人(2023年)

首都 馬德里

通貨 歐元

語言 西班牙語(官方語言)、地方通用語言(加泰隆尼亞語、巴斯克語、加利西亞語等)

民族

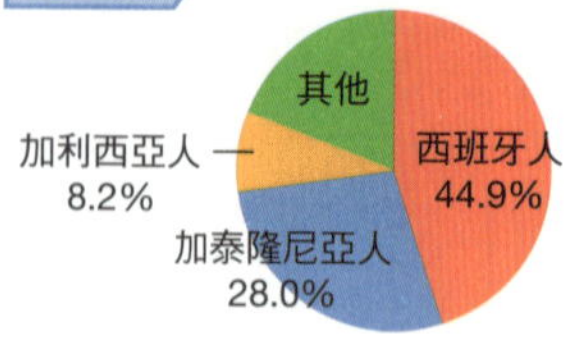

宗教

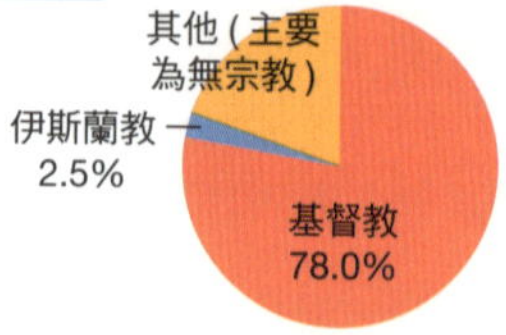

國旗

西班牙是世界首屈一指的觀光大國♪一定要來玩哦！

❶「日不落國」的由來

一四六九年，卡斯提爾王國與亞拉岡王國統一並建立西班牙王國，目的是奪回伊斯蘭王朝占領的伊比利半島（即收復國土運動）。伊比利半島長年受伊斯蘭王朝統治，位於西班牙南部**格拉納達**的阿爾罕布拉宮就是這段期間建造的伊斯蘭建築。

收復國土、將伊斯蘭教徒趕出伊比利半島之後，西班牙成為虔誠的天主教國家，國力也日益強大。一五八〇年，葡萄牙國王恩里克一世（Henrique I）過世，因為他沒有子嗣，便由他的外甥暨當時的西班牙國王腓力二世（Felipe II，「菲律賓」就是以他命名的）兼任葡萄牙國王，形成共主邦聯（指由同一個君主治理兩個或以上的國家）。直到一六四〇年葡萄牙脫離西班牙統治為止，西班牙除了原有的領土與屬地外，還擁有中南美洲、亞洲及非洲的葡萄牙殖民地，版圖大幅擴張，幾乎遍及世界各個角落，形成不論何時太陽都會照耀到西班牙治下國家的盛況，因此人們以「**日不落國**」（後來成為大英帝國的稱號）來比喻西班牙的強大。此外，許多拉丁美洲國家當時都是西班牙的殖民地，直到現在仍然以西班牙語為官方語言，信仰天主教的民眾也很多。

16 到 20 世紀全球殖民地分布圖

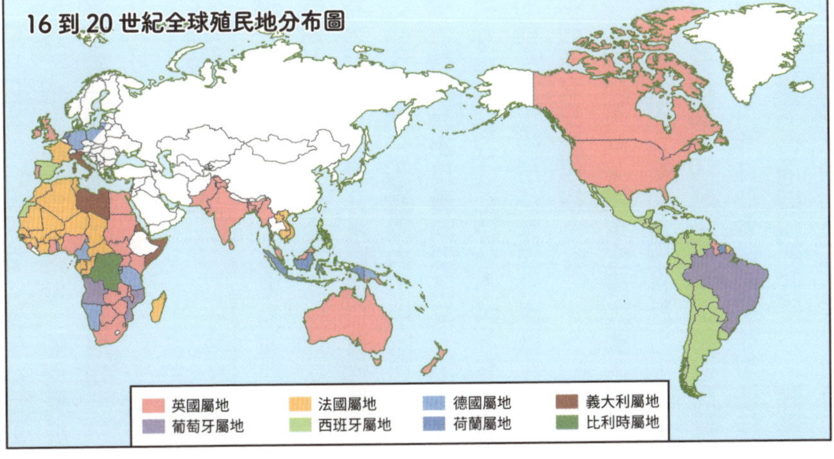

❷ 少數民族的獨立運動

由於西班牙歷史上曾為了收復國土而合併了兩個王國，導致伊比利半島上的種族相當複雜。時至今日，部分族群依然保有與西班牙人不同的文化認同，比如**巴斯克人**及**加泰隆尼亞人**等。

巴斯克人大多居住在庇里牛斯山脈西側，以畢爾包市為中心，並且使用巴斯克語，所屬語系不明，但已知與西班牙語屬於不同語系。巴斯克人發起多年的獨立運動，直到一九七九年，西班牙才設置**巴斯克自治區**。

居住於西班牙東北部的**加泰隆尼亞自治區**積極投入獨立運動，尋求更高的自治權，希望保留自己的語言、歷史與文化特色。尤其是在進入二〇一〇年代後，脫離西班牙的呼聲更高，例如加泰隆尼亞政府於二〇一〇年起實施禁止鬥牛條例，顯示當地的獨特性。二〇一四與二〇一七年，加泰隆尼亞曾舉行兩次獨立公投，但是投票率都很低，即使贊成獨立的人占壓倒性多數，獨立運動依然未能成功。

❸ 西班牙的汽車產業

西班牙的汽車工業發達，不過生產主力並非國產企業，而是進駐西班牙設廠的外國企業。

在第二次世界大戰後，西班牙推動**進口替代型**工業，到了一九七〇年代中期，因為國內市場飽和，西班牙轉向國際市場，轉型為**出口導向型**工業。接著在一九八六年，西班牙與葡萄牙共同加入歐洲共同體（EC，是歐盟的前身），吸引多家國外車廠在西班牙建廠，擴大當地的汽車生產規模。

相較於德國、法國與英國等汽車生產大國，西班牙的薪資水準較低，對外國企業而言極具魅力，許多公司將西班牙作為生產據點，同時吸引零件製造商聚集，形成產業聚落。而國外零件商帶動西班牙製造技術的進步，提升國內汽車零件商的國際競爭力。憑藉外國車廠進駐、國內汽車零件製造業的發展與低價的勞動力，西班牙的汽車生產數量持續增加。尤其是加泰隆尼亞自治區的**巴塞隆納**，如今已是汽車製造的據點。

一九九三年，歐洲共同體改組為**歐洲聯盟（EU）**，隨著加盟國增加，逐漸發展成超過五億人的龐大市場。西班牙生產的汽車可以免關稅銷往其他歐盟國家，因此出口量約占總產量的九成，「汽車」是西班牙最主要的出口品項。一般來說，多數先進國家的主要出口品項是「機械類」，其次才是「運輸工具」，西班牙的出口情況相對少見，可見汽車產業在西班牙的關鍵地位。

但是，隨著東歐國家陸續加入歐盟，西班牙逐漸失去低廉勞動力的優勢，外國車廠紛紛將生產據點轉移到薪資水準更低的波蘭、捷克、斯洛伐克、匈牙利與羅馬尼亞等國。面對競爭壓力，西班牙的汽車生產重心也從過去的大型客運車轉向運動型多功能車款（SUV）與小型客貨車等多用途車或高級小型轎車。

❹ 觀光發展傲視全球

觀光業也是西班牙的主要產業之一。根據二〇一五年統計，西班牙的外國觀光客入境人數排名全球第三，僅次於法國及美國；國際觀光收入僅次於美國，位居全球第二。這主要歸功於歐盟開放境內的人員、商品、資金與服務可以自由流動，且西班牙位於歐洲南部，氣候溫暖，是著名的度假勝地。與英國跟德國等地相比，西班牙的人均所得（GNI）較低，物價相對便宜，因此吸引更多外國觀光客來此消費。

巴塞隆納聖家堂

第3章 歐洲

德國
滴答
滴答
約好十二點，絕不容許遲到……
德國哥，你好！
日本果然是嚴格守時的國家，跟我們德國一樣！
緊緊握住！
我習慣提早五分鐘到！
那麼，先填飽肚子吧！
Prost（乾杯）！
德國人的午餐很豐盛。
哇！我要開動了！
而且，來到德國一定要喝啤酒！
德國曾因釀造啤酒而繁榮。一五一六年，巴伐利亞公國訂立啤酒純釀法，
進一步規定釀造啤酒只能使用啤酒花、麥芽、水、酵母等原料。
現在，德國有一千兩百多家啤酒公司，生產五千多種啤酒。
超市裡，啤酒比果汁跟水還便宜！
穿著民族服裝「巴伐利亞裙」的店員好可愛！

巴伐利亞白香腸、馬鈴薯泥跟德式酸菜都是有名的德國菜。
在寒冷的德國，這些料理可以長期保存。
德國基本上氣候溫暖，但冬天時，柏林的平均氣溫仍接近零度。
德國還有一個特色，
德國的主要都市
漢堡
不來梅
柏林
漢諾瓦
萊比錫
科隆
德勒斯登
法蘭克福
慕尼黑
德國最早採取聯邦制，注重地方分權，各地區獨立性高，
因此，德國並不存在像東京、紐約、倫敦那樣人口集中的大都市。
此外，在聯邦制的影響下，德國的交通網建設並不是單一核心為主，鐵道路線也不一定經過首都，
許多地方城市與首都的聯繫較少。
我們去市區觀光吧！
好！
逛完首都柏林，這裡是……
沒錯，這裡是柏林圍牆。

一九三〇年代，德國由納粹獨裁統治，
二次世界大戰戰敗後，德國受到戰勝國分割統治。
資本主義國家接管西德；蘇聯接管東德。
在美蘇冷戰的影響下，東德與西德也互相敵對。
東德
西德
從東德逃往西德的人非常多，
於是，東德在這裡築起圍牆，阻止市民逃脫。
不過，柏林圍牆在一九八九年倒塌，東西德也統一了，對吧？
沒錯，但這也留下許多問題，例如貧富差距與產業技術差距等。
畢竟西德在各方面都已有所發展。
此外，由於戰後勞動力短缺，德國接受來自土耳其、南斯拉夫、義大利等國的勞工。
德國政府稱他們為「客籍勞工」。
其中，土耳其的勞工以穆斯林為主，
這引發德國人的排斥移民運動。
另外，無限制接納敘利亞難民，也是德國必須面對的問題。

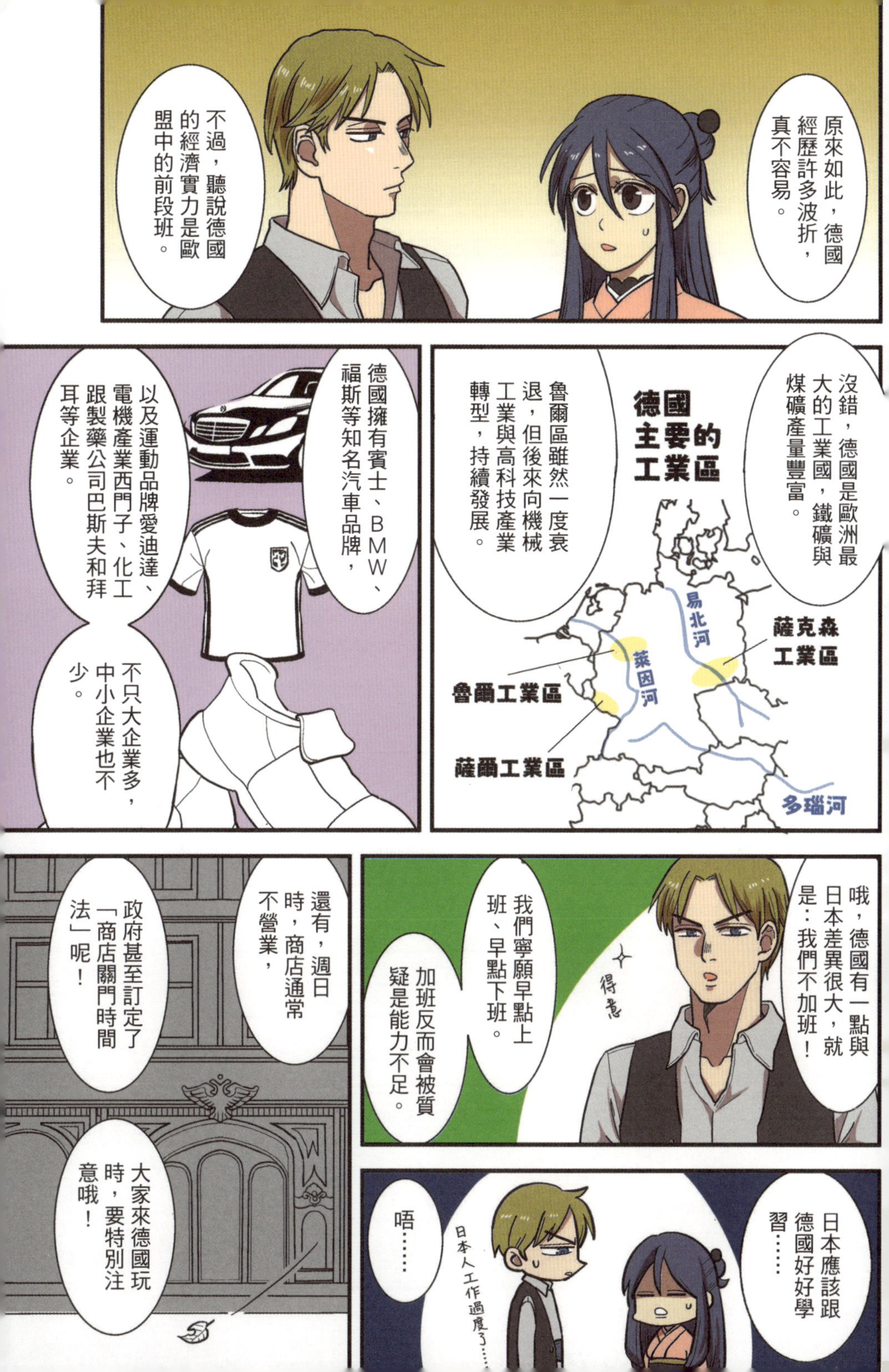

原來如此，德國經歷許多波折，真不容易。
不過，聽說德國的經濟實力是歐盟中的前段班。
沒錯，德國是歐洲最大的工業國，鐵礦與煤礦產量豐富。
德國主要的工業區
魯爾區雖然一度衰退，但後來向機械工業與高科技產業轉型，持續發展。
易北河
薩克森工業區
萊因河
魯爾工業區
薩爾工業區
多瑙河
德國擁有賓士、BMW、福斯等知名汽車品牌，
以及運動品牌愛迪達、電機產業西門子、化工跟製藥公司巴斯夫和拜耳等企業。
不只大企業多，中小企業也不少。
哦，德國有一點與日本差異很大，就是：我們不加班！
我們寧願早點上班、早點下班。
加班反而會被質疑是能力不足。
得意
還有，週日時，商店通常不營業，
政府甚至訂定了「商店關門時間法」呢！
大家來德國玩時，要特別注意哦！
日本應該跟德國好好學習……
唔……
日本人工作過度了……

4 德國

歐洲

基本資料

面積 35.7萬km²

人口 8328萬人(2023年)

首都 柏林

通貨 歐元

語言 德語(官方語言)、俄羅斯語、土耳其語、波蘭語等

民族

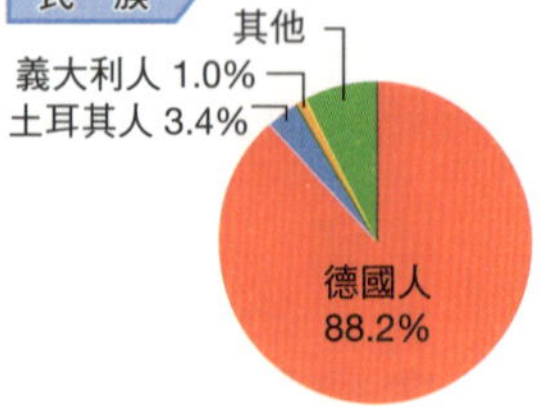

宗教

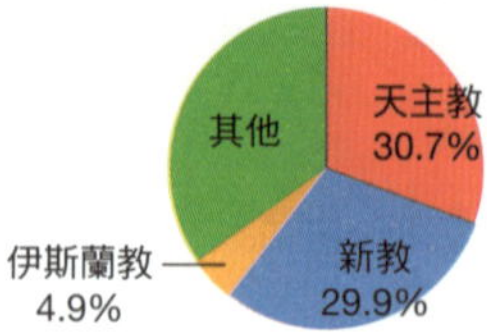

國旗

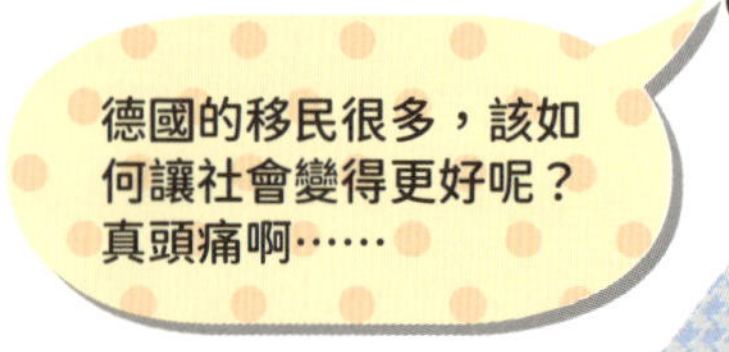

❶ 自然環境與料理特色

啤酒、馬鈴薯和香腸是到德國旅遊時不可錯過的經典料理，而這些飲食文化與德國的自然環境息息相關。

德國國土中央有北緯五十度貫穿，北部曾深受**大陸冰河**的影響，隨處可見冰蝕地形，土壤貧瘠，難以種植小麥，因此自古以來德國北部主要種植大麥、裸麥及燕麥等作物，能夠生長在貧瘠土壤中的薯類也是重要的農產品。此外，德國的夏季涼爽，適合發展酪農業。

大麥麥芽是啤酒的原料之一。一五一六年，巴伐利亞公國（領土涵蓋德國東南部到奧地利）的威廉四世頒布《啤酒純釀法》（Reinheitsgebot），規定「啤酒只能以麥芽、啤酒花、水與酵母為原料」。當時，由於小麥芽較為珍貴，人們主要使用大麥芽製作啤酒。

德國啤酒

德國料理中不可缺少的馬鈴薯，其實直到近代才成為重要食材。由於長相不討喜，馬鈴薯剛從南美洲引進時幾乎沒有人願意食用。在十八世紀，普魯士王國（領土涵蓋北德到波蘭西部）國王腓特烈二世率先食用馬鈴薯，努力改善貧瘠地區的糧食困境。馬鈴薯削下的皮及殘渣還可以作為豬的飼料，加上豬是雜食動物，宛如「天然廚餘回收機」，且母豬一胎可生約十到十五頭小豬，繁殖力強，使得豬肉成為德國人重要的肉類來源之一。

德國位於高緯度的寒冷地區，冬季不利於農耕，為了確保冬季的糧食充足，德國自古就發展出各種不易腐敗的保存食品，尤其是香腸（德語為「Wurst」）和德國酸菜（醃高麗菜）等醃漬物最受歡迎。直到今日，這些傳統飲食文化仍深深影響著德國的料理。

❷ 歐洲最大的工業國

德國是歐洲最大的工業國，工業中心位於**魯爾工業區**。魯爾工業區的興起主要得益於萊因河流經此地，提供便利的水運。早期，德國利用從萊因河上游

（法國**阿爾薩斯－洛林地區**）運送過來的鐵礦，加上魯爾煤田開採的煤礦，帶動當地鋼鐵業蓬勃發展。由於河川運輸以散裝貨物為主（即不經捆包、以零散方式裝載），因此魯爾工業區的鋼鐵與化學工廠多設立在方便裝卸原料的河流沿岸。不過，近年隨著**重工業**衰退以及生產據點轉移，魯爾工業區也發生產業結構轉型。

自古以來，歐洲各國普遍依賴河川作為主要運輸方式，尤其是德國。據統計，歐洲河運的距離總長約達三公里。由於大宗貨物運輸以河運為主，因此歐洲許多大都市幾乎都是順著河流建設。歐洲大陸的地勢較為低平和緩，河川較少陡坡急流，且全年降雨較穩定，河流水位變動小，造就歐洲發達的河運。

❸ 多元的民族

德國境內的居民來自四面八方，雖然有超過九成的人口以德語為母語，族群組成並不是僅以語言作為區分標準，其中一部分人口屬於德國法律定義的「移民人口」（本人或至少一名父母在外國出生）。

第二次世界大戰戰敗後，德國分裂成東德與西德。相較於加入社會主義陣營的東德，西德採取資本主義制度，經濟復甦較快。但由於戰爭造成大量年輕人死亡，導致勞動力短缺，於是西德政府主動向國外召募「**客籍勞工**（Gastarbeiter）」，主要來自**土耳其**和義大利等地。後來，歷經一九八〇年代後期的東歐革命、一九九〇年東西德統一及一九九一年蘇聯解體後，大量來自波蘭與俄羅斯的移民湧入德國。

近年來，隨著敘利亞內戰與中東地區的動盪，前往德國的敘利亞及阿拉伯裔移民大量增加。這些移民補充了低薪的勞動力，影響德國本地人的工作機會，因此激起排外運動，引發社會問題。

❹ 交通網與政治體制

德國是汽車生產大國，產量位居全球前十名，道路網絡也因此高度發展，其中又以連結各個主要都市的「**無限速高速公路**」為代表。

當地的鐵路交通也很發達，鐵路覆蓋全境。德國屬於聯邦制，且傾向地方分權，因此各邦擁有高度自治權，地區發展較為平衡，境內沒有人口過度集中的巨大都市，就連首都柏林的人口也僅約三五〇萬。此外，德國的交通網絡並非集中於單一核心，並不是所有鐵路都經過首都。

新天鵝堡

新市政廳

德國哥陪日本妹來到義大利。
義大利
你跟義大利哥很熟，對吧？
還好……
日本妹，歡迎！
抱緊
義大利哥！
哇！
你還是跟之前一樣熱情啊……
這不是德國兄嗎
嘿嘿！
不愧是義大利哥！
好時尚！
是嗎？謝謝！
想要深入了解義大利嗎？沒問題！
抱緊
謝、謝謝，拜託你了。
義大利由義大利半島、西西里島與薩丁尼亞島等約七十個島嶼組成。
北部與南部氣候差異很大，生活型態與文化也不同。
義大利的主要都市
杜林
米蘭
威尼斯
熱那亞
佛羅倫斯
拉奎拉
羅馬
那不勒斯
薩丁尼亞島
西西里島
人口只有日本的一半，面積比日本略小。

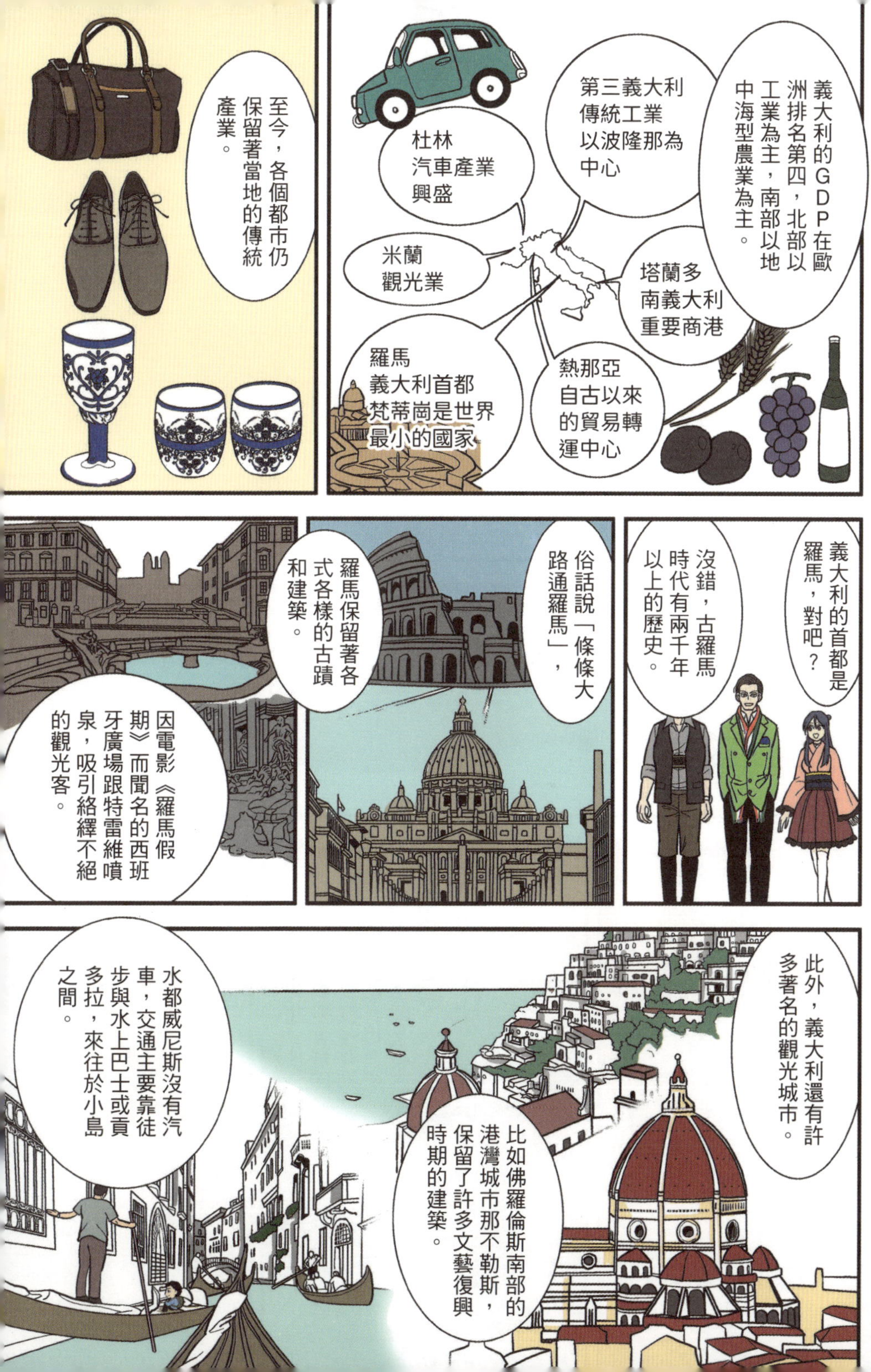
義大利的GDP在歐洲排名第四，北部以工業為主，南部以地中海型農業為主。
第三義大利 傳統工業 以波隆那為中心
杜林 汽車產業興盛
米蘭 觀光業
塔蘭多 南義大利重要商港
熱那亞 自古以來的貿易轉運中心
羅馬 義大利首都 梵蒂岡是世界最小的國家
至今，各個都市仍保留著當地的傳統產業。
義大利的首都是羅馬，對吧？
沒錯，古羅馬時代有兩千年以上的歷史。
俗話說「條條大路通羅馬」，
羅馬保留著各式各樣的古蹟和建築。
因電影《羅馬假期》而聞名的西班牙廣場跟特雷維噴泉，吸引絡繹不絕的觀光客。
此外，義大利還有許多著名的觀光城市。
比如佛羅倫斯南部的港灣城市那不勒斯，保留了許多文藝復興時期的建築。
水都威尼斯沒有汽車，交通主要靠徒步與水上巴士或貢多拉，來往於小島之間。

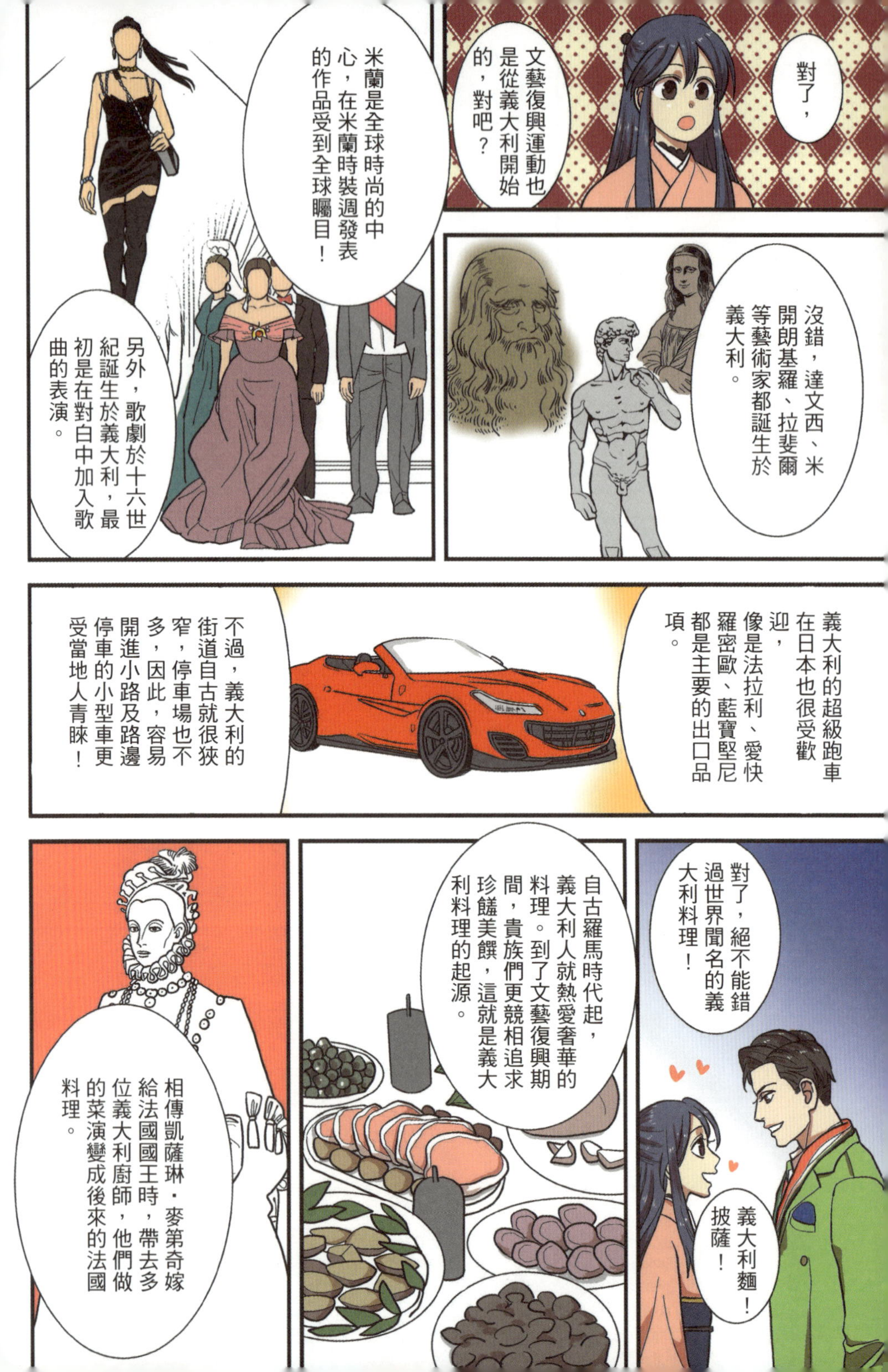
對了，
文藝復興運動也是從義大利開始的，對吧？
沒錯，達文西、米開朗基羅、拉斐爾等藝術家都誕生於義大利。
米蘭是全球時尚的中心，在米蘭時裝週發表的作品受到全球矚目！
另外，歌劇於十六世紀誕生於義大利，最初是在對白中加入歌曲的表演。
義大利的超級跑車在日本也很受歡迎，像是法拉利、愛快羅密歐、藍寶堅尼都是主要的出口品項。
不過，義大利的街道自古就很狹窄，停車場也不多，因此，容易開進小路及路邊停車的小型車更受當地人青睞！
對了，絕不能錯過世界聞名的義大利料理！
義大利麵！披薩！
自古羅馬時代起，義大利人就熱愛奢華的料理。到了文藝復興期間，貴族們更競相追求珍饈美饌，這就是義大利料理的起源。
相傳凱薩琳・麥第奇嫁給法國國王時，帶去多位義大利廚師，他們做的菜演變成後來的法國料理。

義大利的午餐和晚餐是從前菜開始享用。
基本上包括前菜（義大利麵、湯、燉飯）、主菜（肉料理或魚料理等）和甜點。
麵包也是平常的主食之一。
北義大利酪農業興盛，乳製品豐富，料理中經常使用牛油、奶油和起司。這裡也是稻米的產地，燉飯很有名。
南義大利習慣在義大利麵、披薩和魚料理中大量使用橄欖油和番茄；中部則融合南北的口味，也常吃豆類。
義大利人愛喝紅酒，且紅酒出口額是全球第二名，僅次於法國！
橄欖的產量也僅次於西班牙和希臘。
義大利還生產很多起司，對吧！
謝謝招待！
好，接下來……
先睡個午覺吧，其他的事之後再想，晚點見！
晚安～
喂……
咦？

基本資料

面積	30.2萬km²
人口	5899.3萬人(2023年)
首都	羅馬
通貨	歐元
語言	義大利語(官方語言)、德語、法語、拉丁語、希臘語

民族

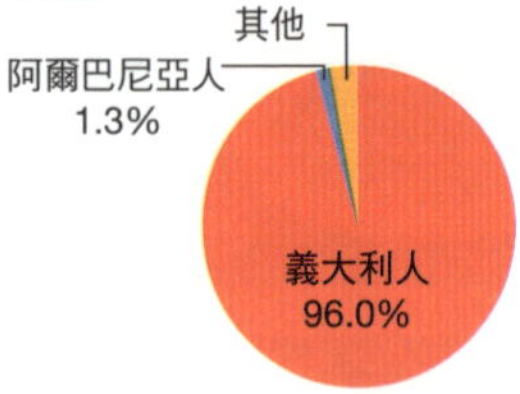

宗教

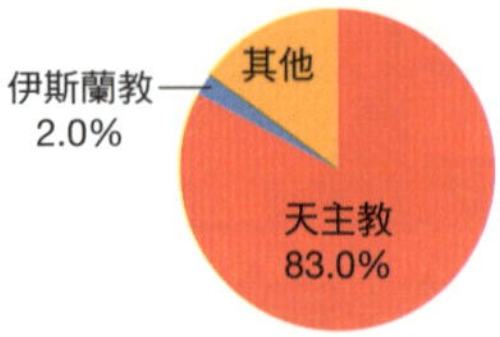

國旗

❶ 南、北的自然環境差異

義大利主要由義大利半島與約七十個島嶼組成，縱貫義大利半島的**亞平寧山脈**屬於新褶曲山脈。換句話說，義大利南部位於**聚合型板塊邊界**，因此火山活動頻繁，擁有如**西西里島**和**薩丁尼亞島**等許多火山島。義大利中部的**龐貝城**就曾因為維蘇威火山爆發而被碎屑流掩埋在地底；其他如歐洲最高的活火山「**埃特納火山**」也很有名。

義大利也利用地底岩漿的熱能進行發電，當地的地熱發電裝置容量排名世界前十大，與美國、印尼和菲律賓等國不相上下。

義大利南北部的氣候環境不同，北部屬於**溫暖濕潤氣候（Cfa）**，全年降雨穩定。由於**阿爾卑斯山脈**橫跨西北側，義大利位於**偏西風**的背風側，受到較為乾燥的風吹拂，因此夏季氣溫較高，自古以來就適合**稻作**。

而義大利南部每到夏季，受到**副熱帶高壓**北移的影響，降雨量明顯減少；到了冬天則受西風的影響，潮濕的空氣導致降雨增加。也就是說，南部夏、冬兩季的降雨量差距明顯，屬於溫帶夏乾氣候（Cs）。

❷ 義大利的農牧業

義大利南部位於地中海沿岸，夏季降雨量少，不利於農耕，而冬季則降水較多，適合耕作。在這樣的氣候條件下，當地在過去發展出**二圃式農業**（後又轉型為三圃式農業），也就是「將田地分成兩區，輪流耕作」。

這兩塊田地中，一塊在冬季耕作，另一塊則休耕。耕地在冬季時種植食用小麥，但土壤的養分和水分會隨著耕作流失，必須藉由休耕恢復地力與吸收雨水。即使在幾乎沒有降雨、牧草生長受限的夏季，休耕地也可用於放牧綿羊和山羊等耐粗食的草食家畜。這些家畜不只能減少雜草，它們的排泄物還有助於地力恢復。

後來，人們開始利用夏季晴朗乾燥的特性發展**樹木作物**栽培，種植柑橘、葡萄、橄欖等果樹以及栓皮櫟等商業木材，形成以販賣果實及木材為主的農業模式。這種因應溫帶夏乾氣候的農業模式，稱作**地中海**

型農業。

相較之下，義大利北部全年降雨穩定，例如巴丹平原（波河流域）就利用充足的水資源栽培稻米，義大利代表性的米飯料理燉飯就是起源於北義。此外，北義也是玉米的重要產地，當地著名的特色料理「波倫塔玉米粥（Polenta）」就是使用粗磨玉米粉製成。

一八六一年義大利王國統一前，義大利半島上存在多個獨立國家，各國都有獨特的料理，如今所謂的「義式料理」其實是義大利各地區傳統料理的總稱。然而，義大利生產的穀物幾乎全部供人類食用，沒有餘力栽培用於家畜飼料的穀物，導致當地家畜飼養數量難以增加，這也是興盛於中歐地區的混合農業在歐洲南部較少見的原因。

❸ 工業發展與第三義大利

義大利自一九三〇年起，在國營與民營並行的混合經濟體制下推動經濟發展，主要著力於能源開發、礦物資源開採和加強社會基礎建設。北部地區的經濟因此順利成長，米蘭、杜林與熱那亞等城市成為工業發展的中心。然而，在北部的企業並未積極進駐南部，加上北部經濟發展較快，導致南部人才外流，經濟發展落後北部地區。

為了解決國內南北經濟差距的問題，義大利政府推出「瓦諾尼計畫（Vanoni Plan）」，這是一項十年經濟發展計畫，重點包括以高速公路連結南北，並在南部港口城市塔蘭多建設製鐵廠，發展造船業。

除了重工業與農業之外，義大利還擁有歷史悠久的傳統工業，主要集中在「第三義大利」地區。此處的產業大多仰賴地方資本、技術、原料及勞動力，屬於中小企業規模的在地產業，並且以家族經營為主。當地生產的紡織品、皮革製品、寶石飾品與陶藝品等商品多由工匠手工製作，作品充滿設計感，樣式多變且數量稀少，兼具稀有價值與品牌影響力，因此，第三義大利的品牌不僅在全球知名度高，也具有高度國際競爭力。

此外，觀光業也是義大利的重要產業之一，外國觀光客入境人數位居全球第五名，且逐年增加；而國際觀光收入更是排名世界第八（二〇二三年，觀光客人數排名全球第四，觀光收入則位居全球第五），顯示觀光產業對義大利的重要性。

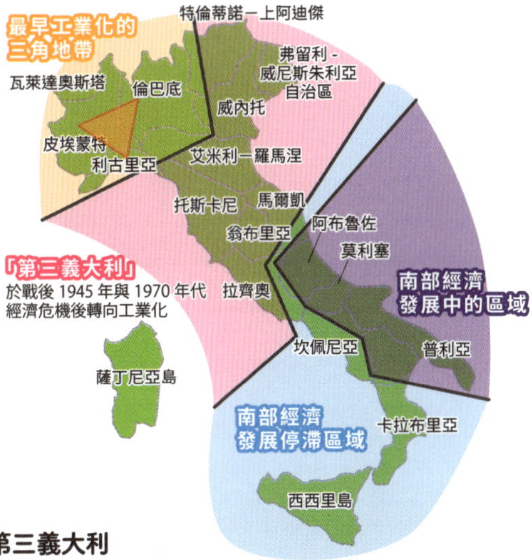

第三義大利

「藍洞」所在的義大利南部卡布里島

佛羅倫斯主教座堂
（聖母百花大教堂）

水都威尼斯

唔……
北歐
冰島
瑞典
挪威
芬蘭
丹麥
丹麥、挪威、瑞典、芬蘭、冰島……
北歐各國給人很相似的印象……其實，我老是搞不清楚。
日本妹！
嗯？
我是瑞典！
我是冰島！
幹練
風格完全不同！
瑞典也有民族服裝！
好可愛！
沒錯！
瑞典是工業國家；冰島則以漁業為主。
雖然統稱北歐，但每個國家各有特色。
沒錯！我們的主要產業跟都市化程度都不同。
丹麥：農業、能源
挪威：漁業
瑞典：重工業
芬蘭：高科技產業
冰島：漁業
由我來介紹每個國家的不同之處吧！
走吧！
明明很可愛～

瑞典是工業國家，擁有富豪汽車和愛立信等著名品牌。
我們還有北歐速度最快的火車「高速列車X2000」。
首都斯德哥爾摩是北歐人口最多的都市！
另外，為了紀念瑞典科學家諾貝爾，每年的諾貝爾獎都會在他生日十二月十日時頒獎。
瑞典夏短冬長，我們會在夏天的夏至節和冬天的迎光節感謝太陽！
挪威擁有峽灣地形，海運十分發達。
是著名的觀光勝地。
西元九到十一世紀時，自稱「維京人」的海盜在歐洲各地劫掠。
「維京」這個詞在日本有「吃到飽」的意思哦！
挪威北部位於北極圈內，夏季可見太陽不落下的景象，稱為「永晝」。
冬季時的用電量是日本的五倍！不過我們以水力發電為主，電費相對便宜！
挪威的特點之一是沒有加入歐盟，因為擔心捕魚權受到限縮。

丹麥國土平坦，全國最高點的海拔只有一七一公尺。
農業與牧畜業興盛，出口許多豬肉和起司到日本。
童話作家安徒生出生於丹麥，每年他的故鄉都會舉行慶典！
當地還有蒂沃利花園、樂高樂園與世界最古老的遊樂園「巴根遊樂園」。
丹麥的風力發電技術發達，日本五成的風力發電機是丹麥生產的。
另外，世界最大的島嶼「格陵蘭」也是丹麥的領土。
芬蘭是聖誕老人的故鄉，據說他住在「耳朵山」。
風靡全球的「嚕嚕米」角色也誕生於芬蘭！
芬蘭境內有十八萬多個湖泊，被譽為千湖之國。
當地森林資源豐富，林業興盛，也出口木材到日本。
在諾基亞公司引領下，芬蘭近年來致力於發展電子產業。
芬蘭人的生活少不了桑拿，據說國內有兩到三百萬個桑拿設施。
蒸氣

冰島是地球最北的島國，全島由火山與熔岩台地組成。
國土約有十一%被冰河覆蓋，冰河面積是全歐洲之冠。
境內還有多座活火山，提供地熱與天然溫泉。首都雷克雅維克更直接引溫泉水作為熱水與暖氣來源。
冰島的漁業與水產加工業興盛，且積極擴大出口。同時利用地熱和水力能源發展純鋁精煉和鋼鐵業。
對了，北歐國家有個共同特色，就是優秀的社會福利政策！
社會福利政策？
沒錯，這幾個國家都課徵很高的稅金，運用在社會福利上。
政策規定，父母都享有育嬰假，也可以帶孩子去上班。
就讀國立學校一律免學費，醫療費也全免！
相對地，我們的消費稅高達二十五%！
二十五%……
這也導致受不了高額稅金的年輕人選擇出國發展。
而完善的失業保險，也導致許多人不願工作，成為一大問題。

冰島基本資訊

面積	10.3萬km²	人口	39.3萬人(2023年)
首都	雷克雅維克	通貨	冰島克朗
語言	冰島語(官方語言)		

民族

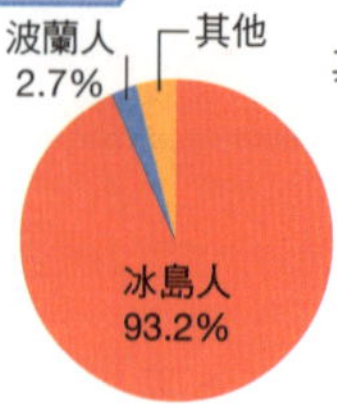

宗教

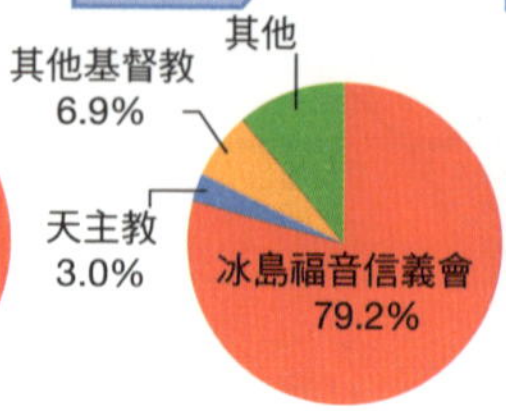

國旗

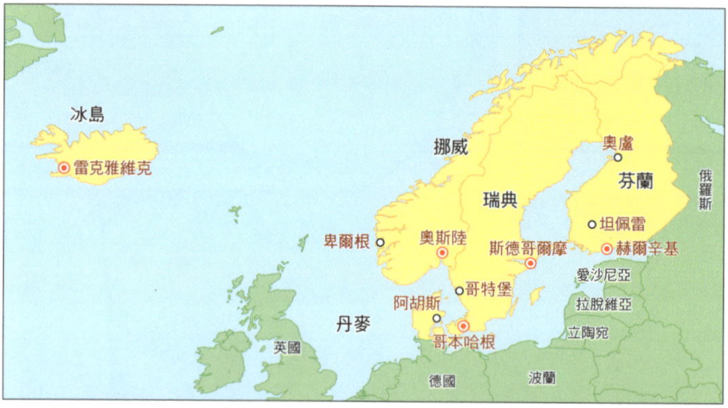

丹麥基本資訊

面積	4.3萬km²	人口	594.6萬人(2023年)
首都	哥本哈根	通貨	丹麥克朗
語言	丹麥語(官方語言)、德語、英語		

民族

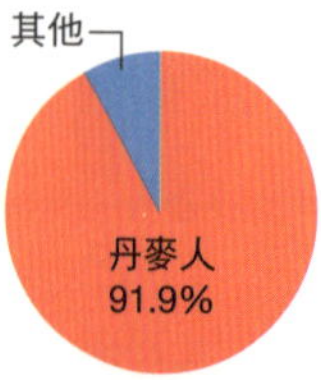

宗教

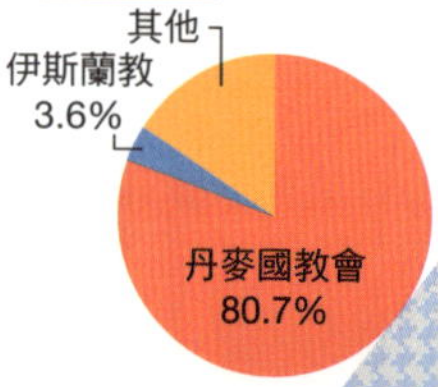

國旗

挪威基本資訊

面積 32.4萬km²　人口 551.9萬人(2023年)

首都 奧斯陸　通貨 挪威克朗

語言 挪威語(官方語言)、薩米語、芬蘭語

民族

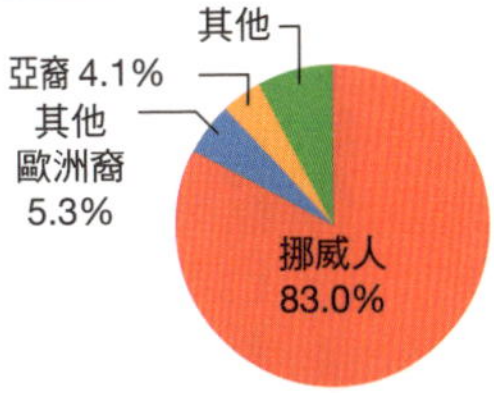

宗教

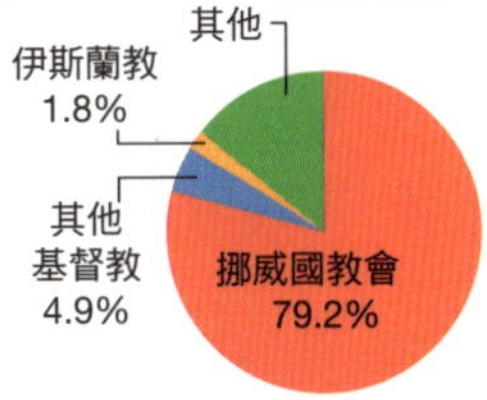

國旗

瑞典基本資訊

面積 43.9萬km²　人口 1053.6萬人(2023年)

首都 斯德哥爾摩　通貨 瑞典克朗

語言 瑞典語(官方語言)、英語、芬蘭語等

民族

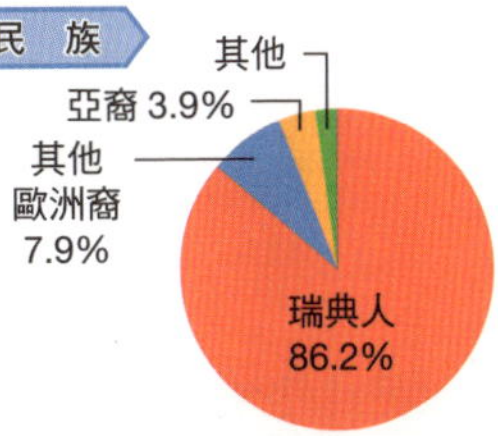

宗教

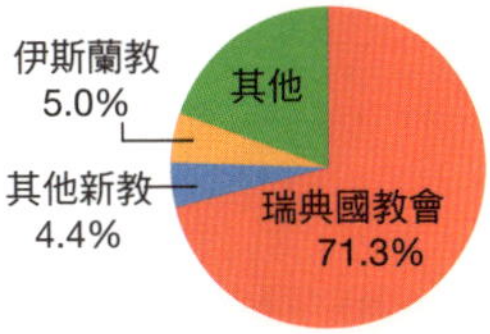

國旗

芬蘭基本資訊

面積 33.8萬km²　人口 558.3萬人(2023年)

首都 赫爾辛基　通貨 歐元

語言 芬蘭語(官方語言)、瑞典語(官方語言)、俄羅斯語等

民族

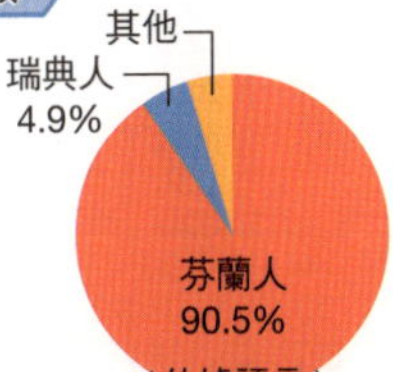

(依據語言)

宗教

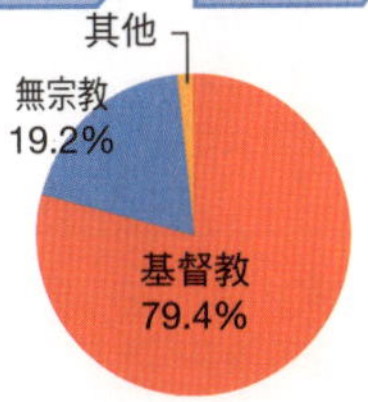

國旗

❶「北歐」的範圍

一般來說，北歐國家指的是冰島、丹麥、挪威、瑞典與芬蘭等五個國家，有時也會納入波羅的海三國，共計八個國家。以下簡單介紹這八個國家的語言系統和宗教。

北歐的語言主要屬於印歐語系與烏拉語系，在印歐語系中，冰島、丹麥、挪威與瑞典屬於**凱爾特語族**，拉脫維亞及立陶宛屬於**波羅的語族**；芬蘭和愛沙尼亞則屬於烏拉語系，與周邊國家的語言系統相異。

宗教方面，**北歐人大多信仰基督教**，且以**新教**為主（冰島、丹麥、挪威、瑞典、芬蘭、愛沙尼亞、拉脫維亞），立陶宛則主要信仰**天主教**。

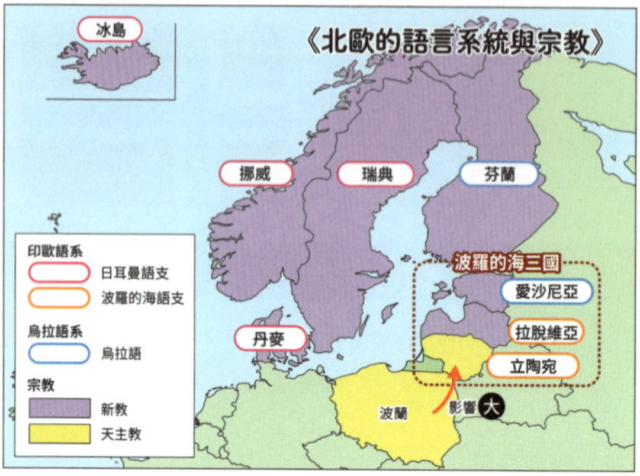

❷挪威的石油產業與水力發電

挪威與瑞典以**斯堪地那維亞山脈**為國界，**北大西洋暖流**向北流經挪威西側外海，偏西風從海上帶來暖空氣，因此挪威雖然位處高緯度卻相對溫暖，例如北部的**亨墨菲斯**就以「世界最北端的不凍港」聞名。

斯堪地那維亞山脈阻擋了偏西風，導致山脈西側產生上升氣流，**降雨量多**。在冰河時期，此處曾被冰河覆蓋，冰河的強大侵蝕作用侵蝕山坡表面，使泥砂流入海洋，在西部海底形成**淺灘**，如**大費雪淺灘**和**多格淺灘**等。而遭冰河侵蝕的地形則形成U型谷，在**沉水作用下成為峽灣**。因此，**挪威擁有許多峽灣**，例如世界最大的**松恩峽灣**，成為當地珍貴的觀光資源。

挪威的山脈幾乎延伸到海岸線，**平地少，不適合發展農業**。不過，由於外海有淺灘，又位在北大西洋暖流與東格陵蘭寒流的**交會處**，再加上深水峽灣適合船隻停靠，**自古以來漁業就十分興盛**。由於人口少，內需有限，因此「**水產品**」成為挪威重要的出口品項。**挪威的電力幾乎完全仰賴水力發電**。由於全年降雨穩定，又可利用U型谷的地勢落差，水力發電興盛。挪威的人口不到六百萬人，電力的需求量不高，因此水力發電就足以滿足需求。此外，**北海油田的石油和天然氣產量豐富**，並在挪威的出口品項中名列前茅。

由於國內人口少、需求低，挪威得以大量出口水產與能源資源。另外，低廉的水力發電成本也帶動需要大量電力的鋁工業蓬勃發展。挪威憑藉漁業、能源與重工業的發展，成為富裕國家，經濟高度獨立，因此並未加入歐盟。

❸ 瑞典的汽車工業與尖端科技產業

瑞典位在**斯堪地那維亞山脈**東麓，國土廣大，在歐洲各國中，除俄羅斯外，面積僅次於法國和西班牙。

瑞典位於高緯度地區，氣候寒冷。雖然北大西洋暖流為歐洲西岸帶來溫暖濕潤的空氣，但斯堪地那維亞山脈阻擋了海洋水汽，使位於背風側的瑞典，降雨量比迎風面的挪威少。然而，這種氣候也促成**針葉林**生長，使瑞典自古以來林業發達，木材加工業興盛，以木材為原料的**紙與紙板**也是瑞典重要的出口品項。

瑞典北部蘊藏豐富的鐵礦，**基律納**、**耶利瓦勒**與馬爾姆貝里耶礦區是主要產地，開採的鐵礦多供應出口。鐵礦在夏季從**呂勒奧港**出口，但到了冬季，波斯尼亞灣結冰，則改由挪威的**那維克港**出口。此外，以鐵礦為原物料的鋼鐵業在瑞典也很發達，帶動汽車工業的發展，例如聞名全球的富豪（VOLVO）汽車，使「**汽車**」成為瑞典的重要出口品項之一。

近年來，瑞典積極發展先進技術產業，其中，斯德哥爾摩郊區著名的IT城「希斯塔」被稱為「北歐矽谷」，愛立信、IBM、微軟等科技公司與瑞典皇

說到北歐的大都市，就屬瑞典的斯德哥爾摩和丹麥的哥本哈根了吧！

家理工學院等研究機構都進駐於此。

❹ 芬蘭是森林與湖泊的國度

「芬蘭」翻譯自英文「Finland」，但在當地語言芬蘭語中，芬蘭的正式名稱是「Suomen Tasavalta」（芬蘭共和國），簡稱「**Suomi**」。由於芬蘭境內有高達十八萬多個湖泊，且大多是冰蝕作用所形成的**冰蝕湖**，因此芬蘭又有「千湖國」之稱。

芬蘭約九〇%的人口是使用芬蘭語的芬蘭人，而芬蘭語屬於**烏拉語系**，與印歐語系完全不同。芬蘭的少數民族中，北部的**薩米人**最為人知，他們主要依靠游牧馴鹿維生，但近年來愈來愈多人選擇定居。

此外，芬蘭將近七〇%的國土被森林覆蓋，豐富的林業資源促成了造紙業的蓬勃發展，因此當地與瑞典一樣以「紙與紙板」為主要出口品項。近年，芬蘭也積極發展**先進技術產業**，例如芬蘭品牌諾基亞一度是世界手機生產數量最多的公司。

❺ 丹麥是全球主要酪農國

丹麥由**日德蘭半島**與約五百個大小島嶼組成，首都**哥本哈根**位在西蘭島上，與斯堪地那維亞半島相對。丹麥與挪威隔著斯卡格拉克海峽，與瑞典則相隔卡特加特海峽。世界上最大的島嶼——**格陵蘭**，也是丹麥的自治領土。此外，格陵蘭因大部分地區被大陸冰河覆蓋，與南極洲同樣以極地冰蓋地貌聞名。當地居住著因紐特人，並於一九七九年建立自治政府。

赫爾辛基的街景

丹麥的地形在過去受冰河侵蝕的影響，土壤貧瘠，不利於農業，導致穀物產量較低。因此，丹麥以**酪農業**為主要產業，政府致力於建立農業合作社並普及酪農教育。由於土壤條件的限制，馬鈴薯是當地最主要的農作物，除了作為食物，也用作豬的飼料。雖然丹麥國土狹窄，但豬隻飼養量驚人，豬肉出口量排名世界前五名。

❻ 冰島的煉鋁工業與漁業

冰島位在大西洋中洋脊上，**張裂型板塊邊界**貫穿全島，因此境內共有約一百三十座火山。二〇一〇年四月，艾雅法拉火山爆發，火山灰嚴重影響歐洲各國的交通。冰島利用火山資源發展地熱發電，全島約四分之一的電力都仰賴地熱發電供應，其餘四分之三則仰賴水力發電。由於位在偏西風帶，冰島西部屬於順風側，雨量豐沛，有利於水力發電，加上人口不到四十萬人，國內電力需求量低，再生能源足以供應全國電力。因為發電成本低，生產過程需要大量電力的煉鋁工業也十分興盛。

冰島近海因北大西洋暖流與東格陵蘭寒流交會，加上擁有**淺灘**地形，漁業發達。過去，冰島還曾因捕漁權問題與英國爆發「**鱈魚戰爭**」（最終成功擴大專屬經濟海域➡P. 138）。

由於國內消費量少，冰島大量出口漁獲與鋁產品，這兩者成為冰島最重要的出口品項。

冰島的電力完全來自再生能源，所以電費很便宜喲！

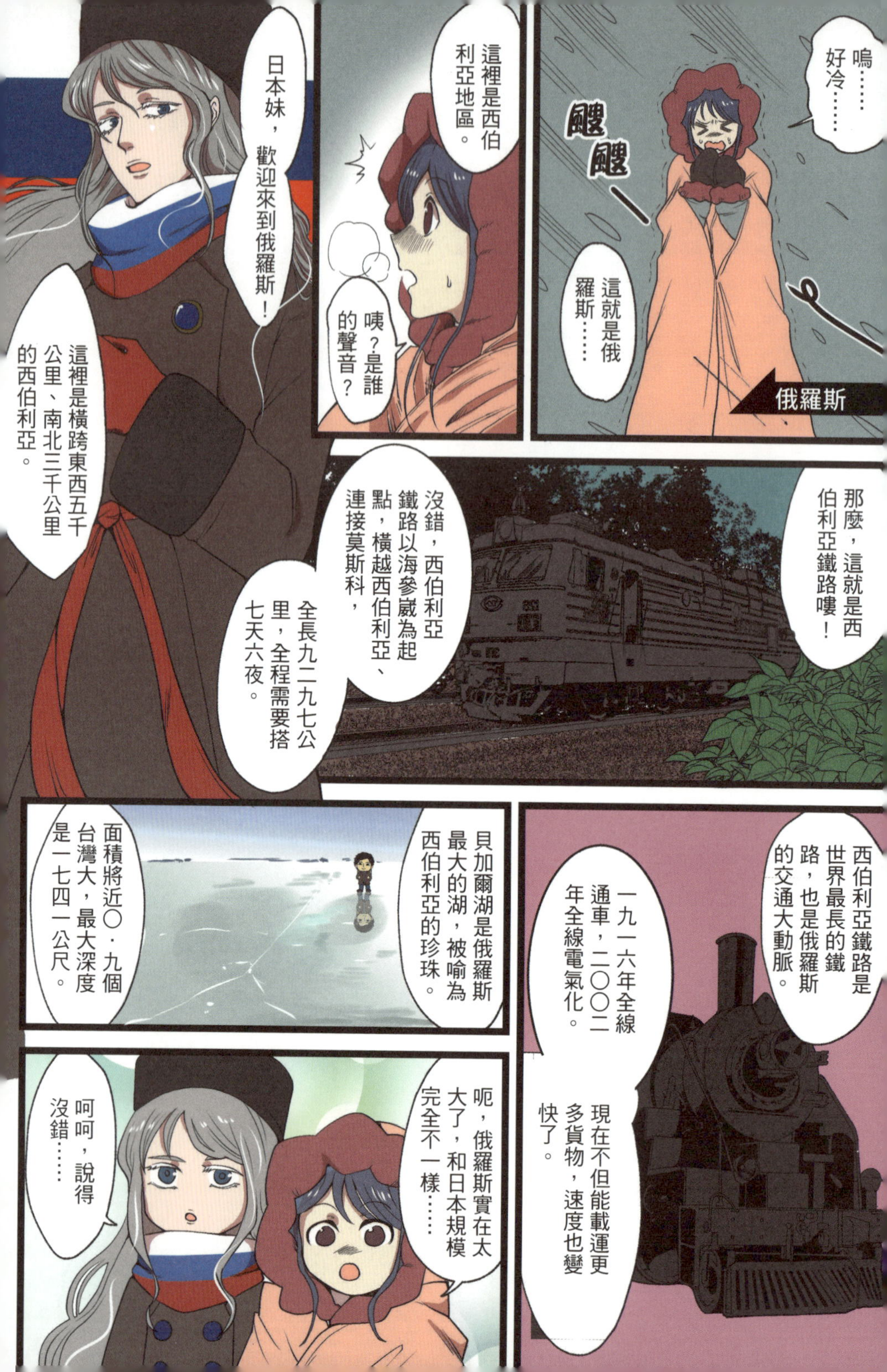
嗚……好冷……
颼颼—
這就是俄羅斯……
俄羅斯
這裡是西伯利亞地區。
咦？是誰的聲音？
日本妹，歡迎來到俄羅斯！
這裡是橫跨東西五千公里、南北三千公里的西伯利亞。
那麼，這就是西伯利亞鐵路嘍！
沒錯，西伯利亞鐵路以海參崴為起點，橫越西伯利亞、連接莫斯科，
全長九二九七公里，全程需要搭七天六夜。
西伯利亞鐵路是世界最長的鐵路，也是俄羅斯的交通大動脈。
一九一六年全線通車，二〇〇二年全線電氣化。
現在不但能載運更多貨物，速度也變快了。
貝加爾湖是俄羅斯最大的湖，被喻為西伯利亞的珍珠。
面積將近〇·九個台灣大，最大深度是一七四一公尺。
呃，俄羅斯實在太大了，和日本規模完全不一樣……
呵呵，說得沒錯……

西伯利亞有豐富的自然資源和水產。
而日本鄰近俄羅斯，所以兩國的關係緊密。
西伯利亞鐵路
聖彼得堡
莫斯科
伊爾庫次克
哈巴羅夫斯克
海參崴
西伯利亞的部分原住民族源自亞洲。
此外，俄羅斯是世界面積最大的國家，
約占全球可居住地區的八分之一。因為國土廣闊，橫跨十一個時區，在俄羅斯國內，時差最多可到十個小時。
我們的經濟仰賴自然資源，不僅出產石油，礦藏也很豐富。
俄羅斯的主要都市
聖彼得堡
莫斯科
鄂木斯克
新西伯利亞
薩馬拉
尼布楚
伊爾庫次克
哈巴羅夫斯克
海參崴
此外，不只農產品自給自足，我們還是全球最大小麥出口國，也出口稻米。
等級完全不同呀……
哎呀，你還好嗎？西伯利亞的最低溫曾經到達零下五十度呢……
哈啾！
我們先離開這裡吧！
難得你來一趟，我們就搭西伯利亞鐵路移動吧！
也順道吃飯。
喔耶♡

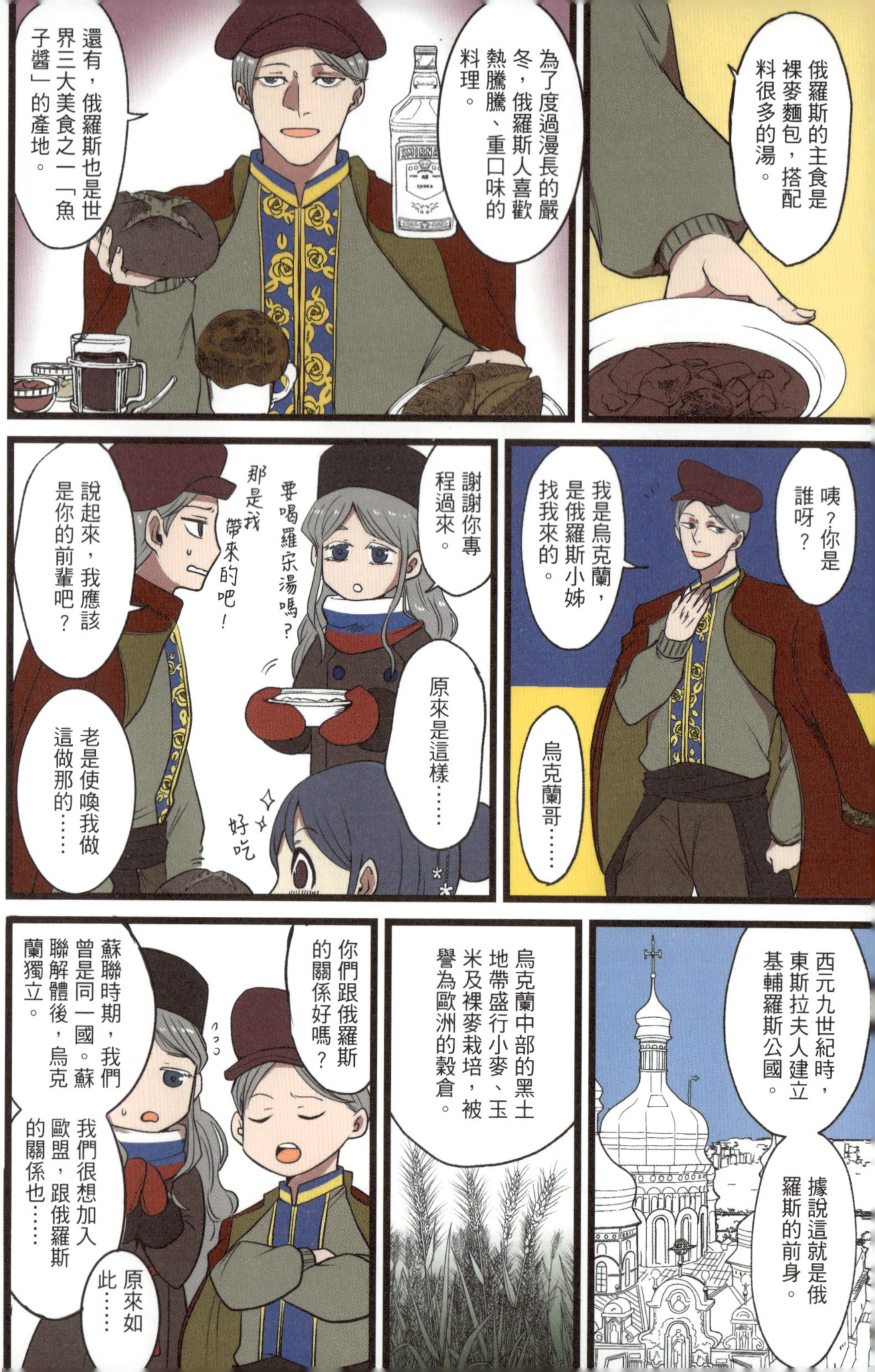
俄羅斯的主食是裸麥麵包，搭配料很多的湯。
為了度過漫長的嚴冬，俄羅斯人喜歡熱騰騰、重口味的料理。
還有，俄羅斯也是世界三大美食之一「魚子醬」的產地。
咦？你是誰呀？
我是烏克蘭，是俄羅斯小姊找我來的。
烏克蘭哥……
謝謝你專程過來。
要喝羅宋湯嗎？
那是我帶來的吧！
說起來，我應該是你的前輩吧？
原來是這樣……
老是使喚我做這做那的……
好吃
西元九世紀時，東斯拉夫人建立基輔羅斯公國。
據說這就是俄羅斯的前身。
烏克蘭中部的黑土地帶盛行小麥、玉米及裸麥栽培，被譽為歐洲的穀倉。
你們跟俄羅斯的關係好嗎？
蘇聯時期，我們曾是同一國。蘇聯解體後，烏克蘭獨立。
我們很想加入歐盟，跟俄羅斯的關係也……
原來如此……

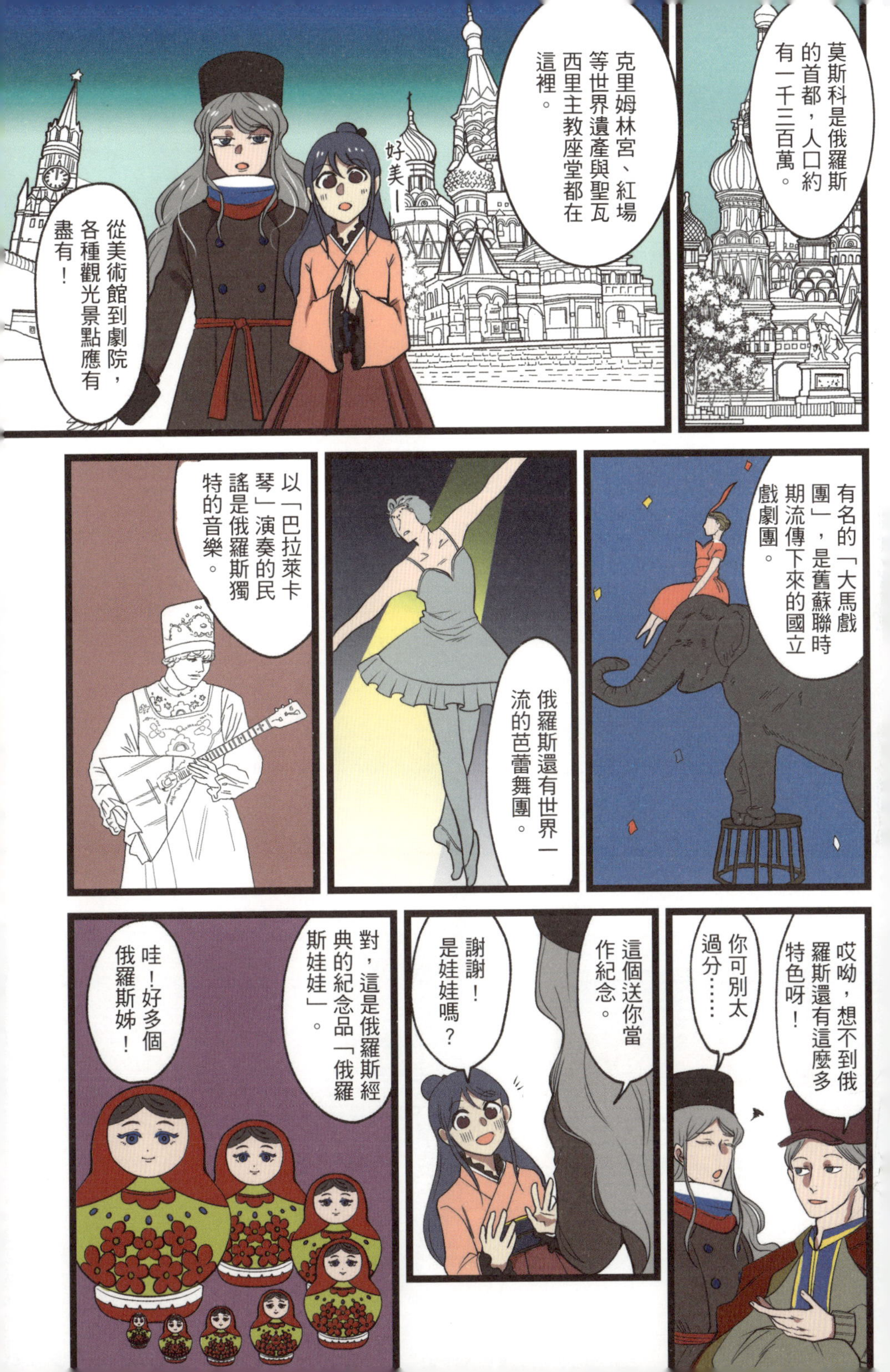
莫斯科是俄羅斯的首都，人口約有一千三百萬。
克里姆林宮、紅場等世界遺產與聖瓦西里主教座堂都在這裡。
好美—
從美術館到劇院，各種觀光景點應有盡有！
有名的「大馬戲團」，是舊蘇聯時期流傳下來的國立戲劇團。
俄羅斯還有世界一流的芭蕾舞團。
以「巴拉萊卡琴」演奏的民謠是俄羅斯獨特的音樂。
哎呦，想不到俄羅斯還有這麼多特色呀！
你可別太過分……
這個送你當作紀念。
謝謝！是娃娃嗎？
對，這是俄羅斯經典的紀念品「俄羅斯娃娃」。
哇！好多個俄羅斯姊！

基本資料

面積	1709.8萬km^2	人口	1億4382.6萬(2023年)
首都	莫斯科	通貨	盧布
語言	俄羅斯語(官方語言)等100種以上的語言		

民族

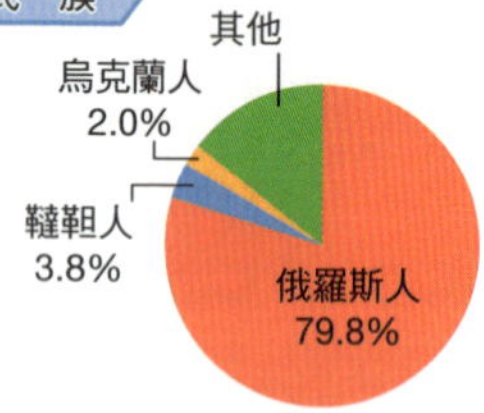

宗教

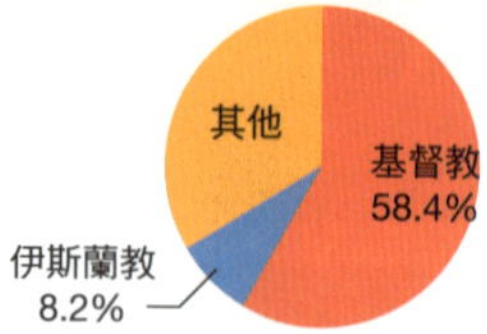

國旗

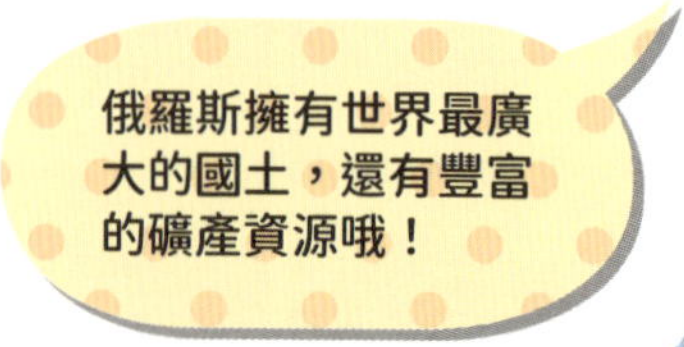

❶ 俄羅斯的地形與國土面積

烏拉山脈沿著東經六十度線縱貫俄羅斯國土，將俄羅斯分成東西兩大部分。烏拉山脈以西稱為「**歐俄**」，以東則是「**西伯利亞**」（屬於亞洲）。

因為長年的侵蝕作用，歐俄的地形以平原為主，且**冰蝕湖**點綴其中。境內多是河床落差小的河川，如流入**黑海**的**聶伯河**、流入**亞速海**的**頓河**，以及流入**裏海**的**窩瓦河**。其中，頓河與窩瓦河以「窩瓦－頓河運河」連接，構成俄羅斯重要的交通網絡之一。

烏拉山脈以東的西伯利亞，地勢呈現西低東高。西伯利亞西部是遼闊的**西部西伯利亞平原**，**鄂畢河**流經其上。當地石油礦藏豐富，是俄羅斯的主要產油區。中央地帶是廣大的**中部西伯利亞高原**，東西兩側皆有河川流經，並且匯入西側的**葉尼塞河**，及東側的**勒那河**。高原南方坐落著**貝加爾湖**，是世界最深的湖泊，貝加爾湖再往南就是蒙古。最東部則是東部西伯利亞山地，**地處環太平洋火山帶**，山地廣闊，並零星分布著火山。

俄羅斯是世界上國土面積最大的國家，總面積約

一千七百萬平方公里，約是台灣的四百七十倍。由於國土東西幅員遼闊，從東經三十度橫跨到東經一七〇度，全境共包含**十一個時區**之多。

❷ 俄羅斯的自然環境

俄羅斯大部分國土位在北緯五十度以北，氣候嚴寒。南側有**阿爾卑斯－喜馬拉雅造山帶**橫貫，整體地勢呈現「**南高北低**」。因此，流經西伯利亞的鄂畢河、葉尼塞河與勒那河都是從南向北流入北極海。

俄羅斯北部廣大的北極海沿岸地區極為寒冷，屬於**苔原氣候（ET）**，幾乎沒有植被覆蓋。而由於俄羅斯國土廣大，相較之下，西部的年均溫跟雨量變化較小，而東部的變化則非常大。冬季時，俄羅斯東部地區受**西伯利亞冷高壓**影響，形成乾冷的西北季風，對歐亞大陸東部的氣候影響深刻。俄羅斯東部的年降雨量極低，不過寒冷的氣溫使蒸發量更低，導致降雨量與蒸發量的差距很大，因此，東部地區的土壤富含水分，森林茂盛，植被以**針葉林**為主。針葉樹的樹幹筆直，種類約有五百種，便於篩選與採伐，因此俄羅斯東部的**林業**發達。

近年來，由於陽光直射伐木後裸露的土壤，導致**永凍土層**融化並凹陷，形成了冰融喀斯特湖（thermokarst）。在永凍土覆蓋地區的建築物通常會架高，避免與地面直接接觸，以防熱能傳導至土壤，造成永凍土融化而導致房屋傾倒。

❸ 蘇維埃社會主義共和國

一九二二年，蘇維埃社會主義共和國聯邦（以下稱蘇聯）創立，這是世界第一個社會主義國家，首都位於**莫斯科**（由俄羅斯帝國時期的聖彼得堡遷移至此）。

當時的蘇聯政府採取計畫經濟制度，藉由聯合企業的模式（由政府計畫性配置資源，以提升生產效率）推動重工業發展。同時，政府將絕大多數土地收歸國有，在社會主義體制下，基本上不允許私人擁有財產。農場則改成集體經營，設立**集體農莊**與**國營農場**。一九四九年，東歐**經濟互助委員會（COMECON）**成立，一九五五年，又建立名為華沙公約組織的軍事同盟。第二次世界大戰後，世界進入冷戰時期，美蘇對立加劇。到了一九六二年，**古巴危機**爆發，戰爭一觸即發。當時，蘇聯運用豐富的礦產資源，在全國發展**鋼鐵業**作為產業主力之一，但是集體農場的生產效率低落，農業發展停滯不前。

一九八五年，戈巴契夫成為蘇聯最高領導人，致力於革新政治體制（尤其是經濟改革），並開放思想與言論等自由（採開放政策），此外，他也承認東歐國家的自主權，這使東歐地區在一九八〇年代末期掀起民主化浪潮（一九八九年**東歐革命**）。隨著東歐多數國家走向民主化，蘇聯的向心力逐漸降低。一九八九年，美蘇雙方在馬爾他峰會中宣布冷戰結束。一九九一年九月，蘇聯承認波羅的海三國獨立；同年十二月，蘇聯解體，並重新組成「**獨立國家國協（CIS）**」。

位於莫斯科市中心的紅場

❹ 俄羅斯的產業

俄羅斯大部分地區氣候嚴寒，雖然耕地面積不到國土的一成，但由於國土遼闊，總耕地面積仍達約一億二五〇〇萬公頃（一二五萬平方公里），足足有日本國土的三倍大。

俄羅斯主要生產小麥，二〇一七年產量為一九九二年的兩倍，出口量大幅增加。二〇一六年，俄羅斯首度超越美國，成為**世界最大的小麥出口國**。除了小

年分	大事記
1917	俄羅斯革命（帝國垮台，建立蘇維埃政權）
1922	蘇維埃社會主義共和國聯邦（蘇聯）成立
1928	五年計畫啟動（建立集體農場、強化重工業）
1940	併吞波羅的海三國
1949	成立「經濟互助委員會」
1955	成立「華沙公約組織」
1979	軍事干預阿富汗
1980	舉辦莫斯科奧運（美、日拒絕參加）
1985	戈巴契夫就任總書記
1986	車諾比核爆事件、堅持推動經濟改革與開放政策（公開透明政策）
1987	簽訂《中程核飛彈條約》
1989	完全撤出阿富汗，宣布冷戰結束
1991	解散經濟互助委員會、華沙公約組織，解散蘇聯共產黨、波羅的海三國獨立、蘇聯中的11個國家組成「獨立國家國協」（CIS）→蘇聯解體
1992	推動自由價格機制→物價飛漲
1994	軍事介入車臣戰爭
1997	正式參加高峰會（主要國家領袖會議）
1998	由於金融危機，盧布貶值
2006	主持G8高峰會，擔任主辦國
2014	索契冬季奧運開幕、併吞克里米亞

麥，俄羅斯也盛產大麥、裸麥、燕麥、甜菜及馬鈴薯等農作物。由於氣候寒冷，當地**幾乎無法種植果樹**，不過林產資源豐富，林業興盛。除此之外，俄羅斯坐擁北極海和太平洋西北部等漁場，**漁業**發達。

俄羅斯擁有產量豐富的石油、天然氣及煤礦等能源資源以及鐵礦與稀有金屬，以**礦業**為主要產業，更**與美國及沙烏地阿拉伯並列世界三大產油國**，能源出口暢旺。俄羅斯最主要的出口品項是**原油**與**天然氣**，煤炭出口也十分旺盛。

❺ 複雜的民族問題

俄羅斯是人口大國，擁有超過一億四千四百萬人口，也是擁有一百五十個以上民族的多民族國家。**大多數國民以俄羅斯語為母語，主要信仰東正教，部分人口信仰伊斯蘭教**。

俄羅斯聯邦政府曾與位於高加索山脈北側的**車臣共和國**（俄羅斯聯邦下的自治國）發生兩次戰爭（一九九四到一九九七年、一九九九到二〇〇九年）。當地的車臣人多數信仰伊斯蘭教，長期訴求獨立。然而，**俄羅斯政府對少數民族的獨立運動態度向來十分強硬**，也許是擔心允許少數民族獨立會降低國家的向心力。此外，俄羅斯**基本上不承認他國的少數民族獨立，因為一旦承認，可能會激化國內少數民族獨立運動**。

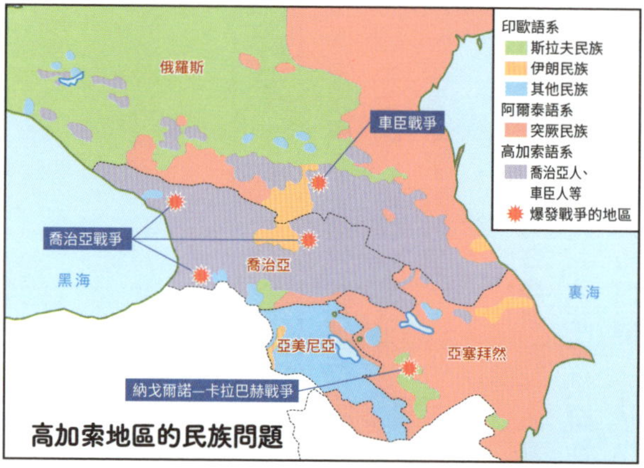

高加索地區的民族問題

◎烏克蘭

烏克蘭位在**黑海北側，聶伯河貫穿國土中央**，北部屬於寒帶濕潤氣候（Df），南部的黑海沿岸地區則屬於草原氣候（BS➡p. 290）。烏克蘭**擁有廣袤的黑**

土地帶，肥沃的黑土區從烏克蘭一直延伸到高加索山脈北側與哈薩克，適合大規模種植小麥、大麥及裸麥等穀物，產量豐富，因此有「**歐洲糧倉**」之稱。黑土之所以肥沃，是因為降雨量少，土壤中的有機質不易流失。此外，烏克蘭也盛產玉米、大豆、馬鈴薯、甜菜與向日葵等作物，其中「**葵花油**」是烏克蘭的主要出口品項之一。據說，烏克蘭國旗上的藍色象徵「天空」，黃色則象徵「小麥田」，顯示農業對烏克蘭的重要性。

此外，烏克蘭的**礦產資源豐富**，盛產鐵礦、煤礦和錳礦。位於烏克蘭東部的**聶伯工業區**從蘇聯時代起就以鋼鐵業聞名，頓內茨克煤田與克利福洛鐵礦脈都是當地重要的資源產地。

烏克蘭所在的聶伯河流域曾稱為「羅斯」，基輔羅斯公國就建立於此。後來，**莫斯科公國從基輔羅斯公國獨立**，發展為俄羅斯沙皇國，並在十八世紀初建立俄羅斯帝國。所以在漫畫中，烏克蘭哥才會對俄羅斯姊說：「話說回來，我應該是你的前輩吧？」

一九二二到一九九一年間，烏克蘭曾是蘇聯的成員國之一。一九五四年，**蘇聯將原本屬於俄羅斯的克里米亞半島劃給烏克蘭**。蘇聯解體後，烏克蘭獨立，克里米亞成為烏克蘭境內的自治共和國。二〇一四年，烏克蘭舉行總統大選，政權從親俄派輪替為親歐美派。對此，俄羅斯以「保護克里米亞共和國內的俄裔居民」為由軍事介入克里米亞，並策劃公投。結果顯示多數居民支持脫離烏克蘭並加入俄羅斯，俄羅斯於是宣布**克里米亞併入俄羅斯的版圖**。（二〇二二年，俄羅斯又以支持烏克蘭境內的頓內茨克、盧甘斯克等分離主義勢力為由，再度對烏克蘭發動全面軍事侵略，至今未歇。）

你聽過黑土嗎？這種土壤非常肥沃，很適合種植小麥哦！

接下來的旅程要小心保暖，別著涼嘍！
嗯……好的
不過這裡大概已經是世界上最冷的國家了……

第 4 章

美洲大陸／大洋洲

加拿大
206
帛琉
236
美國
196
墨西哥
212
澳大利亞
230
秘魯
224
玻利維亞
巴西
218

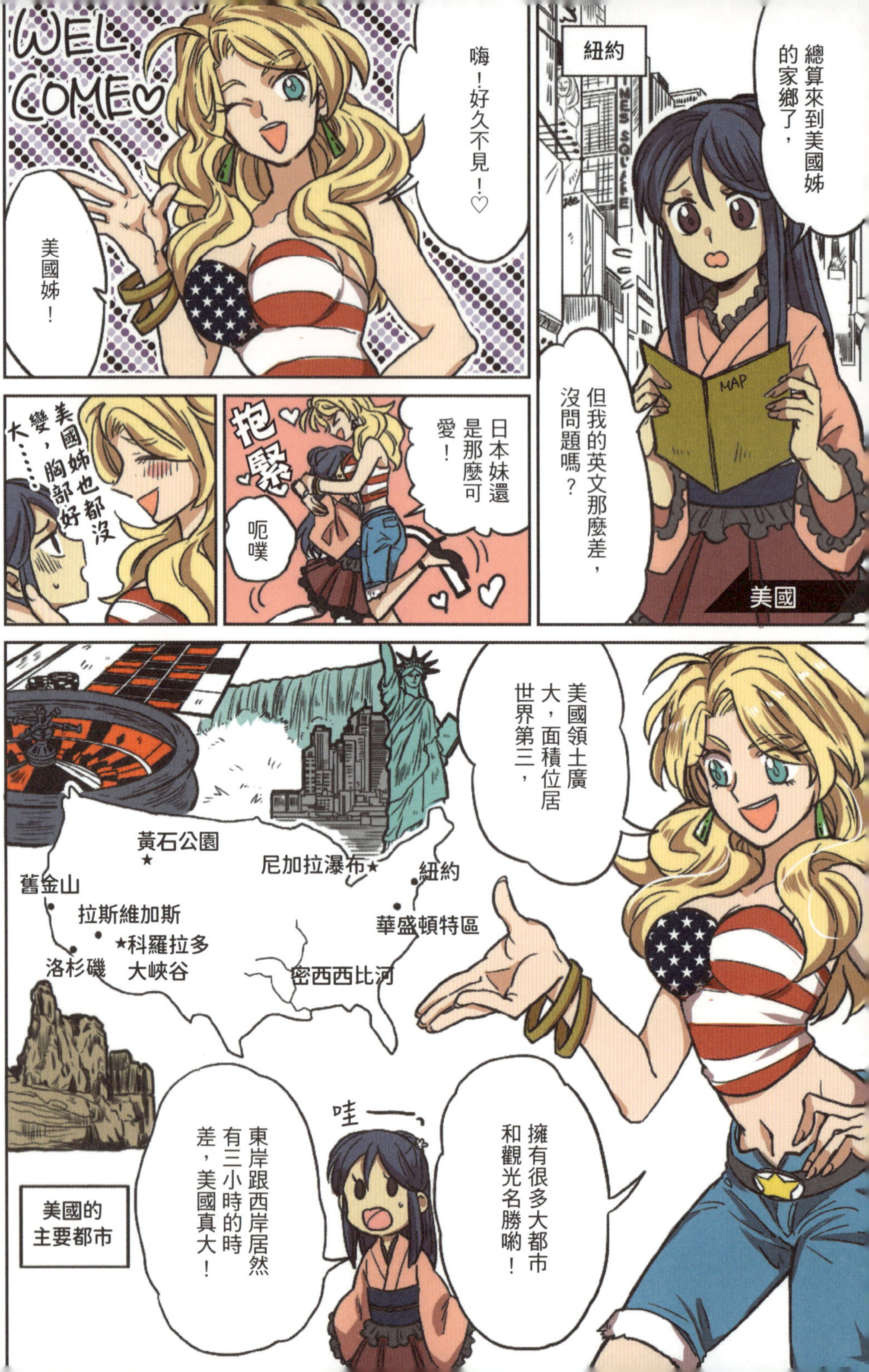
紐約
總算來到美國姊的家鄉了，
但我的英文那麼差，沒問題嗎？
美國
WELCOME♡
嗨！好久不見！♡
美國姊！
日本妹還是那麼可愛！
抱緊
呃噗
美國姊也都沒變，胸部好大……
美國領土廣大，面積位居世界第三，
擁有很多大都市和觀光名勝喲！
哇——
東岸跟西岸居然有三小時的時差，美國真大！
黃石公園
尼加拉瀑布
紐約
舊金山
拉斯維加斯
華盛頓特區
科羅拉多大峽谷
洛杉磯
密西西比河
美國的主要都市
MAP

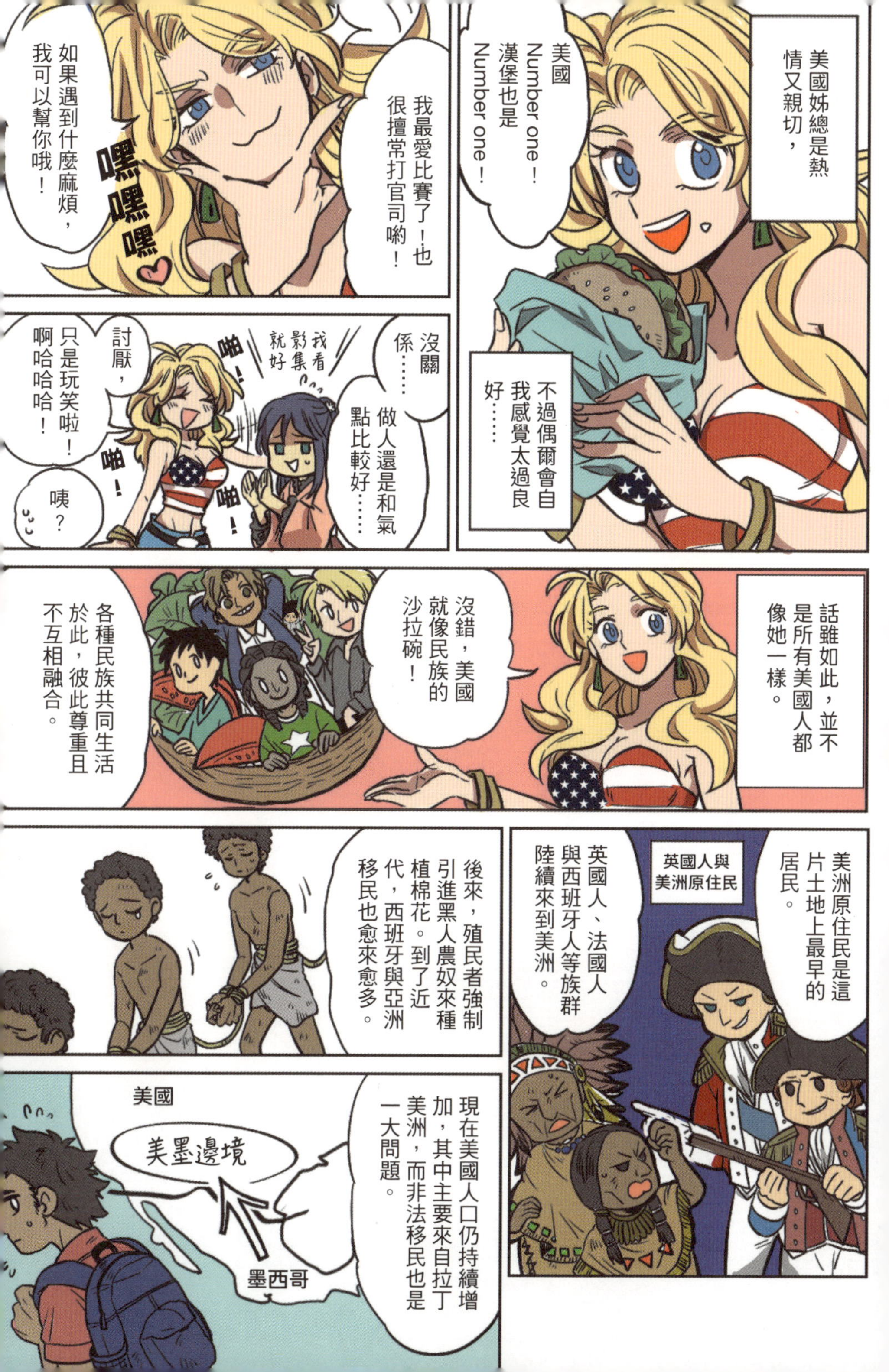

美國姊總是熱情又親切，
美國Number one！漢堡也是Number one！
不過偶爾會自我感覺太過良好……
我最愛比賽了！也很擅常打官司喲！
如果遇到什麼麻煩，我可以幫你哦！
嘿嘿嘿
沒關係……
做人還是和氣點比較好……
我看影集就好
啪！
啪！
啪！
討厭，
只是玩笑啦！啊哈哈哈！
咦？
話雖如此，並不是所有美國人都像她一樣。
沒錯，美國就像民族的沙拉碗！
各種民族共同生活於此，彼此尊重且不互相融合。
美洲原住民是這片土地上最早的居民。
英國人與美洲原住民
英國人、法國人與西班牙人等族群陸續來到美洲。
後來，殖民者強制引進黑人農奴來種植棉花。到了近代，西班牙與亞洲移民也愈來愈多。
現在美國人口仍持續增加，其中主要來自拉丁美洲，而非法移民也是一大問題。
美國
美墨邊境
墨西哥

美國是日本最大的出口國，對吧？
吸～
沒錯，希望日本再多進口一些美國的產品！
啊哈哈哈！
日本主要出口汽車和電器到美國，
日本對美出口品項(2017年/%)
小客車……29.6
一般機器…22.5
電器…13.7
汽車零件…6.4
航空器……2.7
並且從美國進口飛機、光學機器和各種食品。
美國對日出口品項(2017年/%)
一般機械…15.9
電器…13.3
元素與化合物…5.8
科學光學機器…5.3
醫藥品…5.1
我們的NASA技術可是全球頂尖哦！
至於糧食方面，美國的農業發達，被喻為世界糧倉。
除了小麥產量高，我們的酪農與畜牧業也很有名，南部則盛行棉花栽培。
春小麥
放牧、灌溉農業
蔬菜、水果
玉米
冬小麥
棉花
從事農業的人口僅占總人口的一・六%，卻能靠機械化、大規模經營，加上在不同環境選擇適合的作物，讓農業成為美國重要的出口產業。

接著介紹工業！進入二十世紀後，美國漸漸發展成世界最大工業國。
工業區的分布大致是這樣。
北緯三十七度以南的「陽光帶」，先進技術產業發達。
先進產業好像都集中在西部跟南部？
底特律（汽車工業）
匹茲堡（鋼鐵業）
雪帶
陽光帶
矽谷（IC工業）
北緯37°
休斯頓（石化工業）
美國的工業革命最初在東北部展開，推動美國成為世界最大工業國。
但是，美國工業的競爭力漸漸下降，
技術革新太慢
工資太高
被日本與歐洲產品領先
所以，南部和西部開始發展高科技產業，資訊革命開始後，美國經濟實力迅速回升。
陽光帶
矽谷
矽漠
廣大而低價的土地
勞動力低廉（移民等）
溫暖氣候有助節能
不過，近年為了對抗東協和中國的低價產品，
哎～
許多企業將據點移往國外，產業空洞化的問題愈來愈嚴重。
是哦……
別說這些了，
吃點好吃的東西打起精神吧！
我帶你去好吃的牛排館♥
正能量爆表……

基本資料

面積 983.4萬km^2

人口 3億3491.4萬人(2023年)

首都 華盛頓特區

通貨 美元

語言 英語、西班牙語、華語、他加祿語、法語等

民族

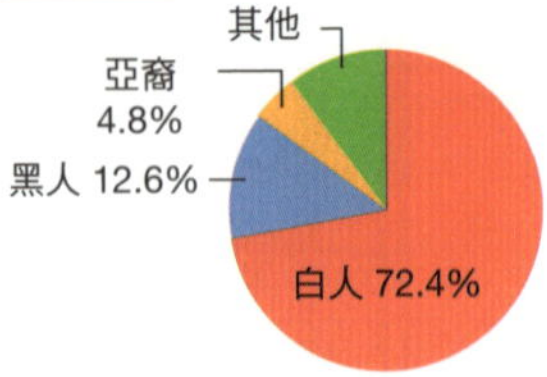

宗教

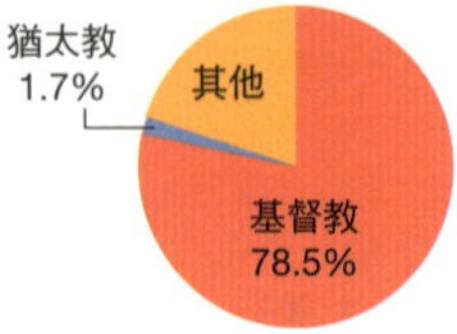

國旗

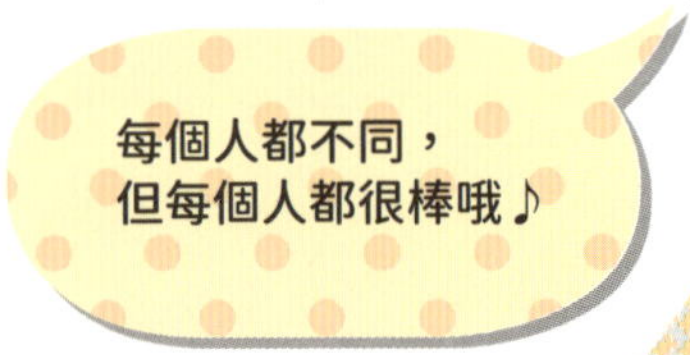

❶ 美國的自然環境

美國的國土面積排名世界第三，僅次於俄羅斯和加拿大，約為日本的二十五倍（**台灣的兩百七十三倍**）。除了本土之外，美國還擁有阿拉斯加、夏威夷、波多黎各、關島及塞班島等領土。美國本土以**北緯四十九度**線跟**五大湖**與加拿大接壤，阿拉斯加則以**西經一百四十一度**線與加拿大接壤。

美國本土的地質構造主要分為三種：西部由**環太平洋火山帶**縱貫，包含洛磯山脈、喀斯開山脈、海岸山脈與內華達山脈等崇山峻嶺，屬於**錯動型板塊邊界**（➡P.276），因此**火山活動和地震頻繁**，例如加州的**聖安地列斯斷層**就是典型的轉型斷層。由於山脈縱貫，美國西部的高原與峽谷地形發達，最著名的景點包括大峽谷與死亡谷。位於美國西部加州聖荷西附近的科技產業聚落「**矽谷**」，名稱也是取自當地的地形。

美國東部由**阿帕拉契山脈**縱貫，並且盛產**煤礦**。而美國與加拿大的交界處則是五大湖區，這些湖泊屬於冰蝕湖，當地夏季涼爽，主要經營**酪農業**，供應了美國巨大都市帶的龐大市場需求。

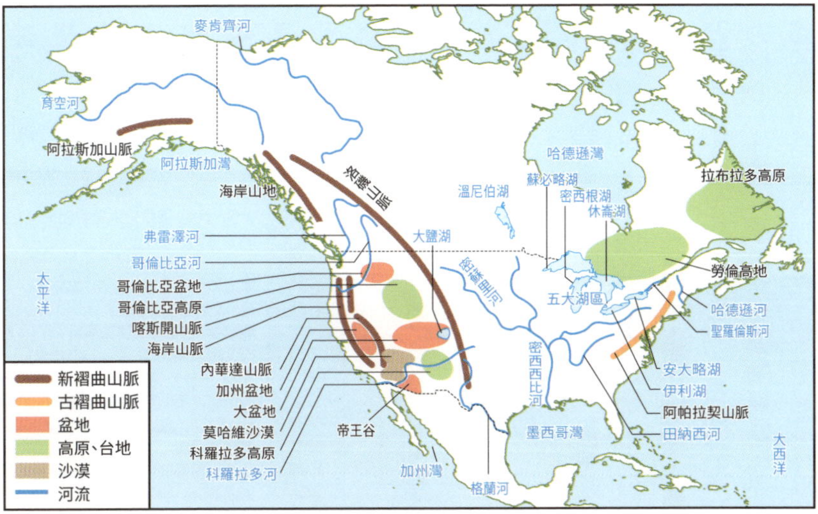

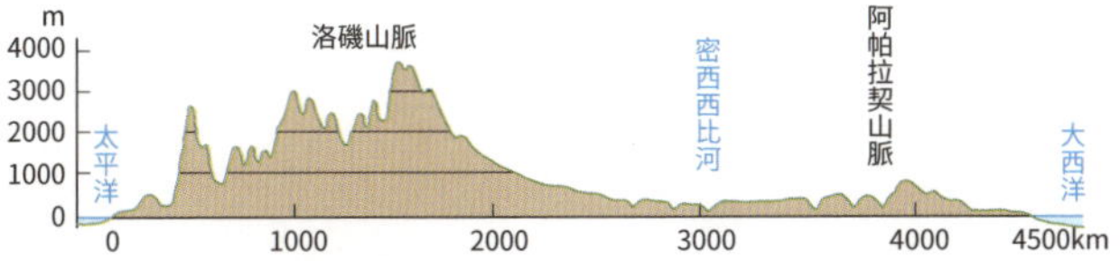

美國中央地帶是遼闊的平原，河水從縱貫東西的兩大山脈流下，東側有俄亥俄河，西側則有密蘇里河、阿肯色河與紅河等。這些河川流經廣大的平原地帶，最終匯入縱貫國土中央的密西西比河。密西西比河流域面積廣大，是運送周邊農產品的重要水道。密西西比河口的**三角洲**發展出興盛的城市，其中紐奧良隨處可見倉庫和**穀倉塔**，用來堆放經由密西西比河運來的農產品。

❷ 美國的歷史

西元一四九二年，哥倫布登陸**聖薩爾瓦多島**，並誤以為自己到達了印度。直到後來，義大利探險家亞美利哥發現這片土地其實是未知的大陸，於是歐洲人便以他的名字將當地命名為「亞美利加」（America，又譯為「美利堅」）。之所以並未使用「亞美利哥（Amerigo）」，是因為歐洲人認為陸地能孕育出各種物產，經常將土地擬人化為女性，因此採用女性化的名稱。

一六二〇年，英國清教徒為了追求信仰自由，渡海前往北美洲，開墾殖民地，並將這個地區取名為**新英格蘭**。直到一七七六年七月四日，東部十三州脫離英國獨立，建立美利堅合眾國。

年分	大事記
17 世紀初	法國、英國、荷蘭來到北美洲東岸北部開墾殖民
1620	清教徒搭乘五月花號抵達美洲，在波士頓近郊定居
1775	獨立戰爭爆發(直到1783年結束)
1776	發表《美國獨立宣言》
1830	通過《印地安人遷移法案》
1861	南北戰爭爆發(直到1865年結束)
1863	頒布《解放奴隸宣言》
1867	向俄羅斯帝國買下阿拉斯加
1869	第一條橫貫大陸的鐵路通車(中央太平洋鐵路)
1898	兼併夏威夷
1929	經濟大蕭條席捲全美
1964	通過《民權法案》
1965	美國全面介入越戰(1975年戰爭結束)
1969	美國載人太空船「阿波羅11號」登陸月球
1979	中美建交
1989	柏林圍牆倒塌(象徵冷戰結束)
2001	紐約等多地同時遭恐怖攻擊，史稱911事件
2003	伊拉克戰爭爆發(直到2011年結束)
2009	歐巴馬就任，成為美國首位非裔總統

❸ 美國的人種與民族

北美原本是英國的殖民地，最早來此開墾的主要是英國移民，因此美國建立之初，人口以英裔白人為主。這些人稱為**盎格魯－撒克遜白人新教徒**（White Anglo-Saxon Protestant），長期掌握政治經濟的權力核心。後來，德裔與愛爾蘭裔移民逐漸增加，使美國的人口結構更加多樣化，不過依然以歐洲裔為主。

此外，美國也有大量**非裔黑人**，尤其是**東南部地區**。早年，美國為了發展棉花種植業而從非洲大陸強制引進許多黑人農奴。這些黑人的後代長期居住在美國，卻受到法律上的差別待遇，直到一九六三年，黑人**民權運動**爆發，非裔美國人的社會地位才有所提升。

第二次世界大戰結束後，來自西班牙語系國家的移民增加，**西班牙裔**（Hispanic）人口約占美國總人口的十六%（二〇二〇到二〇二四年：十九．五%）。其中，來自墨西哥的移民最多，主要居住在鄰近墨西哥的美國西南部各州，例如加州、新墨西哥州、德克薩斯州。一九六〇年代，《移民法》修定後，吸引愈來愈多亞裔移民在一九七〇年代移入美國。

原籍	1841～1860	1901～1920	1951～1970	1971～1990
歐洲	93.9%	86.1%	46.8%	12.7%
亞洲	1.0%	3.0%	10.3%	37.6%
拉丁美洲	0.8%	4.0%	31.8%	44.6%
其他	4.3%	6.9%	11.1%	5.1%
移民總數	431 萬人	1453 萬人	584 萬人	1183 萬人

美國不同年代移民的種族比例

儘管美國擁有來自不同種族與民族背景的居民，美國社會仍強調尊重與和平共處，包容文化的多樣性，有如「**民族的沙拉碗**」。

❹ 世界最大的農業先進國

美國是世界最大的先進農業國家。西元一八六二年，聯邦政府頒布「**公地放領法**」，依據鎮區制度，有條件地提供移民約六十五公頃的國有地。這些移民大多是家族經營的自耕農，且利用機械進行大規模耕種。然而，美國的土地面積太過廣大，即使勤奮耕作仍難以細緻管理，因此多採取粗放式經營，導致土地生產力低落，每單位面積的收穫量太少。不過，由於耕地面積廣大，總收穫量依然可觀。此外，由於農業機械化程度高，投入的人力較少，因此人均生產量大，勞動生產力極高。

由於美國將大量農產品出口，可以說是全球主要糧食供應國。此外，興盛的**農業綜合企業**（經營農業與糧食相關產業的超大型企業）也是美國農業的特色。

❺ 鐵鏽帶的衰退

美國大西洋沿岸北部到五大湖區（北緯三十七度以北的地區），對於推動美國的工業發展至關重要。該地區擁有**梅薩比嶺**（Mesabi Range）的鐵礦和**阿帕拉契山煤礦區**等礦產資源，且結合五大湖區的水運之便，帶動匹茲堡的鋼鐵業蓬勃發展，「汽車之城」底特律也位在這一帶。由於汽車製造業需要大量零件，吸引相關供應商聚集於城市周邊，隨著汽車產業的興盛，創造大量就業機會，也吸引許多歐洲移民遷入。

到了一九六〇年，日本與西德等二戰戰敗國逐漸復興，開始向國際市場出口低價且優質的鋼鐵與汽車。隨著產業結構改變，五大湖區日益衰退，再加上當地工會勢力強大，企業難以壓低工人的薪資，美國工業製品在國際市場上逐漸失去競爭力。

❻ 陽光帶的發展

進入一九七〇年代，接連兩次石油危機導致燃料費飆升，高昂的能源成本成為工業發展的阻礙。美國五大湖周邊地區的氣候寒冷，需要仰賴暖氣設備，燃料費用對當地居民造成沉重大的負擔。

與此同時，「陽光帶」逐漸受到青睞。陽光帶是指美國**北緯三十七度以南**的地區，氣候溫暖，因此燃料費的開支較少，在能源危機的背景下極具吸引力。於是，南方各州的州政府也積極招攬新興企業來當地設廠。此外，陽光帶是美國主要的農業地帶，土地取得成本低，工會組織也不似北部發達，成為吸引企業進駐的誘因。

陽光帶的主要產業是**資訊科技**與**太空產業**。這些產業不需要靠近資源產地，而是更加重視高等教育人才的供應，因此是否鄰近大學或研究機構，以及資訊、資本與資金流通是否自由，都是考量的因素。一九六〇年代《移民法》修正後，來自亞洲的移民增加，其中華裔和印度裔等移民在這些產業中表現出色。

美國人種與民族分布概況

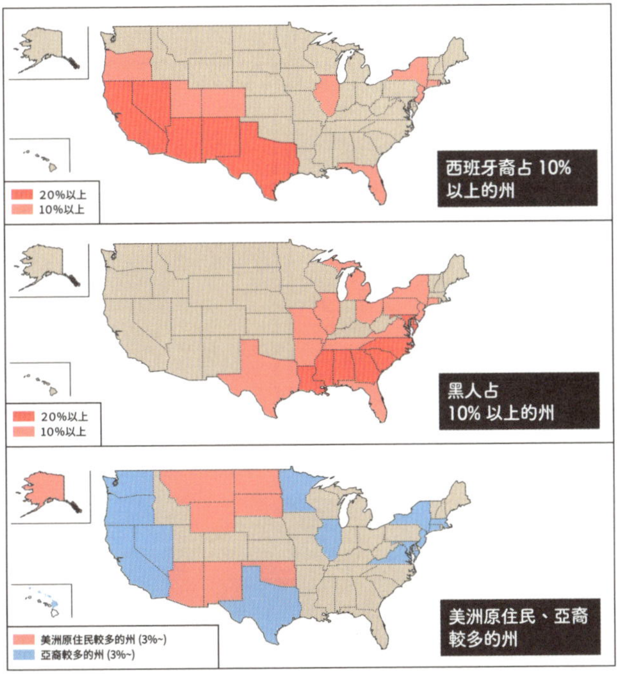

紐約

波士頓

舊金山

加拿大是美國的鄰國，這位是加拿大哥！
日本妹，你好～
初次見面，你好！
加拿大
我來簡單介紹我的國家～
不過人口只有四千萬人左右～
加拿大的面積僅次於俄羅斯，對吧？
大約是日本的四分之一？
加拿大的自然景觀豐富，一定要去參觀哦～
至於名產，當然非楓糖漿莫屬～
另外，我最推薦煙燻鮭魚和龍蝦哦～
這股悠閒的氣氛是怎麼回事……
加拿大很遼闊吧～
悠閒
對了，因紐特人是加拿大的原住民，對吧？
沒錯，他們約占總人口的五％哦～
但跟美洲原住民一樣，在歐洲移民來到後，被迫遷移。
1962年以前無選舉權
1999年建立努納武特區（因紐特人自治區）

跟美國不同的是，加拿大首先被法國殖民，後來才成為英國屬地。
所以現在的加拿大還有很多法裔居民，主要住在魁北克。
加拿大的官方語言是英語和法語，
紙鈔上也印著兩種語言。
不過，我們的文化也愈來愈多元了哦～
加拿大地大物博，農產品跟自然資源這些初級產品的自給率很高。
道森礦山
鑽港礦區
黃刀鎮礦區
鑽港礦區
鑽港礦區
洛磯煤礦
索德柏里礦山
而且人口少，國內需求低，許多產品足夠供應出口，
例如石油、天然氣、鈾等能源資源，還有鐵礦。
工業方面，加拿大跟美國、墨西哥組成了北美自由貿易區（NAFTA）！
沒錯。
原來加拿大最大的貿易夥伴國是美國！
沒錯～
美國也在加拿大投資很多錢哦！
加拿大的貿易夥伴國
出口
1 美國
2 中國
3 英國
4 日本
5 墨西哥
進口
1 美國
2 中國
3 墨西哥
4 德國
5 日本
原來美國跟加拿大在經濟上的關係這麼密切！
啪
啪
沒錯沒錯，接下來也拜託你們啦！
嗯……

基本資料

面積 998.5萬km²

人口 4009.7萬人(2023年)

首都 渥太華

通貨 加元

語言 英語(官方語言)、法語(官方語言)、旁遮普語、華語等

民族

加拿大人、歐洲裔、亞裔、原住民、拉丁美洲裔、非裔

宗教

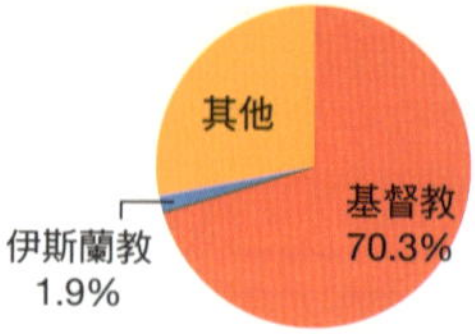

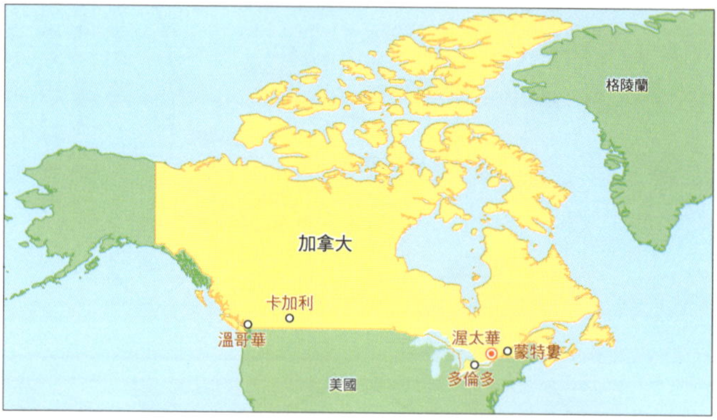

國旗

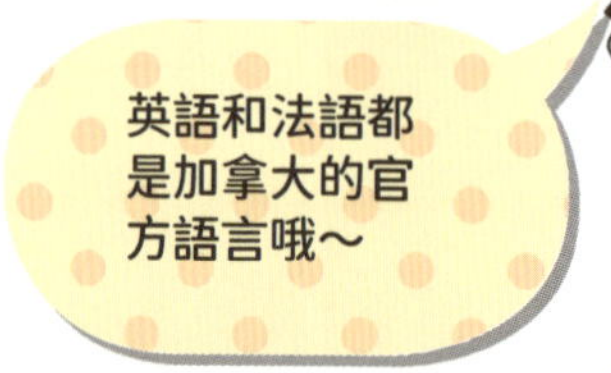

❶ 加拿大的自然環境

加拿大的國土面積約一千萬平方公里，約是日本的二十七倍（台灣的**兩百七十七倍**），**僅次於俄羅斯**。加拿大以**西經一百四十一度**線與阿拉斯加為界，並以**北緯四十九**度線及五大湖區跟美國本土接壤。西部有**洛磯山脈**縱貫，整體**地勢西高東低**。

過去，**北美洲北緯四十度以北的地區曾被大陸冰河覆蓋**，冰河退卻後，海水侵入冰河作用造成的低地，形成位於東北部的**哈德遜灣**。哈德遜灣狀似一個大碗，觀察地形圖可以發現，代表高度的顏色分布呈同心圓變化，表示離哈德遜灣愈遠，地勢愈高。如今，大陸冰河雖已消失，但地殼仍在持續上升。此外，五大湖也屬於冰蝕湖（哈德遜灣周邊也有許多冰蝕湖），過去受到冰河侵蝕導致土地貧瘠，不過夏季氣候涼爽，適合經營酪農業。

加拿大的**國土大部分位於高緯度地區**，屬於**寒帶濕潤氣候（Df）**（➡P. 290），年溫差大。例如，蒙特婁的一月平均氣溫為攝氏零下十點一度，但七月的平均氣溫可達二十一度。此外，加拿大北部靠近北極海一帶，氣候屬於**極地苔原氣候（ET）**。

❷ 多元文化主義政策

一般認為，加拿大的原住民與**因紐特人**是**從亞洲遷徙而來**（雖然因紐特人也是原住民族，但為方便區分，與其他原住民族分開介紹）。距今約七萬年前到一萬年前，也就是末次冰期，北極海沿岸的廣大地區被冰河覆蓋，**海平面比現在降**

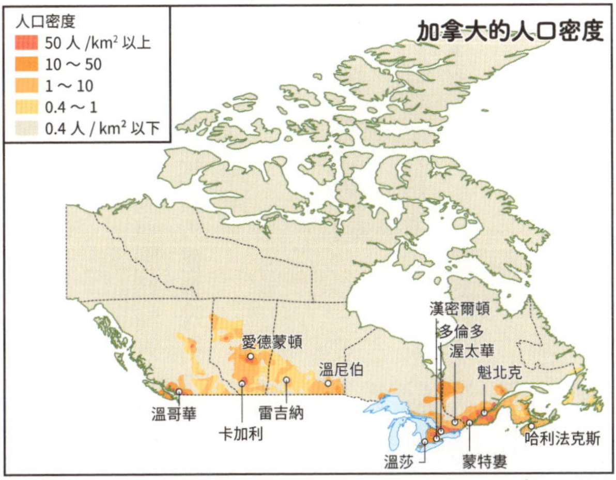

低約一百二十到一百三十公尺。當時的白令海峽仍是一片陸地，人類可以從歐亞大陸步行到北美洲。在**末次冰盛期**（末次冰期中最寒冷的階段，距今約兩萬年前），北美大陸約北緯四十度線以北的地區曾受大陸冰河覆蓋，來自亞洲的人類受**大陸冰河**阻擋，主要停留在現在的阿拉斯加和加拿大北部，直到末次冰期結束，大陸冰河消失，他們才繼續南下。

西元十七世紀初期，法國人開始殖民加拿大，當時建設的都市就是現在的**魁北克**。不久後，英國人也來到此地，並於十八世紀中期將加拿大納入領土。一九三一年，加拿大脫離英國並正式獨立，但仍是「大英國協」（由英國與舊英國屬地組成的國際組織）成員，採取君主立憲制。

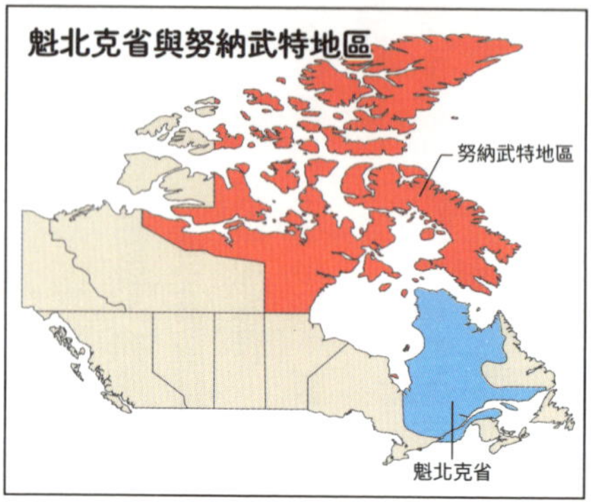

由於這段歷史，加拿大政府將英語和法語列為官方語言。儘管如此，魁北克省的唯一官方語言是法語，新伯倫瑞克省則是唯一的英、法雙語省分，而其他地區主要使用英語。

一九九九年，加拿大政府同意因紐特人自治，並設置**努納武特地區**。此外，加拿大是全球第一個將**多元文化主義**納入法律體制的國家。

❸ 加拿大的貿易統計

加拿大的面積約為一千萬平方公里，廣大的國土蘊藏豐富能源和金屬資源，但人口僅約四千萬人，人口密度僅為每平方公里四・四人（二〇二二年），因此得以大量出口原油、天然氣和煤炭等能源類產品。

此外，加拿大林業興盛，森林面積約占陸地面積的四成，總面積達三萬五千公頃（約是日本國土面積的九倍）。憑藉豐富的林業資源，當地的製紙與紙漿產業發展蓬勃，木材製品出口量更位居全球第二。

自從加拿大與美國、墨西哥簽訂**北美自由貿易協議（NAFTA，該協議現已由美墨加協定(USMCA)取代。）**，美國成為加拿大最大貿易合作國，出口品項以能源產品和汽車為主。另外，許多美國企業也進駐加拿大設廠。

加拿大國土廣大但人口稀少，國內消費量小，**礦物資源大多數可供出口**。然而，也因為加拿大的重工業發展不如其他先進國家，許多工業製品都仰賴進口供應。觀察加拿大的貿易統計數據可以發現，**礦物燃料與原物料呈現出超，但工業製品卻呈現入超**。這種情況在先進國家相對罕見，除了加拿大，澳洲也有類似的情況。

❹ 加拿大的「楓葉旗」

加拿大國旗正中央的圖案是一片**糖楓樹葉**，因此俗稱「楓葉旗」，楓葉旗兩側的紅色部分則象徵加拿大東西側的海洋：右邊代表大西洋，左邊是太平洋。

糖楓是加拿大的代表性樹木，樹液煮沸濃縮後可以製成楓糖漿。加拿大的楓糖漿產量居全球之冠，光是**魁北克省的產量就占全球的七成左右**。楓糖漿是加拿大的特產，政府對它的生產、價格與流通進行嚴格管理。由於加拿大氣候寒冷，農閒期的糧食供給不足，因此楓糖漿在冬季成為重要食物來源。

墨西哥
說到墨西哥，很多人最先想到的是墨西哥料理！
說到墨西哥，很多人最先想到的是墨西哥料理！
我知道！
塔可餅、墨西哥辣脆片、玉米薄餅、捲餅跟龍舌蘭酒都很有名。
Hola（你好）！
歡迎來到墨西哥！這裡主要使用的語言是西班牙語。
你好！
日本跟墨西哥的時差有十五小時哦！此外，兩國其實從江戶時代就有來往了。
哇哦！日本妹還是一樣知書達禮！
女孩子最棒♡
機會難得，我們去約會……
不好意思～我也在。
抱緊
呃……美國姊？
美國跟墨西哥雖然是鄰國，但是關係很複雜。
嗯、嗯……
墨西哥跟日本一樣，地震很多，感覺滿有親切感的！
畢竟兩國都在板塊交界處……
墨西哥南部
中美洲海溝
大陸地殼
科克斯板塊
震源

可是，如果問我
墨西哥是個怎樣的國家？我其實不太清楚……
那我來簡單說明一下吧！
墨西哥文化主要受到美洲原住民、
西班牙長達三個世紀的統治，
以及鄰國美國，這三個因素的影響。
這裡也是馬雅文明和阿茲特克帝國的發源地。
他們建造了大金字塔、發展天文學，還有高度發達的政治結構。
後來，在十六世紀，西班牙探險家科提斯征服墨西哥。
西元前
1200年左右
奧爾梅克文明發達
7世紀左右
托爾特克文明發達
14世紀
阿茲提克文明發達
1521年
征服者科提斯侵略
特諾奇提特蘭(城邦)
1535年
成為西班牙的殖民地
現在的墨西哥貧富差距大，很多人非法入境美國。
美國企業也為了廉價的勞力，在美墨邊境設廠。
不過，這也讓出口型工業發展起來，墨西哥因此成為新興工業國（NIEs）之一。
咻－
我們的首都墨西哥城被山脈環繞，海拔超過兩千兩百公尺，
這裡空氣稀薄又不流通，造成燃料燃燒不完全，空氣污染也愈來愈嚴重。
哇……

基本資料

面積	196.4萬km²	人口	1億2973.9萬人(2023年)
首都	墨西哥市	通貨	披索
語言	西班牙語(官方語言)、原住民的語言		

民族

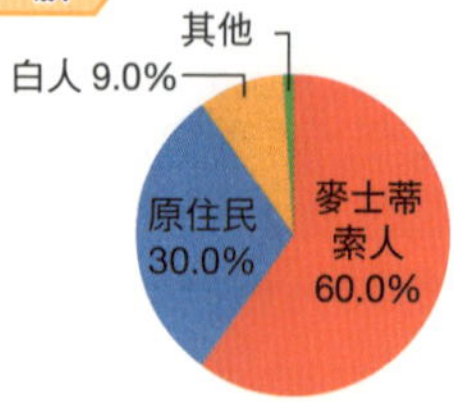

宗教

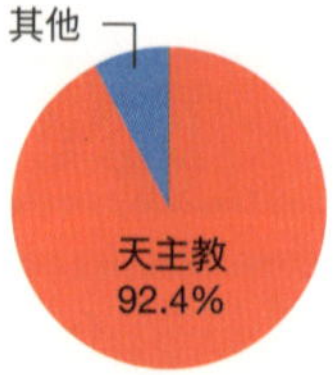

國旗

墨西哥人最愛吃玉米了！要不要去吃塔可餅？

❶ 墨西哥的自然環境與環境污染

墨西哥位在**環太平洋火山帶**，境內多險峻高山，而且常有地震。從前阿茲特克人在特斯科科湖中央的小島建立首都「特諾奇提特蘭」，隨著城市發展，湖泊逐漸被填平，最終成為今日的首都**墨西哥市**。這也造成墨西哥市的地盤鬆軟，一旦發生地震，容易引發嚴重災害。

墨西哥市位在高原地區，海拔約兩千兩百公尺，四周受山脈環繞，這種地形導致空氣稀薄，汽油等燃料不容易完全燃燒（易產生污染物），且空氣容易滯留，加劇空氣污染。此外，墨西哥的汽車持有量連年增加，更是雪上加霜。

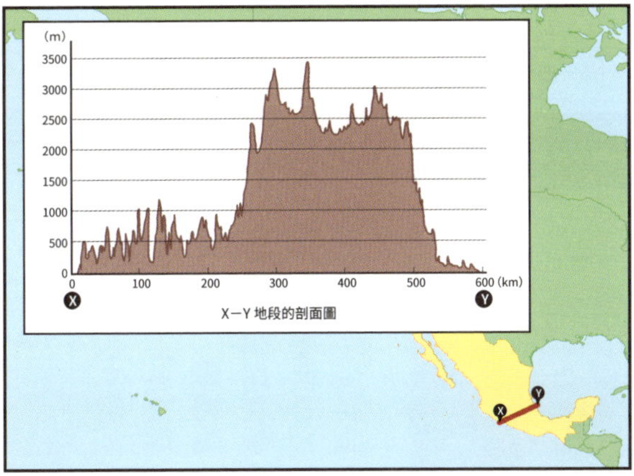

❷ 墨西哥的社會與飲食文化

墨西哥所在的拉丁美洲曾孕育出繁榮的古文明，包含**阿茲特克文明**、**馬雅文明**與**印加文明**，這些文明都是由美洲原住民族群所建立，時至今日，**瓜地馬拉**、**秘魯**與**玻利維亞**這些古文明的起源地，仍居住著許多**原住民**。然而，阿茲特克帝國的所在地墨西哥卻由於曾受西班牙殖民，導致與歐洲移民與原住民混血的**麥士蒂索人**成為主要族群，數量遠超過原先的原住民。

墨西哥所在的緯度範圍是熱帶，但由於國土廣闊，各地區的氣候也不盡相同。比如，墨西哥市位在高原地區，氣溫隨著海拔上升而遞減，屬於典型的高地氣候。不過，整體而言，墨西哥的氣候溫暖，各地區也利用這個優勢積極種植玉米和咖啡豆等作物。墨西哥國內的玉米消費量極高，用玉米製作的**塔可餅**十分有名。將肉類和蔬菜等餡料包入塔可餅，再淋上辣椒醬，是墨西哥的經典美食。

❸ 墨西哥的經濟成長

墨西哥的**石油開採量在全球名列前茅**但並未加入石油輸出國組織。這是因為墨西哥的人口約有一・三億，國內的石油消費量居高不下，只有部分產量可供出口。

一九六五年，墨西哥政府為了增加就業機會與賺取外匯，積極招攬外國企業進駐。除了提供外國企業關稅優惠，還設立**保稅加工出口制度**（即原料進口時，海關先不徵稅，等加工完成並出口時，再視情況徵稅或免稅），美墨邊境加工出口廠（maquiladora）就屬於保稅工廠。受這種制度與當地的廉價勞動力吸引，美國企業紛紛進駐。為了以最短距離出口到美國市場，許多工廠都設立在格蘭河（美墨邊境）附近。現在，墨西哥和多國簽訂自由貿易協定（ＦＴＡ），運用低廉的勞動力，將製造業產品出口到FTA協定國家，其中，「**機械**」與「**汽車**」是墨西哥的主要出口品項。

特奧蒂瓦坎遺跡中的月亮金字塔

馬雅古城遺址
烏斯馬爾

建於阿茲特克帝國時期的墨西哥市大神廟

Boa noite（晚安）！
巴西
里約嘉年華！
這本來是基督教的節日，後來發展成以森巴舞為主的慶典。
每年復活節的四十天前，巴西都會舉行嘉年華會哦！
現在，每年都有超過一百萬人來參加嘉年華會！
歡迎來到巴西！
我們走吧！
巴西是南美洲最大的國家，面積是全球第五大！
大部分領土位於巴西高原，多數國民也居住在此。
ORDEM
巴西以前是葡萄牙的殖民地，所以官方語言是葡萄牙語。
最多人信仰的宗教則是天主教。
巴西利亞大教堂
巴西的首都是巴西利亞，但最大的城市是聖保羅跟里約熱內盧。
南美洲國家過去大多是西班牙的殖民地，
只有巴西曾受葡萄牙統治。
南美洲的殖民勢力圖
英領
荷領
法領
葡萄牙領
西班牙領

在殖民時代，巴西從非洲引進大量奴隸，發展起咖啡等熱帶栽培業。
但至今，我們仍保留栽培單一作物的模式……
我們還生產大豆、甘蔗與牛肉，
農業是巴西的重要產業。
甘蔗
咖啡
巴西的農畜產品
大豆
甘蔗
橘子
二戰後，巴西引進先進國家的技術，轉型為工業國家，
現在是金磚五國的一員哦！
金磚五國
BRICS
近年經濟成長亮眼的5個國家
B巴西
R俄羅斯
I印度
C中國
S南非共和國
日本早在二戰前就有移民移居巴西，如今已經發展出第二、第三代社群了！
提到巴西，第一個想到的還是足球超強！
伊瓜蘇瀑布
薩爾瓦多
巴西利亞
里約熱內盧
伊瓜蘇國家公園
首都
巴西利亞
里約熱內盧
大西洋群島
在二〇一六年的里約熱內盧奧運時，感覺巴西跟日本又更親近了！

基本資料

面積 851.6萬km²

人口 2億1114萬人(2023年)

首都 巴西利亞

通貨 雷亞爾

語言 葡萄牙語(官方語言)、原住民語言

民族

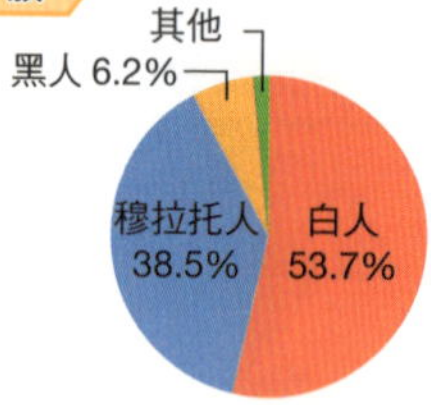

宗教

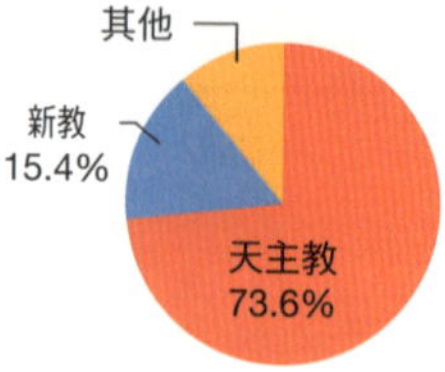

國旗

❶ 巴西的自然環境

亞馬遜河是全世界流域面積最大的河川，絕大部分位在巴西境內。亞馬遜河將巴西領土分成兩半，北側是**圭亞那高地**，南側是**巴西高原**；東部河口則是**亞馬遜三角洲**。亞馬遜河流域位於圭亞那高地與巴西高原之間，形成廣大的盆地。由於大部分流域位在**赤道**附近，整個流域遍布熱帶雨林。相較之下，巴西高原則以遼闊的熱帶莽原為主。

巴西蘊藏豐富的礦產資源，如鐵礦和鋁土礦，但石油、天然氣與煤礦等能源資源稀少。巴西屬於**熱帶氣候**，降雨穩定且豐沛，水力資源充足，國內總發電量的六成仰賴**水力發電**。巴西政府長期致力於水力發電，例如建設電量充足的伊泰普大壩（全球最大水力發電廠之一）和土古魯伊水壩，這些設施提供的廉價電力推動鋁工業發展。反觀日本，由於缺乏能源資源，發電成本高，很難取得廉價電力，因此煉鋁業並不發達，主要仰賴從巴西等國進口的鋁原料。

❷ 巴西的農牧業

巴西農牧業興盛，不僅大規模栽培咖啡豆、甘蔗、玉米、大豆、香蕉等單一作物（**熱帶栽培業**），也大量飼養肉牛。巴西的**咖啡豆**生產量與出口量都是全球第一，玉米、大豆的出口量排名全球第二（二〇二二年）；牛肉的出口量則在南美洲名列前茅。近年，巴西對中國的出口量不斷增加，中國已成為巴西最大貿易出口國。巴西在過去主要依賴第一級產業，以咖啡豆出口為主，現在的農業則轉向**多角化經營**，並投入生產以甘蔗提煉的生質酒精，帶動甘蔗產量飛躍性成長，生產的生質酒精則主要用作汽車燃料。

過去，巴西為了獲得足夠的勞力從事熱帶栽培業，從非洲強制載運許多黑人作為奴隸。這些非裔後代至今依然生活在巴西，使巴西成為南美洲國家中少數黑人族群比例高的國家。此外，自二十世紀初起，大量**日本移民**前往巴西，為巴西農牧業的發展貢獻不少。

❸ 礦業與鋼鐵業是主要經濟來源

巴西的鐵礦、鋁土礦與鎳礦產量大，其中，豐富的鐵礦帶動鋼鐵業的蓬勃發展。巴西與外資企業合作建設製鐵廠，如**敏那斯**（Usiminas）以及**圖巴朗**（Tubarão）鋼鐵公司都十分有名。當地的粗鋼產量在過去四十年間大幅增加，以粗鋼為原料的汽車與飛機製造業也隨之興盛。

另外，近年來巴西也積極開發外海的海底油田，**石油**成為巴西主要的出口品項之一。

❹ 阿根廷的主要出口品項：大豆油粕

巴西的鄰國阿根廷與美國、巴西同為全球主要大豆生產國。大豆不僅可以食用與榨油，還能當作飼料，榨油剩下的**油粕**（大豆殘渣）也是重要的商品。大豆加工的過程中，約有七十五%的大豆會轉化為油粕。因此，大豆油製造商在生產大豆油的同時，也將剩下的大量油粕處理後販賣。油粕富含蛋白質和醣質，大部分用於家畜的飼料，也能當作火腿、香腸、醬油與味噌的加工原料。

近年來，阿根廷的汽車工業發展迅速，生產數量明顯增加，然而，大豆油粕仍是阿根廷的最大出口項目，而「**大豆油**」也是主要出口品項之一。

巴西的聖保羅主教座堂

❺ 歐裔白人多的國家

在南美洲國家中，巴西、阿根廷與烏拉圭這三國的歐裔白人比例較高。巴西曾是葡萄牙的殖民地，因此國內的歐裔白人大多為葡萄牙裔，殖民期間，葡萄牙人從非洲大量運送黑人農奴至巴西。這些非裔黑人與歐裔白人通婚，他們的後代至今占全國人口相當比例，而歐裔白人的比例則相對下降。另外，亞裔居民多也是巴西的特色之一，尤其以日裔移民為主。

阿根廷與烏拉圭都**曾受西班牙殖民**，因此國內歐裔白人多為西班牙裔，但義大利移民也相當多。日本動畫《**萬里尋母**》（改編自義大利文學名著《愛的教育》，以十九世紀末義大利移民潮為背景）的故事就描述義大利少年馬可因母親到阿根廷打工後音訊全無，便隻身到阿根廷尋母的故事。與巴西不同的是，**阿根廷與烏拉圭的歐裔白人比例高**，且根據人口調查，許多國民擁有美洲原住民血統。

中南美洲舊宗主國、人種與首都一覽

國名	舊宗主國	主要人種	首都
墨西哥	西班牙	麥士蒂索	墨西哥市
瓜地馬拉	西班牙	美洲原住民	瓜地馬拉市
貝里斯	英國	麥士蒂索	貝爾墨邦
薩爾瓦多	西班牙	麥士蒂索	聖薩爾瓦多
宏都拉斯	西班牙	麥士蒂索	德古西加巴
尼加拉瓜	西班牙	麥士蒂索	馬納瓜
哥斯大黎加	西班牙	白人	聖荷西
巴拿馬	西班牙	麥士蒂索	巴拿馬市
古巴	西班牙	白人	哈瓦那
牙買加	英國	黑人	京斯敦
海地	法國	黑人	太子港
多明尼加	西班牙	穆拉托	聖多明哥
巴哈馬	英國	黑人	拿騷

國名	舊宗主國	主要人種	首都
委內瑞拉	西班牙	麥士蒂索	卡拉卡斯
哥倫比亞	西班牙	麥士蒂索	波哥大
厄瓜多	西班牙	麥士蒂索	基多
秘魯	西班牙	美洲原住民	利馬
玻利維亞	西班牙	美洲原住民	蘇克雷／拉巴斯 *
智利	西班牙	麥士蒂索	聖地牙哥
阿根廷	西班牙	白人	布宜諾斯艾利斯
巴拉圭	西班牙	麥士蒂索	亞松森
烏拉圭	西班牙	白人	蒙特維多
巴西	葡萄牙	白人	巴西利亞
圭亞那	英國	印度裔	喬治城
蘇利南	荷蘭	印尼裔	巴拉馬利波
法屬圭亞那 *	法國	克里奧爾人	卡宴

●麥士蒂索（Mestizo）：西班牙人與美洲原住民的混血。
●穆拉托（Mulatto）：白人與黑人的混血。
●克里奧爾人（Criollos）：歐洲白人在殖民地的後裔。

（編註）
* 玻利維亞的憲法首都為蘇克雷，行政首都及國內最大城市則是拉巴斯。
* 法屬圭亞那是南美唯一的法國領土，使用歐元，且為歐盟的一部分。

秘魯／玻利維亞
在眾多世界遺產中，秘魯的古印加帝國遺跡「馬丘比丘」是最知名的遺跡之一。
哇，好壯觀啊！
每年六月都會舉行源自印加帝國的太陽祭典，
並且重現將駱馬心臟獻給太陽之神的儀式。
秘魯姊，你好！
這裡的海拔似乎比日本高很多……
紫外線…
海拔1,500m
秘魯首都利馬位在乾旱的太平洋沿岸，過去是殖民地的中心，擁有許多歷史遺跡。
歡迎來到秘魯！
遠道而來，真是辛苦你了！
秘魯西南部的納茲卡地區有多幅巨大地面圖案，最早出現於西元前五百年！
你說納茲卡線嗎？
但是曾遭到人們不小心開車壓過，部分線條已經磨平了。
庫斯科是秘魯南部的商業中心，居民幾乎都是原住民，
以耕作及販賣毛織品為生。
建築是西班牙風！

在安地斯山脈生活，不能沒有駱馬和羊駝。牠們是駱駝科的動物，可用於載貨和取毛。
羊駝
駱馬
現在，原住民依然會飼養駱馬與羊駝來搬運農作物。
除此之外，秘魯的漁業也很發達，海鮮料理很美味喔！
的的喀喀湖位在秘魯與玻利維亞邊界，海拔三八一二公尺！
當地的原住民住在湖畔與水岸附近的淺灘。
他們會將蘆葦捆成束，做成蘆葦船，
在湖上捕鱒魚！
「天空之鏡」烏尤尼鹽原是我們重要的觀光景點！
行政首都拉巴斯是全球海拔最高的首都，最低點是三千五百公尺高。
伊宜馬尼峰
原來如此，唔……
啊，你該不會缺氧了吧？
唔、唔……
拉巴斯的機場和飯店都準備了氧氣筒，
以備不時之需！
呼

秘魯基本資料

面積 128.5萬km²
人口 3384.5萬人(2023年)
首都 利馬
通貨 新索爾
語言 西班牙語、喀珠亞語、愛依瑪拉語(全部是官方語言)

民族

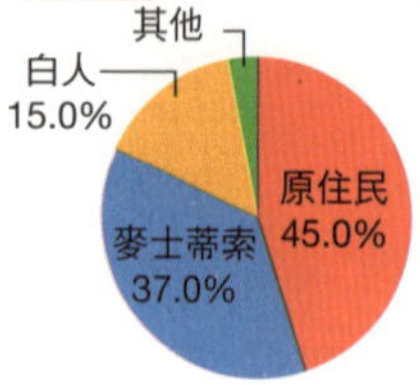

宗教

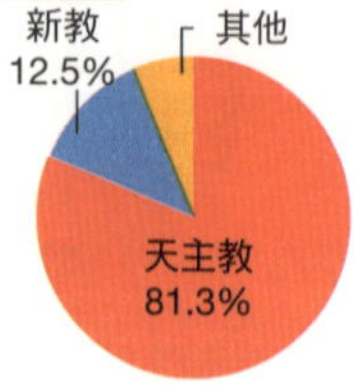

國旗

玻利維亞基本資料

面積 109.9萬km²
人口 1224萬人(2023年)
首都 蘇克雷/拉巴斯
通貨 玻利比亞諾
語言 西班牙語、36種原住民語言(全部是官方語言)

民族

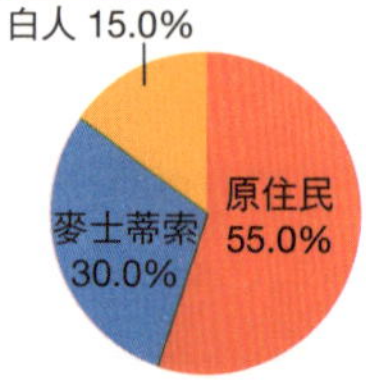

宗教

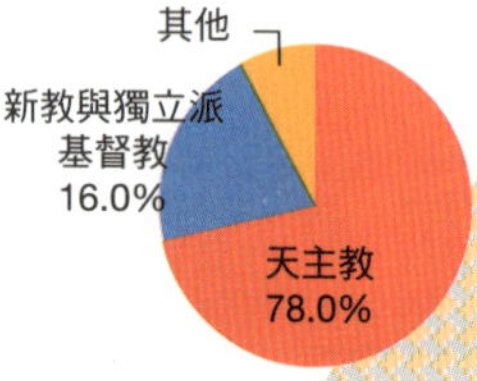

國旗

❶ 昔日的印加帝國

安地斯山脈縱貫南美洲大陸西部，南北長達七千公里，是納茲卡板塊隱沒至南美洲板塊之下而形成的山脈。

自古以來，安地斯地區便孕育出高度發展的文明，名為**安地斯文明**。安地斯文明是由美洲原住民建立的文明，這些原住民族的祖先來自亞洲，在遠古時期透過白令陸橋從歐陸大陸遷徙至北美洲，再一路南下。約在十二世紀左右，其中的克丘亞族建立了庫斯科王國。

到了一四三八年，庫斯科王國重組為**印加帝國**，建都於**庫斯科**。由於安地斯文明沒有文字系統，未能留下紀錄，只能概略推測帝國約始於十二世紀，版圖涵蓋現在的厄瓜多、秘魯、玻利維亞及智利北部一帶。

我們的祖先在高海拔地區建立了古老的文明！

❷ 特殊的原住民文化

直到今日，秘魯和玻利維亞仍有許多原住民生活於此，**駱馬**與**羊駝**是他們生活中不可缺少的家畜。安地斯山區的居民會按照海拔高度種植不同的作物，避免單一作物歉收導致糧食短缺。為了方便往來不同海拔的農地，居民會利用駱馬搬運貨物。至於羊駝則以毛皮聞名，牠們的毛適合製作**防寒**

羊駝

斗篷（poncho）。

此外，安地斯山脈是馬鈴薯的原產地，當地居民為了長期保存而製作出**馬鈴薯凍乾**（chuño），是當地珍貴的食物來源。

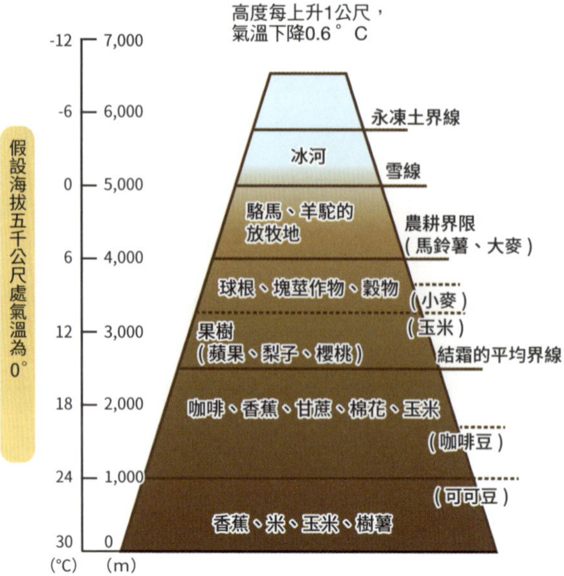

安地斯山區不同海拔高度的農作物

❸ 觀光資源

秘魯的庫斯科市曾經是印加帝國的首都，其中的古城區已列入世界文化遺產，當地的大教堂、武器廣場及太陽神殿等遺跡遠近馳名。此外，印加帝國的遺跡馬丘比丘也聞名國際，該遺跡和周邊地區被列為世界複合遺產，吸引來自全球各地的觀光客。然而，安地斯文明沒有文字紀錄，至今仍然不清楚聖城馬丘比

庫斯科的武器廣場

庫斯科的街景

丘為什麼建在那裡。

秘魯東南邊的鄰國**玻利維亞也有安地斯文明留下的遺跡**，例如蒂瓦那庫遺跡是比印加帝國更早的古文明遺跡，同樣已納入世界文化遺產。

另外，位於秘魯與玻利維亞邊界的烏尤尼鹽原與的的喀喀湖也十分有名。烏尤尼鹽原是在安地斯山脈從海底隆起時形成的。在雨季時水位升高後，水面倒映著天空的奇景令人嘆為觀止，被喻為「天空之鏡」。

馬丘比丘

「天空之鏡」烏尤尼鹽原

哈哈哈哈！
歡迎來到澳洲，當作自己的家就好！
呃，澳洲哥真是好客……
澳大利亞
不愧是國土大的國家。
怎麼有無尾熊
道地的南國景象…
可不只國土大而已！
澳洲的自然景觀也很豐富！
Z
雪梨歌劇院
艾爾斯岩
烏魯魯－卡塔丘塔國家公園
凱恩斯
卡納芬
黃金海岸
塔庫拉
伯斯
坎培拉
雪梨
埃斯佩蘭斯
墨爾本
藍山國家公園
值得一看的景點太多了，慢慢參觀吧！

澳洲居民來自世界各地，對吧？
我記得澳洲也曾是英國的殖民地……
沒錯！但最早居住在這裡的是澳洲原住民。
澳洲原住民？
原住民族依靠採集與狩獵為生。
十八世紀末，英國殖民者來到澳洲，將原住民驅逐，
這也是為什麼澳洲現在使用英語，國旗上也有英國國旗。
英裔居民擔心華人等勞工大量遷入澳洲，
於是實施「白澳政策」。
白澳政策
限制有色人種入境
1970年廢止
（勞動力短缺等因素）
現在則採取多元文化政策
澳洲盛產羊肉、牛肉跟小麥，農業也很發達。
本人的日常吃澳洲牛肉
儘管品嘗澳洲美食吧！
西部內陸是乾燥帶，不適合農業
東北部盛行牧牛
西部與東南部以牧羊為主
澳洲羊隻飼養數量是世界第二多，僅次於中國！
雨量較多的地區適合栽培小麥
吃完肉之後，要不要來跟袋鼠打一架？
袋鼠一
VS
不用了，謝謝！

基本資料

面積 769.2萬km^2

人口 2665.8萬人(2023年)

首都 坎培拉

通貨 澳元

語言 英語(通用語言)、華語、義大利語、希臘語等

民族

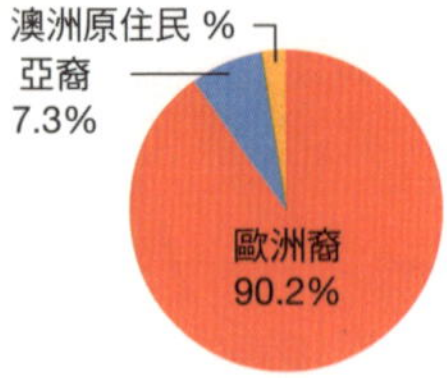

宗教

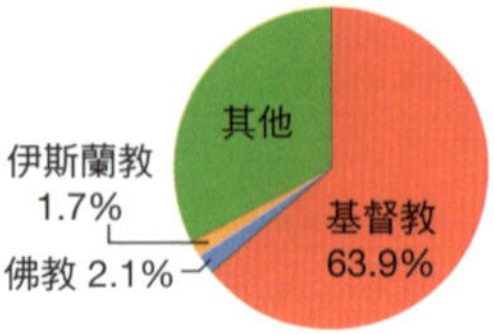

國旗

澳洲資源豐富，但人口少，所以能夠大量出口！

❶ 從白澳政策到多元文化政策

澳大利亞（簡稱澳洲）曾是英國用來流放罪犯的殖民地，相當於「發配邊疆」。不過，十九世紀中的**淘金熱潮**，讓澳洲人口從原本僅約四十萬，在三十年間暴增到兩百二十萬人。大量移民湧入澳洲追求致富的機會，當地白人感受到生存威脅，開始發起排外運動。一九〇一年，澳洲政府制定《移民限制法》，以「白澳政策」作為執政方針，嚴格限制非白種人移入澳洲。

然而，第二次世界大戰後，來自歐洲的移民減少，加上在一九七三年，澳洲最大的貿易夥伴英國加入歐洲共同體（EC），影響英澳貿易，為了強化與鄰近國家的關係，澳洲不得不廢除白澳政策（反對種族歧視的輿論也是因素之一）。

儘管現今的澳洲仍存在少數族群歧視與偏見，但是政府已將「**多元文化主義**」視為重要政策，努力揮別過去，打造嶄新的社會。

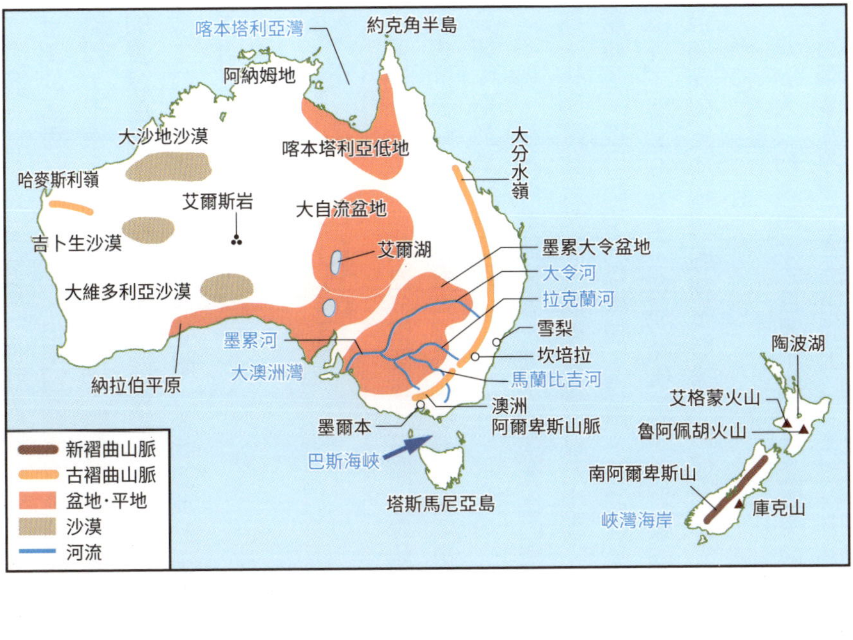

❷澳洲的自然環境

從澳洲的地形來看，東部由**大分水嶺**（古褶曲山脈）縱穿，其中**分布著莫拉煤田**（Moura）**與多個煤礦脈**；中部則是經過長期侵蝕而形成的廣闊**平原**；**西部有開闊的澳大利亞地盾**；西北部可見**鯨背山**和**湯姆普萊斯山**等鐵礦**脈，產量豐盛**。澳洲**北部的氣候屬於熱帶**，韋帕和戈夫半島等地的紅土層蘊藏豐富鋁土礦，是重要的鋁土礦區。澳洲的礦產資源蘊藏量豐富，開採量在全球名列前茅。

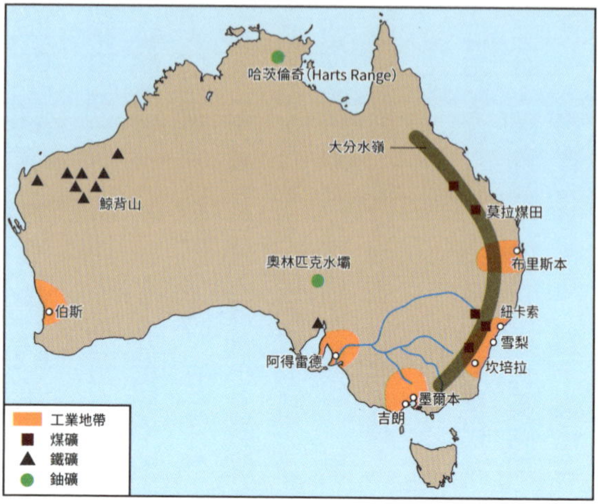

然而，澳洲幅員遼闊，面積約為日本的二十倍（台灣的**兩百一十四倍**），但**大部分中部地區屬於乾燥氣候**，不適合大規模人類居住。換句話說，澳洲**主要的資源產地與人口集中地相距甚遠**，導致礦產的運輸成本較高，國內工業發展受限，因此澳洲的主力產業並非工業。

❸澳洲的出口品項

澳洲被國際社會視為先進國家，按照世界銀行每年發表的分類，澳洲在低、中低、中高、高所得國家的分類中屬於高所得國家。

不過，從統計數據來看，澳洲的**主要出口項目是鐵礦、煤與液化天然氣等礦產資源，以及小麥、肉類等農產品**。進口品項則以機械、汽車、石油製品與醫藥品等工業製品為主，貿易結構更接近新興國家。（但澳洲因高所得與服務業發達，仍被列為先進國家。）

澳洲人口約為兩千六百萬，國內礦產需求較低，開採的礦產資源幾乎全部用於出口。澳洲利用出口礦物獲得的外匯，再進口工業製品，是澳洲的貿易特色。

❹ 紐西蘭的酪農業

澳洲的鄰國紐西蘭，全境都屬於溫帶濕潤溫和氣候（Cfb）（➡P. 290），氣候溫暖，土壤肥沃，約一半的國土開闢為農地。此外，由於降雨量適中，草原面積比森林更多，適合發展畜牧業。紐西蘭有大面積的永久放牧地（專門種植牧草以供放牧的土地），為乳牛提供飼料，減少酪農業的成本並提高了經營效益。當地牧農會配合牧草的生長狀況調整擠奶時間，從八月開始，並在十到十二月（南半球初夏）時達到產量高峰，持續生產到隔年五月。此外，紐西蘭北島的地形比南島平坦，因此酪農業主要在北島發展。

紐西蘭的人口約為五百二十二萬人，內需市場有限，生產的乳製品以出口為主，「**乳製品**」是最大出口品項。紐西蘭是世界主要乳製品出口國之一，約九成的生乳都製成乳製品出口，當地乳價對國際市場行情影響極大。

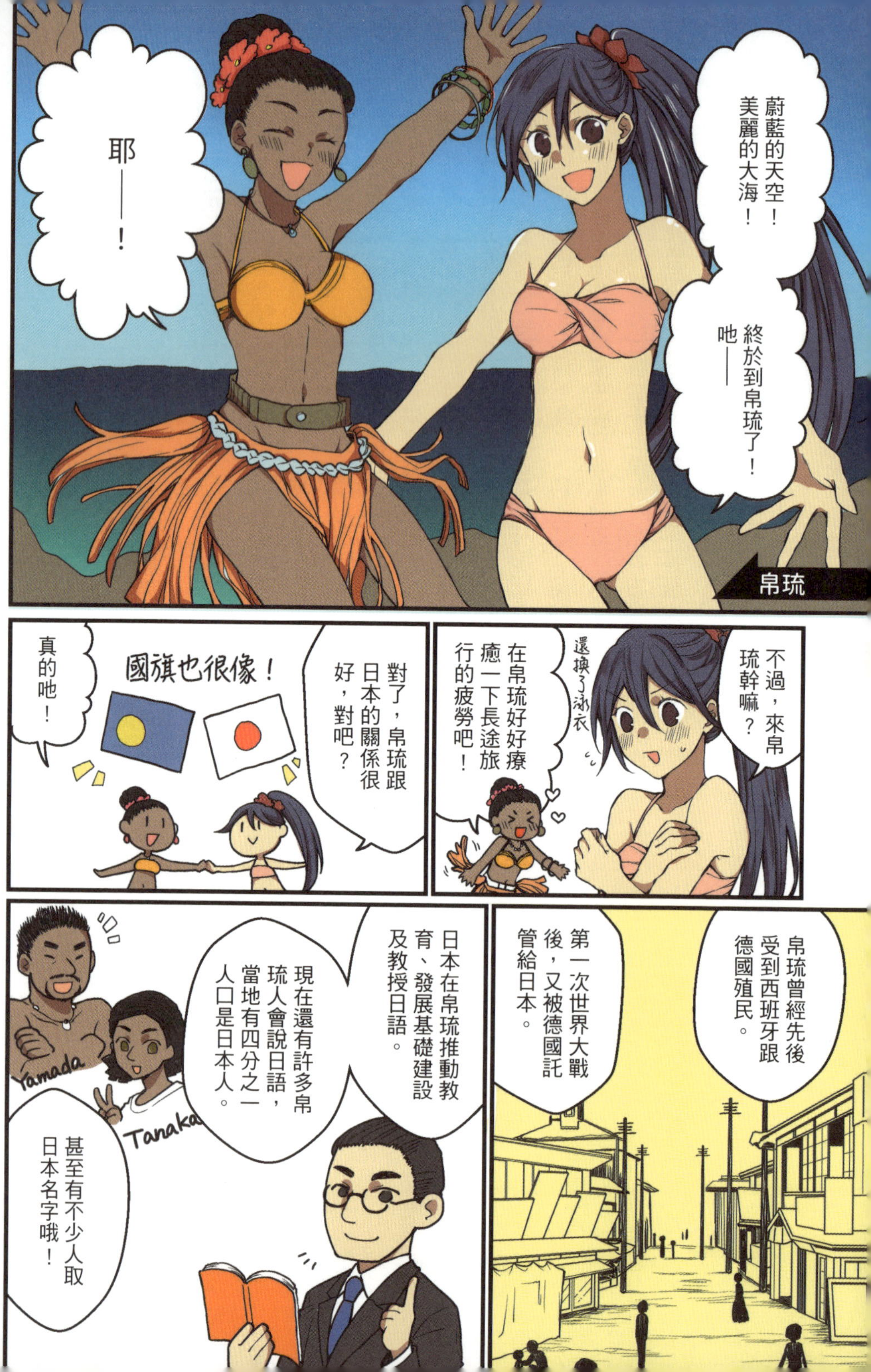

蔚藍的天空！美麗的大海！
終於到帛琉了！吔——
耶——！
帛琉
不過，來帛琉幹嘛？
在帛琉好好療癒一下長途旅行的疲勞吧！
還換了泳衣
對了，帛琉跟日本的關係很好，對吧？
國旗也很像！
真的吔！
帛琉曾經先後受到西班牙跟德國殖民。
第一次世界大戰後，又被德國托管給日本。
日本在帛琉推動教育、發展基礎建設及教授日語。
現在還有許多帛琉人會說日語，當地有四分之一人口是日本人。
Yamada
Tanaka
甚至有不少人取日本名字哦！

大多數帛琉人很親日，非常歡迎日本觀光客。
這樣啊……
日本還在帛琉修建了象徵日帛友好的橋梁！
美麗的大海是帛琉最大的看點，也吸引世界各地的潛水客前來。
這裡好美，很適合度假！
為了保護帛琉海域的珊瑚礁，政府從二〇二〇年起明令禁止使用防曬乳液。
因為防曬乳液中含有大量的化學物質……
帛琉人的主食是芋頭跟海鮮。
紅樹林蟹
芋頭
漢堡
不過在接受美國援助後，飲食中開始出現肉類和西式料理。
帛琉的主要產業包括漁業、農業跟觀光業，主要出口鮪魚。
日本也有進口帛琉的鮪魚哦！
是你們的同伴哦
機械與工業產品則仰賴進口。
最大進口國是美國，
其次是新加坡跟中國。
另外，帛琉是母系社會，文化上以女性為尊。
媽媽最大!!
哦哦!!
強壯
什麼？這一點跟日本很不一樣呢！

基本情報

面積 459km²

人口 1萬7千人(2023年)

首都 恩吉魯穆德 (位於美麗坵)

通貨 美元

語言 帛琉語(官方語言)、英語(官方語言)、菲律賓語、華語

民族

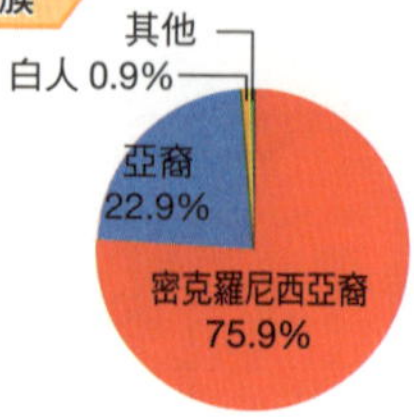

宗教

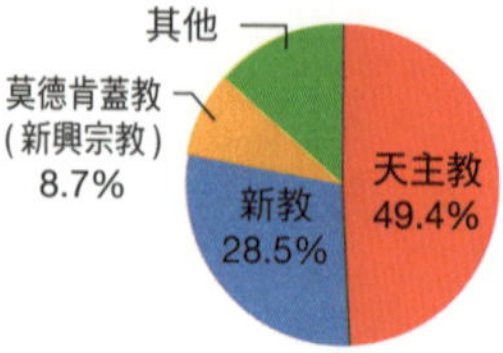

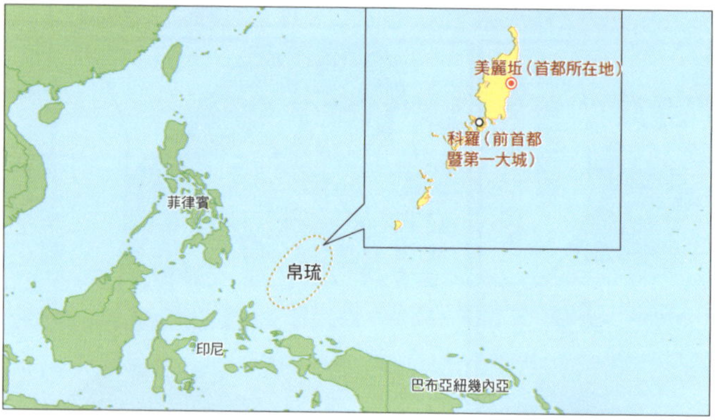

國旗

帛琉與日本有
很深的歷史淵
源哦！

❶ 大洋洲

大洋洲（Oceania）這個詞，是由「Ocean」加上地名常見的字尾「-ia」所構成，語源來自古代地圖上標示的「**Oceanus**」（意為環繞世界的巨大海洋）。一般來說，大洋洲包括**密克羅尼西亞**（Micronesia，意指「小島」）、**美拉尼西亞**（Melanesia，意指「黑人島」）和**玻里尼西亞**（Polynesia，意為「多島」）這三大島群，通常也包含澳洲。

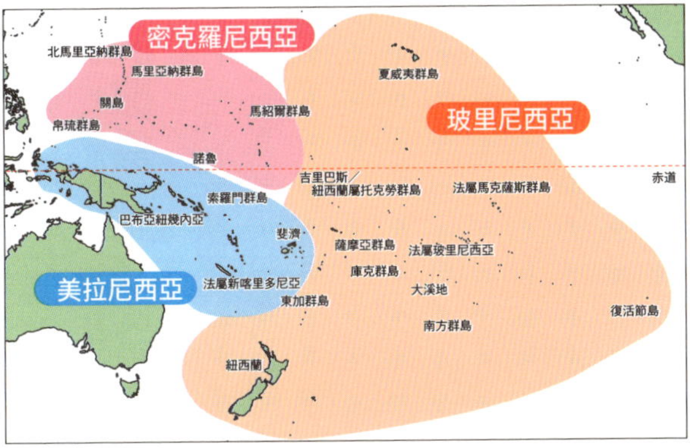

❷ 懸在太平洋上的滿月

帛琉共和國位於密克羅尼西亞群島，座標位置約在北緯七度，東經一百三十五度，距離日本南方約三千公里，因此與日本沒有時差（比台灣快一小時）。

帛琉屬於**熱帶雨林氣候**，第一大城科羅的年均溫約為攝氏二十八度，年降雨量達三千六百毫米。當地氣候高溫多雨，熱帶雨林遍布，島嶼沿岸可以見到**紅樹林**。

帛琉的國旗是藍底配上黃色的圓形，象徵太平洋上升起的滿月。且黃色圓形的位置稍稍偏左，如此一來，當國旗隨風飄揚時，月亮看起來就會在正中央。

❸ 全球最後一個託管地

帛琉曾由聯合國授權美國託管，直到一九九四年十月一日正式獨立。每年的十月一日是帛琉的獨立紀念日，當地舉國歡慶，並在首都施放煙火。由於曾受美國管轄，帛琉的官方語言是**英語**，且以美元作為通用貨幣。

帛琉主要的產業是觀光業，境內共有兩百多個島嶼，其中只有不到十個島嶼有人居住。因此，多數島嶼都保留原始自然風貌，成為豐富的觀光資源。當地更是**世界聞名的潛水聖地**，衝浪、釣魚與浮潛等水上活動也很盛行。

❹ 日本與帛琉的關係

在一九一九年到一九四五年間，**帛琉曾受日本管轄**，當時不少日本人移居帛琉，並與當地人通婚，因此許多帛琉人的名字帶有日語色彩。據說，帛琉語中有將近五百個詞彙借用自日語，比如「便當」（bento）、「電氣」（denki）、「醫院」（byoin）等。此外，有些帛琉語的發音，對日語使用者來說聽起來有趣又巧合，比如「好吃」的帛琉語發音，與日語「味道還可以吧？」（aji-dajobu）相似，而「啤酒」的帛琉語發音則像日語的「消除疲勞」（tsukare-naosu）。

貝里琉島的特色建築

在**太平洋戰爭時，帛琉成為戰場**，尤其是貝里琉島發生激烈衝突。二〇一五年四月八日至九日，當時的日本天皇（昭仁上皇）為了祭悼戰爭的犧牲者，特地訪問帛琉，並登上貝里琉島獻花致意。

帛琉的**KB大橋**連結機場所在的帛琉本島與第一大城科羅所在的科羅島，是當地的重要基礎建設，也便利了觀光客的往來。二〇〇二年，KB大橋在日本政府的免費援助下重建，因此橋邊豎立了一塊石碑，刻有日本與帛琉的國旗，並題字「**日本－帛琉友誼之橋**」。

KB大橋

宮路老師的旅行日記

帛琉篇『一望無際的天空！』

我想，許多讀者看到這一篇帛琉共和國的介紹，可能會納悶：「為什麼要介紹帛琉？」其實，這是我個人強烈要求下增加的篇幅。帛琉曾出現在日本的大學入學考題中，考試重點包括「帛琉曾是日本的託管地」、「帛琉是全球最後一個託管地」、「與日本沒有時差」等。在課堂上講述「距離的概念」（絕對距離、時間距離、經濟距離、認知距離）」時，我都會以帛琉來解釋「認知距離」。舉例來說，日本與美國的「絕對距離」很遙遠，但由於資訊交流非常頻繁，所以日本人普遍對美國的認識較深，這就是「認知距離」較短。然而，學生第一次聽到帛琉時，通常會一臉困惑地問：「帛琉在哪裡呀？」但對帛琉的了解加深後，總會感到很親切或表示「我也想去看看」，這就是「認知距離縮短了」。

帛琉共和國大約位在北緯七度，東經一百三十五度，年均溫為攝氏二十七．四度，年平均濕度為八十四．七%，是貨真價實的「熱帶」國家。由於曾是日本的託管地，當時有許多日本人定居於此，因此帛琉語中保留了約五百個日語詞彙，例如「醫院」、「電力」、「便當」等。此外，帛琉語中的「啤酒」音似日語的「消除疲勞」；「好吃」音似日語的「味道還行吧？」，彷彿是日語的搞笑諧音。日本在第二次世界大戰中戰敗，戰後帛琉交由美國託管。如今，帛琉人主要使用帛琉語及英語，並以美元作為主要貨幣，直到一九九四年十月一日，世界最後一個託管地帛琉才終於正式獨立。

雖然過去在課堂中介紹了不少帛琉的知識，但我其實從未去過。為了讓上課內容更加有趣，我決定親自去當地看一看。二〇一一年八月，我第一次踏上帛琉的土地，同行的還五個過去的學生。當時，我對帛琉的了解只有旅遊導覽書的內容，我自己與帛琉的「認知距離」也很遙遠。不過，帛琉與日本位於相同經度，因此不用擔心時差的問題。

當時的帛琉還未鋪設海底通訊電纜，基本上根本沒有網路。現代人幾乎被智慧型手機綁架，而我們卻處於「斷網」的狀態，不用打開電腦，也不用查看公司來電或電子郵件，大家都興奮地想：「帛琉真是太美好了！」

帛琉旅行可以簡單地總結為「把自己丟進大自然」。我們乘著小船出海，眼見地平線彷彿愈來愈近，其實始終遙不可及，真切感受到「地球是圓的」。遠方某個區域烏雲密布、天色陰暗，原來那裡下起了傾盆大雨。眼前開闊的大海呈現在日本從未見過的顏色，海水清澈見底，連水底的珊瑚礁都能看得一清二楚。儘管早已知道「親眼所見」與「頭腦裡的知識」大不相同，但這親身體驗的一切都有如奇蹟，我忍不住興奮得語無倫次，大叫道：「大家快看！一望無際的天空！」

我也在帛琉第一次體驗潛水，雖然潛得不深，但海裡的魚群、綠蠵龜、珊瑚礁與白沙，每一處都令人感動，還見到六帶鰺魚群圍繞成「球狀」悠游的景象。那是我人生中貨真價實的第一次潛水，雖然沒有留下潛水日誌，但我正是從那時起決定：「我要成為潛水客！」

我們還參加了「海灘包場」活動，每天只限一組預約。數百公尺的沙灘完全屬於我們，我們悠閒地眺望海面，或是浮潛、把某個人埋進沙堆裡以及烤肉。我們的嚮導是一位住在帛琉的日本人與一位孟加拉籍的穆斯林嚮導。我們邀請孟加拉籍嚮導一起吃烤肉，他卻斷然拒絕：「今天不行！」原來，當時正逢齋戒月（穆斯林必須在日出到日落期間斷食）。這是我第一次接觸穆斯林，長居日本的人很難得有這樣的機緣。

從二〇一一年八月到撰寫這篇文章的期間，我一共去了帛琉十三次。雖然隨著造訪次數增加，新鮮感漸漸淡去，但我仍每年帶著剛考上大學的學生去帛琉玩，希望讓更多學生體會到我當時大喊「一望無際的天空耶！」那種興奮感。光是將腦袋塞滿知識是不夠的，我希望他們能親身體驗「前所未見」的感動。

旅行非常美妙，我們可以從中獲得全新的價值觀，意識到自己多麼渺小，更能藉此認識這個世界上跟自己生活在同一個時代、或哭或笑的人們。去旅行吧！去真切地體會活在地球上的美好！

然後，大叫一聲：「一望無際的天空！」

第5章 日本

基本情報

面積 37.8萬km²　**人口** 1億2451.6萬人(2023年)　**首都** 東京

通貨 日圓　**語言** 日語

民族 日本人、朝鮮人、中國人、日裔巴西人、北海道有少數民族蝦夷人

宗教 神道教84.9%、佛教68.5%、基督教1.9%、(部分居民具有複數信仰，因此超出100%)

國旗

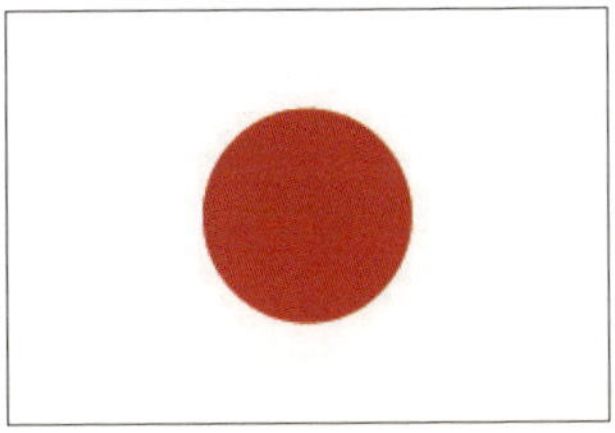

日本的自然環境嚴峻，
不過四季分明，
造就出豐富的飲食文化！

呼，終於回到家了！
地形與氣候
好長的旅程啊……
玩得好開心，但是也很累……
馬上來上線打電動，放鬆一下吧！
哈囉，日本妹！順利到家啦？
啊，美國姊！
這次見到你真開心，下次換我去日本找你玩！
真的嗎？一定要來哦！
到時候也告訴我們關於日本的大小事吧！
呃……
沒錯，沒錯！
日本妹，教教我們吧！
這、這個嘛，好吧……
唰啦唰啦
我會盡量把我知道的告訴大家。

首先，日本位於環太平洋火山帶上四個板塊交接之處，地形複雜，
北美洲板塊
歐亞板塊
菲律賓海板塊
太平洋板塊
地震和火山活動頻繁，自然災害很多。
不過，也因此擁有溫泉跟地熱發電資源。
日本的地形結構比例
其他24%
低地13.8%
台地11.0%
丘陵地11.8%
山地61.0%
日本大多是山地，平原少，人口都集中在平原地帶。
而且日本河流短急流又多，
要利用水資源很不容易……
人們常說日本四季分明，
櫻花、楓葉這些季節景觀都很美！
整體來看，日本各地區的氣候天差地別。
日本的主要氣候類型是溫帶季風氣候，但北海道的少數高海拔地區屬於亞寒帶氣候，而沖繩則屬於亞熱帶氣候。
北海道的氣候
中央高地的氣候
日本海沿岸的氣候
太平洋沿岸的氣候
瀨戶內海沿岸的氣候
受到山脈的影響，冬季時日本海沿岸降雨多，瀨戶內海地區卻較少雨。
此外，因為梅雨和颱風的影響，夏季比較多雨，
季風的影響也很大。
咻
日本的地形和氣候多變，每個地方都有自己的魅力呢！

地形與氣候

日本地形圖

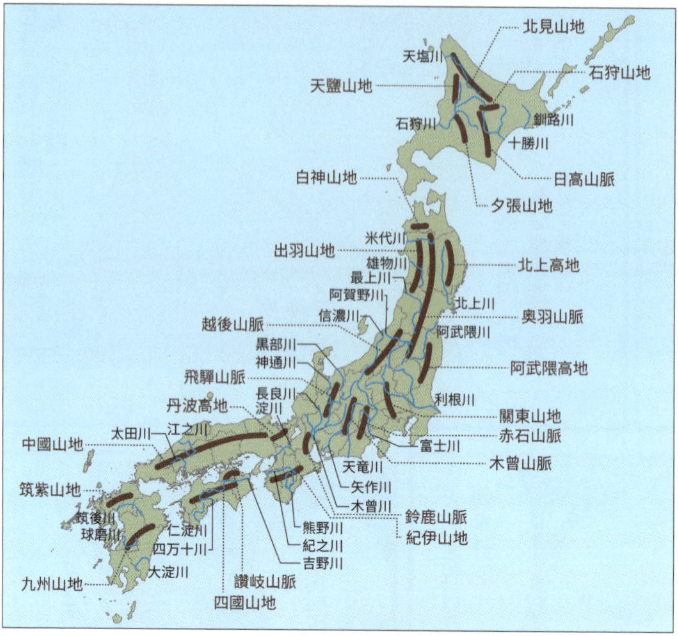
北見山地
天塩川
石狩山地
天鹽山地
石狩川
釧路川
十勝川
白神山地
日高山脈
夕張山地
米代川
出羽山地
雄物川
北上高地
最上川
阿賀野川
北上川
信濃川
奥羽山脈
越後山脈
阿武隈川
黒部川
神通川
阿武隈高地
飛驒山脈
長良川
利根川
丹波高地
淀川
關東山地
江之川
太田川
赤石山脈
中國山地
富士川
天竜川
木曾山脈
筑紫山地
矢作川
木曾川
鈴鹿山脈
筑後川
仁淀川
熊野川
球磨川
紀伊山地
四万十川
紀之川
吉野川
大淀川
九州山地
讚岐山脈
四國山地

東北地區跟日本海沿岸比較寒冷，卻是稻米產地，真奇妙。
其實，中國到印度一帶的水稻發源地，日夜溫差也很大哦。
日本海沿岸與
印度阿薩姆地區的
氣候類似！
受到
夏季季風
的影響
日本
中部山岳
季風
從太平洋上吹來的季風
↓
受到日本中部山岳的阻擋
濕度降低
↓
乾燥風＋天氣晴朗

❶山多平原少的日本

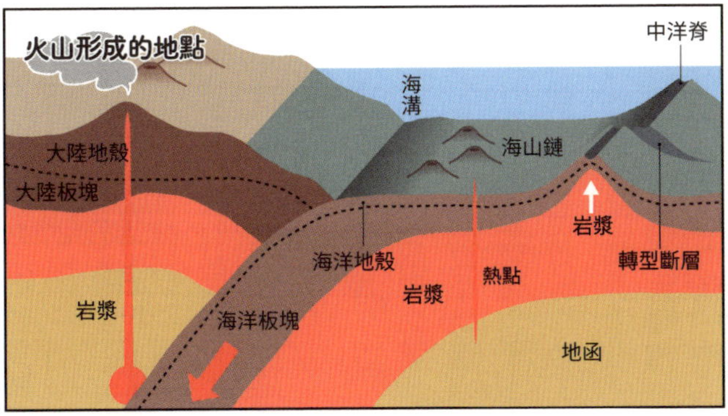

日本列島位於環太平洋火山帶，受**太平洋板塊**、**菲律賓海板塊**（兩者為海洋板塊）與**歐亞板塊**、**北美洲板塊**（兩者為大陸板塊）包圍，地形結構複雜，且板塊運動活躍，導致**地震和火山活動頻繁**。**國土面積約七成是山地和丘陵**，平原有限。不過，眾多的火山也帶來溫泉、地熱發電和觀光資源等優勢。

由於地勢崎嶇，日本的河流長度普遍較短，河床坡度陡，降雨後河水迅速流入海洋，水分不易滲透至地下，因此流動於地面的水流總量（地表逕流量）占總降雨量比例高（也就是逕流係數高）。再加上降雨量有明顯的季節差異，使得河川的流量變化大，這種現象在太平洋沿岸尤其明顯。總體而言，**日本的河川大多具有河床坡度陡、逕流係數高與河川流量變化較大的特徵**，自古

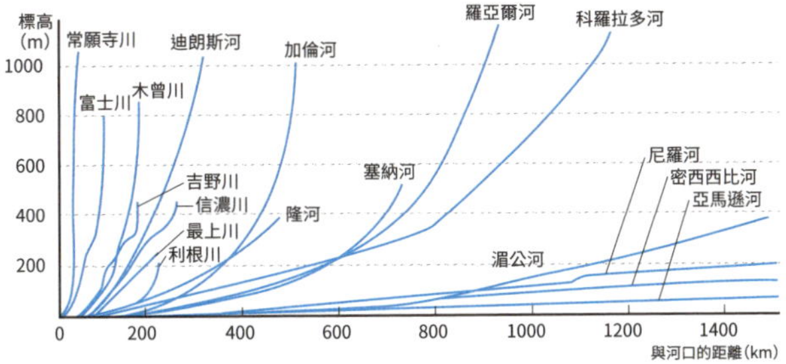

日本與世界主要河川的河床坡度一覽

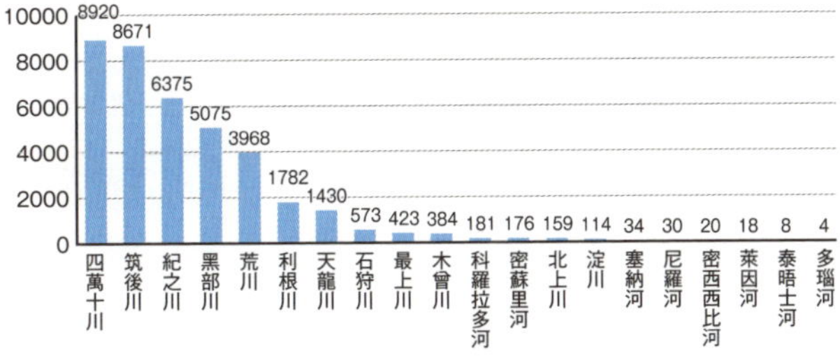

日本與世界主要河川的河況係數

第5章 日本

以來內河航運並不如歐美國家發達。

❷ 位於歐亞大陸東岸的日本列島

日本各地的氣候略有不同，但由於**位在歐亞大陸的東岸，基本上全境的年溫差與不同季節的降雨量變化較大**。

在歐亞大陸西岸，從海上吹來的偏西風帶來濕潤的空氣，因此夏季氣溫不易升高，冬季氣溫也不會極端下降，使得西岸地區年溫差較小，降雨量也比較穩定。但歐亞大陸幅員廣闊，**愈接近東岸，偏西風的影響就愈小**。這是因為偏西風由西岸吹向東岸時，受到山脈阻擋或與陸地摩擦而減弱。因此，在歐亞大陸東部的日本，**夏季時氣溫明顯上升，冬季時則明顯下降**。每到冬季，陸地的氣壓升高，形成從陸地吹向海洋的**西北季風**（冬季季風）。而到了夏季，隨著氣溫上升，陸地氣壓降低，相對地太平洋的氣壓升高，於是風就從太平洋吹向歐亞大陸，形成**東南季風**（夏季季風）。東南季風帶著高溫潮濕的空氣吹向日本列島，造成太平洋側日本的天氣濕熱。而日本海側則因為東南季風被山地阻擋，濕度較低。冬季則相反，日本海側出現降雪，而太平洋側的天氣則較為乾燥晴朗。

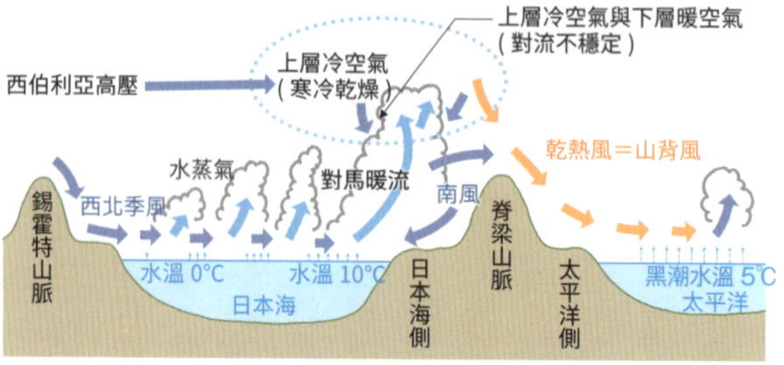

日本海沿岸的大雪與關東的焚風

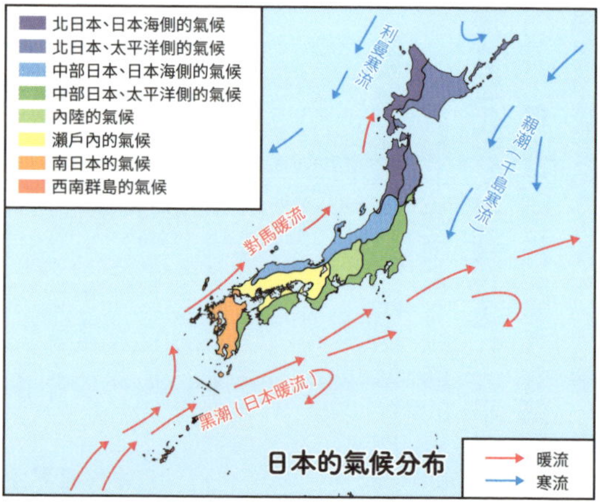

日本的氣候分布

❸ 自然災害

二〇一九年四月，日本國土地理院制訂了新的地圖符號，用於未來繪製的地形圖。這些新的地圖符號名為「**自然災害傳承碑**」，目的是向後世傳達歷史上的自然災害資訊，並標示相關的紀念石碑等設施。

日本經常發生自然災害，其中最為人熟知的包括海嘯、洪水、火山噴發與土石流等。以往這些災害相關的石碑都是以「**紀念碑**」的地圖符號來標示，而未來則會專門區分出來。

二〇一八年六月二十八日到七月八日，受到第七號颱風（六月二十九日到七月四日）與梅雨鋒面影響，西日本地區發生大範圍的強降雨。日本氣象廳於七月九日將這場災害命名為「平成三十年七月豪雨」，俗稱「西日本豪雨」。

「紀念碑」的地圖符號	「自然災害傳承碑」的地圖符號

這場豪雨中，廣島縣安藝郡坂町受災最嚴重。從地理院地圖的彩色標高圖上可以看出，坂町地區受群山環繞，在這樣的地理條件下，一旦短時間內降下豪雨，很可能導致河水氾濫。坂町在過去也經歷過大水災，並為此建立石碑，提醒後人記取教訓。然而，這麼重要的石碑，如果當地居民根本不知其存在，就失去意義了。因此，坂町的居民應該時刻保持防災意識，並做好充分的水災預防措施。

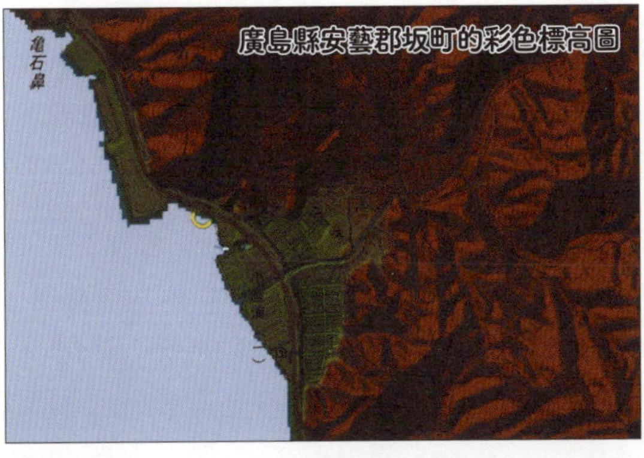

接著介紹日本的飲食與農業。
是日本料理！
壽司！天婦羅！拉麵！涮涮鍋！
農業與飲食文化
英國的日本料理店也愈來愈多了。
路上很多壽司吧、拉麵屋，我也很愛去！
不過實在太貴了，不能太常吃。
就是說呀……
日本人的傳統飲食主要是白飯搭配三菜一湯。由於戰後飲食習慣的變化，現在西式料理也很普遍。
日本料理種類豐富，
例如天婦羅、壽司、涮涮鍋都是日本料理的代表。
對了，日本的飲食禁忌好像比較少。
豬肉
酒精
伊斯蘭教的禁忌食物
我們的確沒有宗教上的飲食禁忌……
日本也是全世界擁有最多米其林星星的國家，難怪好吃的餐廳這麼多！
米其林指南
你們的主食是米飯，對吧？比如壽司，健康又好吃！
白飯
壽司
年糕
沒錯，日本的稻米跟雞蛋幾乎都能自給自足。

但是其他的糧食自給率卻很低，除了稻米以外的穀物和豆類，大多仰賴進口。
米 蔬菜 水果 肉類 小麥 大豆
(%) 100 80 60 40 20 0
1960 1970 1980 1990 2000 2013 (年)
對呀，我們的糧食主要仰賴進口，
很少出口糧食。
米→97% 小麥→12% 豆類→8% 蔬菜→80%
肉類→53% 水果→41% (糧食自給率 2016年度)
日本的糧食自給率，以熱量來計算的話很低，但是用價格來推算卻比較高。
這表示，日本生產很多高級食材……
好吃
優質飼料與技術
無農藥
有機栽培
日本的糧食自給率與其他國家相比也屬於最低水準。
各國的糧食自給率
(以熱量為基準)
美國 130% 加拿大 264%
英國 63% 法國 127%
澳洲 223% 德國 95%
我們還能出口哦~
由於日本農地小，生產量少，很難壓低成本，因此無法與他國的低價農產品競爭。
日本
面積小
費時
人工作業
美國
大規模機械化作業
農地廣大
未來，隨著跨太平洋夥伴關係協定(TPP)的發展，日本也許會進一步開放更多食材進口！
歸根結柢，這是因為二戰後日本畜牧業的蓬勃發展，促使飼料穀物的進口增加，
間接降低了糧食自給率。
食肉量增加
日本也對當季食材特別講究，對吧？
沒錯，當季食材最美味啦！
當季食材
能隨著季節變化品嘗不同的料理，太棒了！
日本還有一個特點，就是在溫暖地區進行促成栽培，在寒冷地區進行抑制栽培，因此一年四季都能享用各種時令農產品！
促成栽培
宮崎、高知等
抑制栽培
長野、群馬等

主要農作物的生產排名（2017年）

稻米		洋蔥		萵苣		南瓜	
1	新潟縣	1	北海道	1	長野縣	1	北海道
2	北海道	2	佐賀縣	2	茨城縣	2	鹿兒島縣
3	秋田縣	3	兵庫縣	3	群馬縣	3	茨城縣
4	山形縣	4	愛知縣	4	長崎縣	4	長野縣
5	茨城縣	5	長崎縣	5	兵庫縣	5	宮崎縣

高麗菜		小黃瓜		馬鈴薯		番薯	
1	群馬縣	1	宮崎縣	1	北海道	1	鹿兒島縣
2	愛知縣	2	群馬縣	2	長崎縣	2	茨城縣
3	千葉縣	3	埼玉縣	3	鹿兒島縣	3	千葉縣
4	茨城縣	4	福島縣	4	茨城縣	4	宮崎縣
5	神奈川縣	5	千葉縣	5	千葉縣	5	德島縣

番茄		草莓		蜜柑		哈密瓜	
1	熊本縣	1	栃木縣	1	和歌山縣	1	茨城縣
2	北海道	2	福岡縣	2	愛媛縣	2	北海道
3	茨城縣	3	熊本縣	3	熊本縣	3	熊本縣
4	愛知縣	4	靜岡縣	4	靜岡縣	4	青森縣
5	千葉縣	5	愛知縣	5	長崎縣	5	山形縣

❶ 日本人的主食

日本夏季氣溫高，且全年降雨量多，適合稻作，因此自古以來便以米為主食。然而，由於地形多山，耕地面積僅占總面積約十一%，農民必須努力提高每單位面積的收穫量。日本農業的經營模式屬於資本密集型，據統計，當地平均每公頃耕地的肥料施用量是兩百四十公斤，領先美國的一百三十五公斤、澳洲的五十三公斤與法國的一百六十公斤。

日本的水田約占總耕地面積的一半，但稻米的產值卻逐年減少，目前僅占農業生產總值的五分之一左右。同時，日本國內的稻米消費量逐漸減少，可見現代日本飲食習慣的變化。

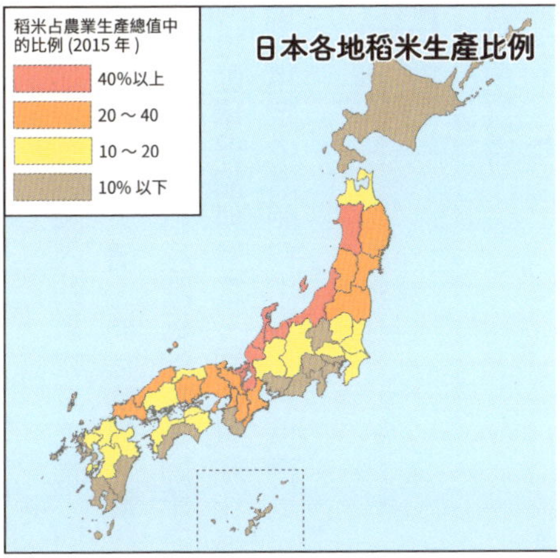

❷ 生活水準提高帶動畜牧業成長

日本的畜牧業是在高度經濟成長期前後才發展起來的。最初，飼養家畜是為了生產食用肉品，但是畜牧業需要大量的水和飼料（每生產一公斤牛肉，需要消耗八到十公斤玉米），生產成本高，導致日本的畜產品價格高，在國際市場上缺乏競爭力。這個現象的主因在於，日本的玉米及大豆等飼料用穀物幾乎完全仰賴進口，推高了飼料的成本。

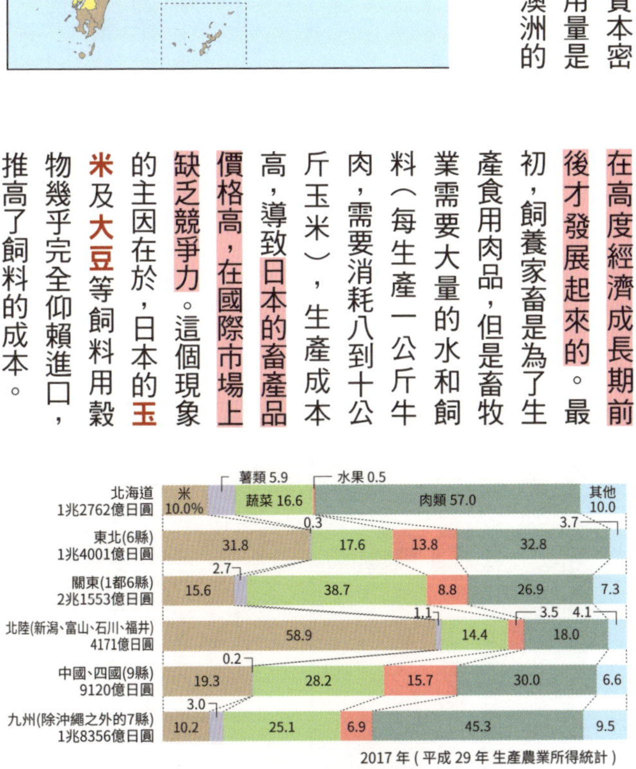

日本各地區的農業產值

進入高度經濟成長期後,日本國民生活水準提高，肉類消費需求增加，帶動國內的畜牧業成長。同時，飼料用穀物的進口量隨之大增。換句話說，**畜牧業的發展成為日本糧食自給率逐年降低的背景因素之一**。近年來，政府推動**環保飼料**計畫，回收廚餘作為家畜飼料，同時也以穩定供應飼料用穀物為目標。

❸ 農牧業問題

日本農業生產總值只占國內生產毛額（GDP）的一%，而農產品出口額只占出口總額的〇．六%。由此可知，農業占現代日本經濟的比重極低。隨著年輕人放棄務農，**農業繼承人不足的問題愈發嚴重，導致農牧業走向高齡化**，廢耕地年年增加。如何擴大經營規模、降低生產成本、確保勞動力，

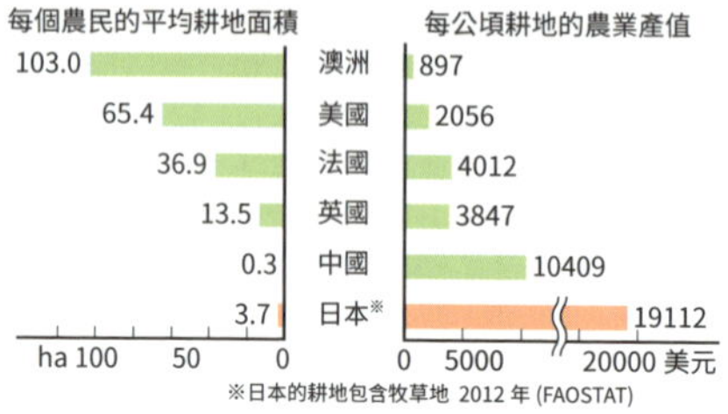

世界主要國家的耕地面積與農業生產總值

以及面對農產品進口量增加引發的食安疑慮、能源用量增加的困境，成為當今日本社會的難題。

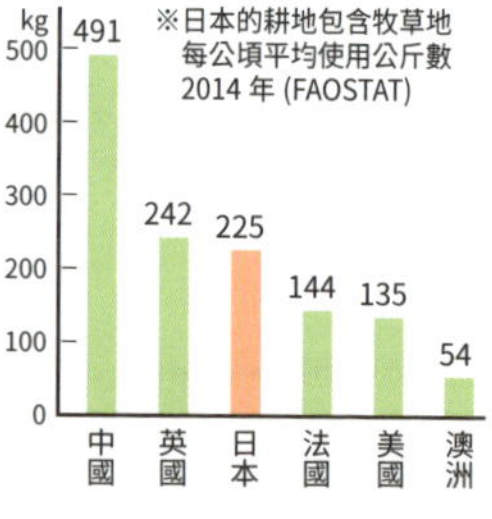

每公頃農地的肥料使用量

❹ 進口農產品

從一九六〇到二〇一一年，日本農產品的進口趨勢（➡P. 255）顯示，進入高度經濟成長期後，國民生活水準提升，飲食習慣趨向多樣化，**進口品項開始轉變為國內無法生產的農產品**。

一九五〇年代起，美國小麥生產過剩，因此將大量小麥傾銷至日本。一九七〇年代以後，經濟發展提高了生活水準，帶動肉類和油脂類的市場需求增加，因此生產這類食品所需的「**玉米**」與「**大豆**」等**飼料用穀物與原料的進口量增加**。

一九九〇年以後，日本國內的肉類生產量趕不上市場需求，於是開始**擴大進口「牛肉」與「豬肉」**等肉

類。此外，日本的蔬菜雖受「產季」影響，不過愈來愈多農家利用**促成栽培**（利用人工使作物提早成熟）及**抑制栽培**（利用人工延緩作物成熟）等技術，達成在**非產季**出貨的目標，希望蔬菜生產不再受限於產季，一年四季都能穩定供應。然而，僅靠國內生產量無法達成這個目標，還必須仰賴進口，因此「**生鮮、乾燥果實**」的進口量也跟著增加。

年分 / 排名	1960	1970	1980	1990	2000	2011
1	小麥	玉米	玉米	玉米	豬肉	菸草
2	大豆	大豆	大豆	牛肉	菸草	玉米
3	粗糖	小麥	小麥	酒精飲料	牛肉	豬肉
4	玉米	粗糖	粗糖	豬肉	生鮮、乾燥果實	生鮮、乾燥果實
5	牛脂	青高粱	咖啡豆	菸草	玉米	小麥
6	米	香蕉	青高粱	大豆	酒精飲料	牛肉
7	印度椰子	菸草	牛肉	小麥	大豆	酒精飲料
8	菸草	咖啡豆	豬肉	菜種	小麥	雞肉調製品
9	奶粉	牛脂	菸草	雞肉	生鮮蔬菜	咖啡豆
10	小麥麩皮	羊肉	酒精飲料	咖啡豆	雞肉	大豆

依據財務省「貿易統計」
工業用原料不包含羊毛、棉、天然橡膠及其他如牛皮等；菸草則包含香菸製品。
1990年以前的貿易統計中，沒有「生鮮、乾燥果實」這個品項。

日本進口農作物的變遷

❺ 飲食文化

提到日本的飲食文化，許多日本人首先想到的大多是自己家鄉的鄉土料理。而常聽到的「和食」，則是指日本的傳統飲食文化，與各地特色美食「鄉土料理」又不相同。說到日本的飲食文化特色，會發現答案因人而異。這是因為，日本各地都發展出獨特的飲食特色，造就日本料理多樣的風貌。

再來聊聊日本的汽車與交通吧！
說到日本，就會想到汽車！
例如世界知名的日本汽車品牌豐田和本田，功能好又耐開！
謝謝大家的稱讚。
受到一九七三年石油危機的影響，日本工業重心從重工業轉向加工組裝業，產品愈來愈輕薄短小。
輕工業
↓
太平洋戰爭
↓
高度經濟成長
↓
重工業
↓
石油危機
↓
汽車工業
加工組裝業發達
隨著經濟發展，日本的汽車產業迅速成長，
許多國民開始負擔得起汽車，汽車也成為主要的交通工具。
高速公路連接起大城市，讓汽車行駛更加便利。
日本的高速公路路線圖
不過，住在東京、大阪、名古屋三大都會區的人要擁有汽車並不容易，因此更依賴鐵路交通。

日本、中國、印度、俄羅斯都以鐵路載客量高而聞名。
日本的鐵路載客量僅次於汽車，四通八達的新幹線更方便來往遠地。
日本
航空 5.5%
鐵路 28.7%
汽車 65.6%
美國
航空 11.5%
鐵路 0.1%
汽車 88.4%
英國
航空 1.1%
鐵路 7.9%
汽車 91.0%
(2009) 日美英國內各交通工具客運量占比
尤其是行駛太平洋岸的新幹線班次特別多。
日本的電車好準時，太厲害了！
一分不差！！
日本值得敬畏啊……
列車即將進站，
請在黃線內側…
早上電車客滿時也很驚人！
客滿!!
啊啊──!!
但只要列車準時到站，通勤還是很方便！
載客量第三高的是飛機。日本的飛機航線是以東京為中心。
日本主要機場
稚內
新千歲
釧路
函館
新潟
仙台
成田
羽田
福岡
長崎
廣島
伊丹
關西
中部
那霸
德國的交通網是由地方都市相互連接，
而日本則不同，基本上去任何地方都要經過東京。
從這個角度來看，多少有點不方便……

新幹線路線圖

營運中
施工／規劃中
(2024年10月)
北海道新幹線(新青森~新函館北斗)
新函館北斗~札幌路段預計於2031年後通車
札幌
新函館北斗
秋田新幹線
(盛岡~秋田)
新青森
山形新幹線
(福島~新庄)
秋田
盛岡
東北新幹線
(東京~新青森)
新庄
上越新幹線
(大宮~新潟)
山形
仙台
新潟
福島
北陸新幹線(高崎~敦賀)
敦賀~新大阪路段預計2046年通車
富山
金澤
高崎
長野
敦賀
大宮
東京
山陽新幹線
(新大阪~博多)
京都
新橫濱
廣島
岡山
名古屋
靜岡
新大阪
博多
小倉
東海道新幹線
(東京~新大阪)
武雄溫泉
新鳥栖
長崎
熊本
磁浮中央新幹線
品川~名古屋路段預計2027年通車
名古屋~大阪路段預計2037年通車
※名古屋~大阪路段的路線規劃未定
九州新幹線(博多~鹿兒島中央)
武雄溫泉~長崎路段於2022年通車
鹿兒島中央

新幹線上的火車便當怎麼這麼好吃！
我要開動了～♥
日本的公路休息站簡直是另類的觀光名勝！
飛機餐也好好吃♡
結果整趟旅行都在吃。
呃…

❶「汽車」是主要交通工具

日本**進入高度經濟成長期後，國人愈來愈依賴汽車**，汽車的貨運量更是超越了過去運輸量最大的船運。但是，一九七三年爆發**第一次石油危機**，油價飆漲，嚴重打擊以卡車為主的運輸業。

第一次石油危機改變了日本的產業結構，過去以鋼鐵業、鋁工業與造船業等重化工業為主的發展模式，逐漸**轉向以汽車工業和機械工業等加工組裝型產業**。隨著

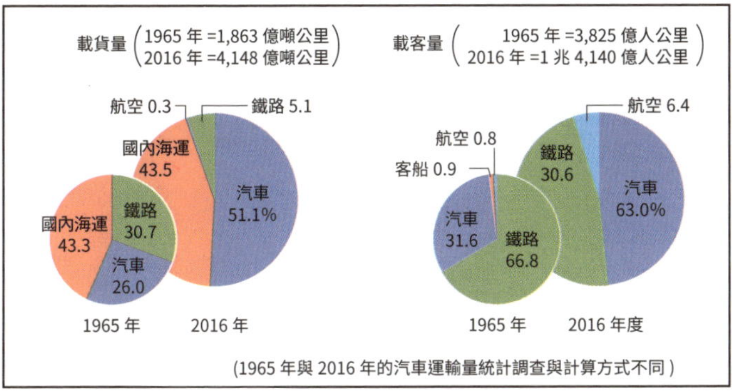

日本各運輸工具的載客量與載貨量

汽車生產數量增加，日本的汽車廠商逐漸發展為全球性企業，尤其在一九八〇年代一度遭美國限制出口後，更是積極前往國外設廠。

日本不只發展燃油車，目前也積極研發油電車、電動車與氫能車等次世代汽車。在日本的各種運輸工具中，**汽車不論載客或載貨量都居冠**，在一百公里內的短程運輸幾乎都仰賴汽車。汽車機動性高、便利性強，適合短距離運輸及提供**宅配**服務，也適用於銜接各種運輸工具，成為日常生活的重要運輸工具。

❷機動化帶動產業發展

汽車由數萬種零件組成，因此**汽車工業的發展也帶動相關產業的興盛**。此外，政府也必須鋪設道路，確保交通順暢，由此可見，汽車產業的發展，成為日本經濟成長的推動力之一。

汽車的普及，也就是**機動化**的發展，讓短時間內的大量運輸不再遙不可及。舉例來說，山梨縣是水果的產地，但是與東京這個廣大的市場相距約一百公里，而運送水果最重要的就是保鮮，因此必須盡量縮

短運輸時間。如果沒有汽車實現短時間內的大量運輸，那麼即便相較其他地區，山梨縣距離東京不遠，也不能算是近郊。正因為機動化的發展，**近郊農業**才得以興起，尤其是從一九六〇年代起，日本進入**高度經濟成長期**，影響更為顯著。

❸ 鐵路運輸的特徵

鐵路與汽車同為陸上運輸的兩大主要工具。雖然日本鐵路運輸量不如汽車，但仍發揮重要作用。尤其在東京、大阪與名古屋三大都市圈，許多人不便擁有汽車，因此對於鐵路的依賴度更高。為此，政府不僅鋪設地面鐵路，也興建地下鐵與高架鐵路，用盡巧思在擁擠的都市空間內完善鐵路系統。

隨著都市**住商分離**的趨勢日益明顯，通勤的尖峰時間固定化，使得連結三大都市圈的「東海道新幹線」不斷擴展；同時也帶動鐵路載客量的成長。

❹ 以貨物為主的船舶運輸

船舶在運輸貨物上占有重要的地位。日本缺乏自然資源，絕大多數的資源仰賴進口，加上日本是海島國家，無法鋪設管線輸送石油與天然氣，於是開發出油輪、LNG船（運載液化天然氣的船隻）與散裝貨船等專用船舶，發揮重要功能。

至於載客運輸方面，由於搭乘船舶的人並不多，主要運用在往來離島的航線上。

❺ 飛機運輸的特徵

飛機的運輸成本昂貴，因此在載貨方面通常用於運送高附加價值的產品，且較適合小型且輕量的產品。飛機可以高速運輸，但載貨量有限，基本上以少量、需求緊急、對保鮮要求高的物品，或是需要小心處理的藝術品為主。

至於載客方面，航運載客量排名在汽車與鐵路之後，尤其以東京（羽田）為中心的航空路線，載客量逐漸增加。東京（羽田）往來札幌（新千歲）、福岡與沖繩都沒有新幹線直達，即使將來有機會通車，由於交通時間過長，旅客大多會選擇搭乘飛機。另外，也有不少人利用連結大都市的航線，如東京（羽田）飛往大阪。

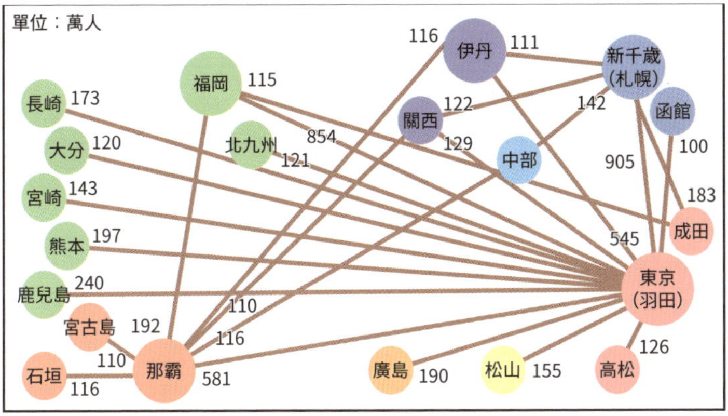

日本主要機場載客量（2017 年）

呃，接下來聊聊貿易……大家對這個主題有興趣嗎？
有啊、有啊！關於日本的事情我都想知道。
咦……好，我知道了。
日本的糧食幾乎都仰賴進口，
但因為是工業國家，所以出口很多工業製品吧？
沒錯。二戰前，日本工業是以輕工業為代表。
富岡製絲場
戰後經濟高速成長，如今鋼鐵、石油化學、造船等重工業都成為出口的主要項目。
不過自從石油危機爆發以後，日本工業從大量消耗資源的鋼鐵業和造船業，
轉型到附加價值高的汽車和尖端科技產業。
石油危機
Oil Shock!!!
自此，加工業成為日本的主力，
也就是將進口原料加工，製成產品後再出口。
原料
進口
組裝
出口
是日本車！
最近機械的進口量也增加了。
哦？這是為什麼？

目前，日本企業主要在國內生產高附加價值跟資訊相關產品，
並且在海外的工廠製造量產型的家電。
像是中國的勞動力多，工資也壓得很低，這類工廠就很多。
沒錯，不過在其他國家設工廠，應該也能為當地創造更多就業機會。
來看看日本每個貿易港口跟機場的特徵。
成田機場和關西國際機場負責空運，主要出口體積小、價格高的產品。
日本主要貿易港的出口額比例
（2017年）
名古屋港…15%
成田國際機場…14.3%
橫濱港…9.2%
東京港…7.5%
關西國際機場…7.2%
神戶港…7.2%
大阪港…4.7%
三河港…3.3%
博多港…2.5%
清水港…2.4%
名古屋與橫濱港主要出口汽車，也大量進口商品，但由於汽車單價高，創造了壓倒性的貿易順差。
而東京和大阪等大都市，因為進口的商品多而呈現貿易逆差。
日本跟各國的貿易規模、品項都不同，很多國家都受惠於跟日本的貿易！
尤其中國、美國跟日本的關係密切，是重要的貿易夥伴。
YES!
在跨太平洋夥伴全面進步協定（CPTPP）的推動下，日本也更積極地開放市場。
希望國外產品跟日本產品都能受到重視。
我們當然是希望日本可以多進口美國貨啦！
啊哈哈……

日本的工業地帶

北陸
工業區
阪神
工業地帶
北關東工業區
太平洋工業帶
北九州
工業區
京葉工業區
京濱工業地帶
瀨戶內
工業區
中京
工業地帶
東海工業區

出口
日本主要的
貿易夥伴國
進口
第1名
美國
第2名
中國
(第4名 香港)
第3名
韓國
第5名
泰國
謝謝大家
的照顧!
第1名
中國
第2名
美國
第3名
澳洲
第4名
韓國
第5名
沙烏地阿拉伯

❶ 加工貿易的變遷

由於缺乏自然資源，日本的礦產自給率明顯不足，因此政府採取**加工出口貿易**模式，也就是進口能源資源，加工成工業製品後再出口。在這個政策下，能源資源的進口額約占進口總額的三十%，工業製品的出口額則占出口總額的八十七%。

而進口的能源資源中，又以「**原油**」及「**天然氣**」為大宗；出口的工業製品則以「**機械類**」與「**汽車**」為主。但近年來，日本企業將量產型家電的生產工廠轉移至海外，因此「**機械類**」產品也成為主要進口品項之一。

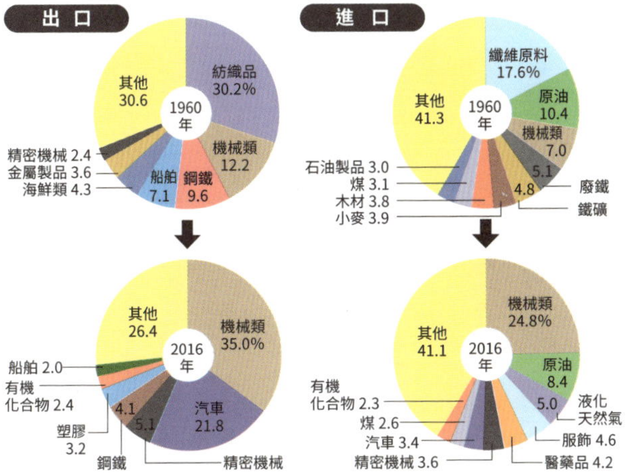

日本出口與進口品項的變遷

❷ 國際分工體制的發展

隨著交通與通訊技術日益發達，國家之間的連結更加緊密，**國際分工**體系也逐漸發展。各國開始專注於發展自身優勢的領域，拓展國際市場，不再只是將國內生產與開採的資源供應內需。例如，泰國出口白米、沙烏地阿拉伯出口原油、西班牙出口汽車等。

而日本則著重於技術研發，並向全球市場擴大零件的出口，再由擁有低廉勞動力的國家從日本進口零件，進行加工出口。例如中國就運用其低廉且龐大的勞動力，組裝工業製品，並出口到國際市場。

日本為了解決泡沫經濟時代與日圓升值帶來的出口降低問題，積極在海外設廠。於是，從國外生產地進口的工業製品增加，如今「機械類」成為主要進口品項之一。雖然日本的貿易模式基本上仍維持「加工貿易」，但「出口零件、進口組裝成品」的趨勢日益明顯，加工出口貿易的色彩卻已不如過去鮮明。

❸自由貿易協定的影響

目前，與日本簽訂**經濟夥伴協定（EPA）**的國家與地區共有二十一個（截至二〇二四年九月）。經濟夥伴協定不只包含**自由貿易協定（FTA）**的內容，更涵蓋人文交流、智慧財產權保障等多個經濟領域，以強化協定雙方的合作。

日本於二〇〇二年首次簽署經濟夥伴協定，對象為新加坡。新加坡國土面積小，缺乏發展大型農牧業的條件，沒有足夠的農產品可以出口，因此日本不用擔心新加坡傾銷低價農產品的問題。此外，新加坡自古就致力於轉運貿易，積極推動工業製品進出口，因此，簽訂經濟夥伴協定對雙方都具經濟利益。

二〇一八年十二月，日本加入**跨太平洋夥伴關係協定（TPP）**，開拓占全球GDP約十三%的廣大市場，為此後的經濟發展帶來更多機會。

❹產業空洞化

隨著國際分工體制的發展，進駐國外設廠的日本企業不斷增加，日本國內也開始擔心：這是否會導致國內就業機會減少、製造業銷售價值下降，甚至是技術外流？

尤其在一九八五年**《廣場協議》**促使日圓升值後，日本企業在海外設廠的趨勢一九八〇年代後期變得更加明顯。隨著企業的生產基地轉移至國外，國內只能發展農林漁牧業與服務業，社會擔憂這會導致經濟衰退，影響國家發展。企業為了追求利益最大化而前往國外設廠，顯然會造成國家整體經濟的損失。

（編註：廣場協議是由美、日、法、德、英五國簽訂的協議，目的是讓美元貶值、改善美國貿易逆差。結果日圓大幅升值，間接引發日本經濟泡沫與「失落的十年」。）

產業空洞化的根本問題在於，私人企業與國家的發展目標並不一致。面對國際分工的新時代，政府應該要制訂更完善的政策，包含修訂法律、優化產業環境並完善投資條件，以利企業在國內發展。換句話說，政府應該積極「協助企業塑造新的價值觀」。

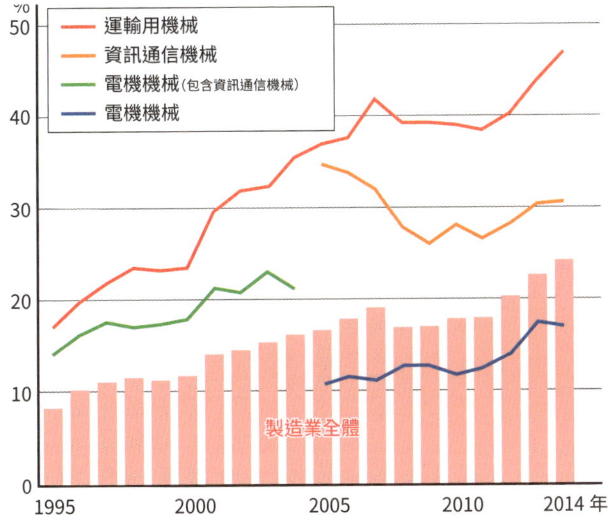

※依據工業分類的修定，自2005年起「電機機械」分成「電機機械」與「資訊通訊機械」

（第 45 次海外事業活動基本調查）

1995 到 2014 年日本製造業國外生產占總營業額的比例

最後介紹日本的世界遺產！
日本有四項自然遺產以及十九項文化遺產。※
哦！下次去日本，我也想看看世界遺產！
※二〇一八年

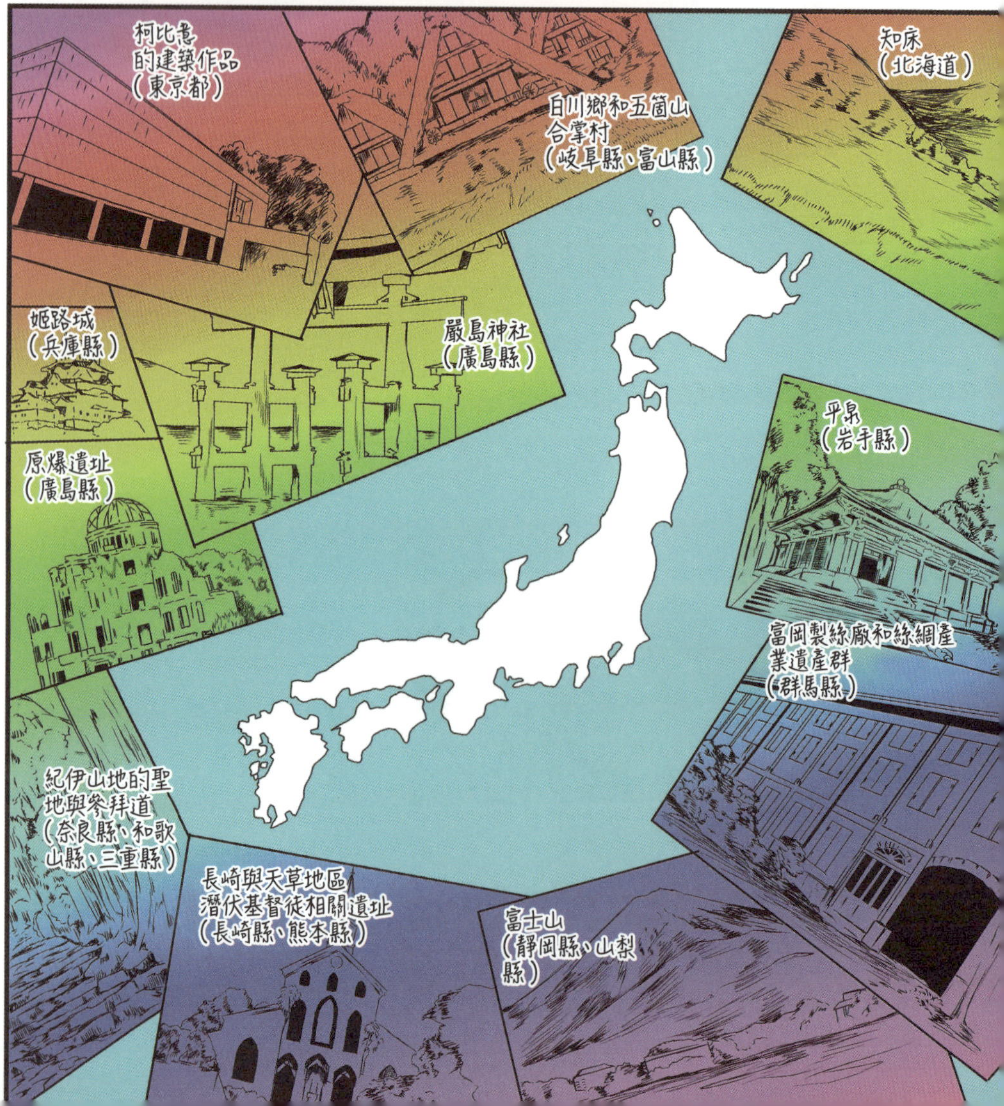
柯比意的建築作品（東京都）
白川鄉和五箇山合掌村（岐阜縣、富山縣）
知床（北海道）
姬路城（兵庫縣）
嚴島神社（廣島縣）
平泉（岩手縣）
原爆遺址（廣島縣）
富岡製絲廠和絲綢產業遺產群（群馬縣）
紀伊山地的聖地與參拜道（奈良縣、和歌山縣、三重縣）
長崎與天草地區潛伏基督徒相關遺址（長崎縣、熊本縣）
富士山（靜岡縣、山梨縣）

造訪日本的觀光客一年比一年多，
東京
京都
除了東京跟京都這些熱門景點，現在很多人也去鄉下觀光。
比較寒冷的地方可以滑雪；在京都、奈良可以體驗傳統文化；到鄉下親近大自然也很棒；到處都好玩！
自然
歷史
傳統
飲食
不過，日本的觀光收入占GDP的比例，代表日本很依賴觀光業。
過度依賴觀光業的話也不太好……
雖然很歡迎更多外國旅客來玩，但也不能完全依賴觀光收入……
此外，二〇二〇年東京奧運也吸引不少遊客，
雖然受到疫情的影響，延後一年才舉行。
HOTEL
高輪ゲートウ
好想去日本玩～！之後一定要去！
大家一定要來哦！我等你們！

日本世界遺產分布

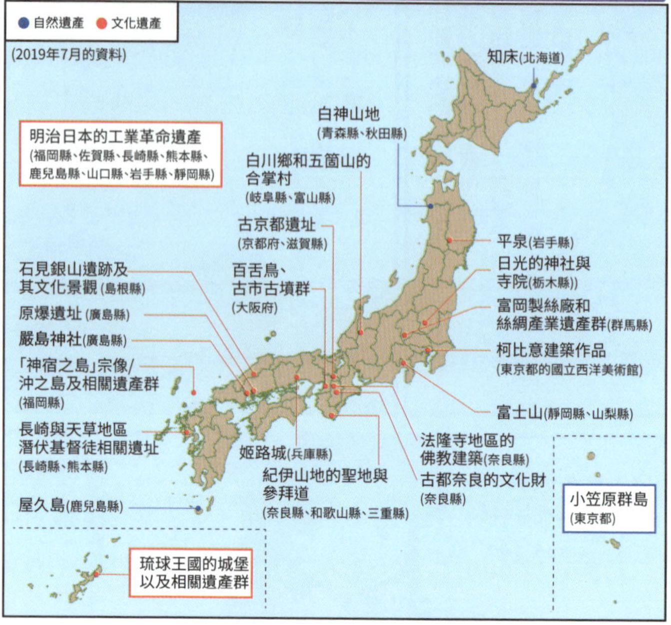
自然遺產
文化遺產
(2019年7月的資料)
知床(北海道)
白神山地
(青森縣、秋田縣)
明治日本的工業革命遺產
(福岡縣、佐賀縣、長崎縣、熊本縣、
鹿兒島縣、山口縣、岩手縣、靜岡縣)
白川鄉和五箇山的
合掌村
(岐阜縣、富山縣)
古京都遺址
(京都府、滋賀縣)
平泉(岩手縣)
日光的神社與
寺院(栃木縣))
石見銀山遺跡及
其文化景觀(島根縣)
百舌鳥、
古市古墳群
(大阪府)
富岡製絲廠和
絲綢產業遺產群(群馬縣)
原爆遺址(廣島縣)
嚴島神社(廣島縣)
柯比意建築作品
(東京都的國立西洋美術館)
「神宿之島」宗像/
沖之島及相關遺產群
(福岡縣)
富士山(靜岡縣、山梨縣)
長崎與天草地區
潛伏基督徒相關遺址
(長崎縣、熊本縣)
法隆寺地區的
佛教建築(奈良縣)
姬路城(兵庫縣)
紀伊山地的聖地與
參拜道
(奈良縣、和歌山縣、三重縣)
古都奈良的文化財
(奈良縣)
小笠原群島
(東京都)
屋久島(鹿兒島縣)
琉球王國的城堡
以及相關遺產群

世界遺產數量全球排行榜
第1名
義大利
60件
第5名
西班牙
50件
日本是
第11名
26件
第2名
中國
59件
第4名
法國
53件
第3名
德國
54件

❶日本的世界遺產

一九九三年，日本的文化及觀光資源首次被列入世界遺產，包括「法隆寺地區的佛教建築」與「姬路城」兩項文化遺產，與「屋久島」及「白神山地」兩件自然遺產。

此後，日本的世界遺產數量陸續增加，尤其二〇一〇年以後，每年皆有觀光資源入選世界遺產，截至二〇二四年，文化遺產共有二十一項，自然遺產有五項。不過，日本並沒有複合遺產和瀕危遺產。

嚴島神社

鹿苑寺（金閣寺）

其中，自然遺產包含鹿兒島縣的「**屋久島**」（一九九三年入選）、青森縣到秋田縣的「**白神山地**（一九九三年入選）」、北海道「**知床**（二〇〇五年入選）」、東京都「**小笠原群島**（二〇一一年入選）」等地。屋久島保留了未開發、以繩文杉為主的自然環境；白神山地保留了世界最大面積的山毛櫸原生林；知床不只有未經開發的自然環境，更保存陸地與海洋互相影響下的多樣生態系統；小笠原群島則擁有多種獨特的生態系。

世界遺產是珍貴的觀光資源，但是造訪的觀光客增加，可能會破壞當地的自然或人文景觀，造成觀光品質下降。此外，垃圾處理與導覽人員培訓等方面，都應該慎重看待。

❷外國旅客人數增加

入境日本的外國旅客整體呈現上升的趨勢，二〇〇〇年時入境旅客是四百七十六萬人，二〇一八年已增加至三千一百一十九萬人（後來受到新冠疫情的影響，外國旅客一度下滑，到了二〇二三年回升到兩千五百零六．六萬人）。

日本政府自二〇〇三年起推動「**日本旅遊活動（Visit Japan Campaign）**」，最初目標是在二〇一〇年時將訪日外國旅客人數提升到一千萬。二〇〇三年，共有五百二十一萬外國旅客訪日，但同年卻有一千三百三十萬名日本人出國旅行，觀光收入呈現大幅赤字。雖然在二〇一〇年，訪日外國旅客人數僅達八百六十一萬，並未達成目標，不過日本旅遊活動確實帶動旅客人數穩定成長。

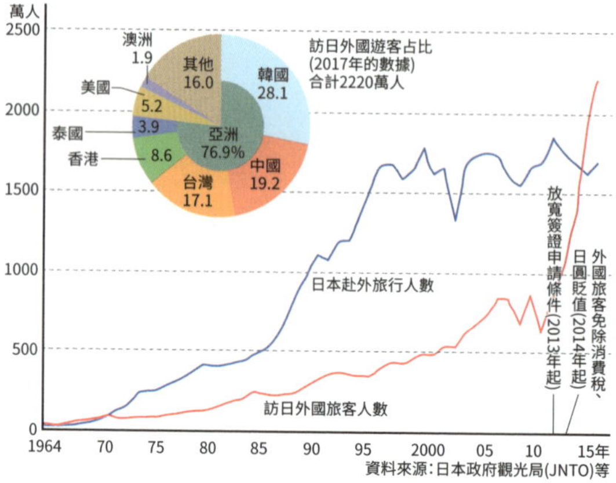

日本赴海外旅行人數與訪日外國旅客人數的變遷

二〇一一年三月，由於日本東北大地震造成的災害，外國旅客人數一度縮減，但二〇一二年便有回升的跡象。二〇一三年初，外國旅客人數終於超越一千萬，二〇一六年時超過兩千萬，並且於二〇一八年時突破三千萬大關。

同時，日本的國際觀光收入也節節攀升，並在二〇一五年首次達成盈餘，自此就不斷成長。雖然待解決的問題依然很多，不過**觀光業未來仍是日本經濟重要的支柱**之一。

❸ 日本人的休閒活動

日本人的全年總工時雖然比過往減少，但是和德國、法國相比依然很多。且日本職場不易申請到連續休假，因此不論國內或國外旅行，都是以「**低價、近距離、短期停留**」為原則。

一九八

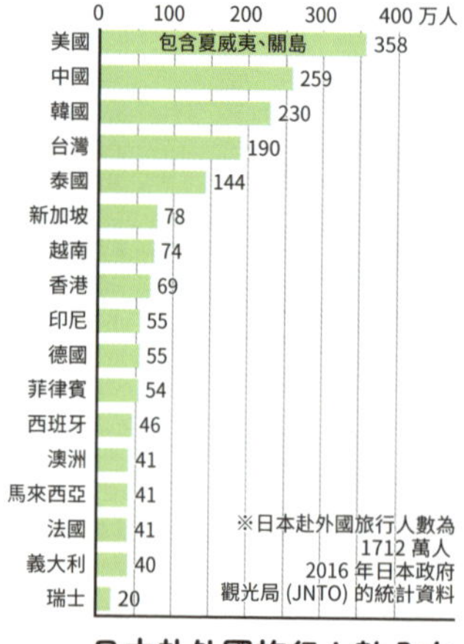

日本赴外國旅行人數分布

五年後，日本出國旅行人數逐漸增加，原因之一正是**《廣場協議》**促使**日圓升值**，日本人出國旅行的負擔減輕，不過仍然以「低價、近距離、短期停留」為主，主要前往亞洲國家觀光。

❹ 黃金路線與農宿

許多外國觀光客到日本觀光時，常選擇經典的「黃金路線」，一次走訪多個知名景點，例如東京、箱根、富士山、名古屋、京都、大阪。不過，這類行程多由旅行社規劃，未必符合每個旅客的偏好。

近年來，為了滿足旅客想親近自然的需求，旅行社也推出「**農泊**」行程，意思是住在農村、山村或漁村，體驗日本傳統的生活方式，並與當地居民交流，主打類似體驗的還有「**綠色旅遊**」。對於接待旅客的農家民宿來說，農泊不只是與外國文化交流的機會，還能增加收入、促進地方活化、增加工作機會，甚至吸引外地人移居以及廢耕地與閒置老屋（高齡化社會的產物）的再利用。

日本政府希望未來每年吸引四千萬名外國旅客，但是只依靠黃金路線，恐怕會面臨住宿設施嚴重不足的問題，而推廣農泊有助於展現日本旅遊的多樣性，或許是觀光問題的解方。

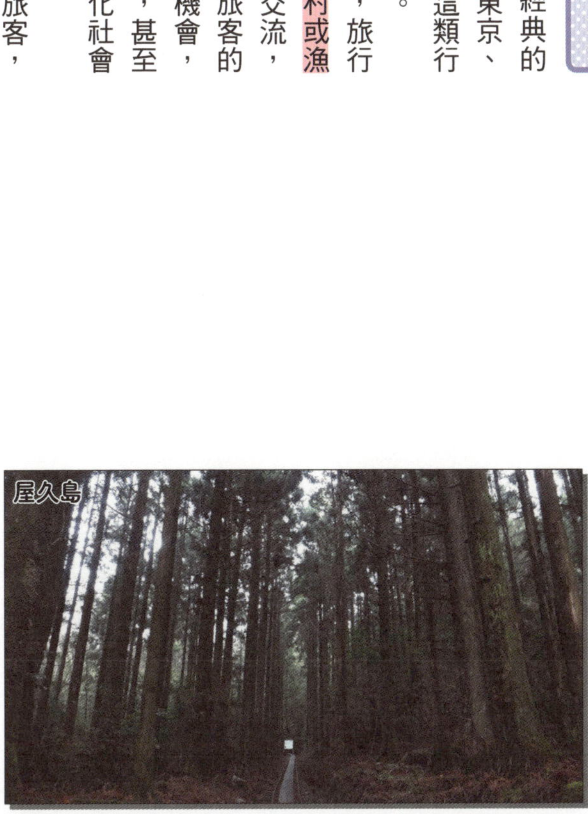

書後附錄

據說地球剛形成的時候，陸地是全部連在一起的。
哦，真的嗎？
根據「板塊構造學說」，現在的各大洲，是隨著板塊分裂、漂移開來的。
什麼是板塊構造學說？
地球的表面是由許多板塊組成，板塊下方有地函，
而板塊會在地函熱對流的帶動下移動。
胡安·德富卡板塊
北美板塊
歐亞板塊
阿拉伯板塊
加勒比海板塊
太平洋板塊
菲律賓海板塊
科克斯板塊
非洲板塊
納茲卡板塊
南美板塊
印澳板塊
南極洲板塊
斯科舍板塊
板塊中央比較穩定，但邊界容易發生地震，火山活動也很頻繁。
日本地震多，就是因為位在幾個板塊邊界。

板塊的邊界有三種類型：張裂型板塊邊界、聚合型板塊邊界、錯動型板塊邊界。

邊界類型	板塊的相互運動	地形特徵	具體例
張裂型邊界	拉扯張裂	海脊 地塹帶	大西洋中洋脊 冰島 東非大裂谷
聚合型邊界	擠壓碰撞	海溝 島弧 大山脈 火山帶	日本海溝 安地斯山脈 喜馬拉雅山脈
錯動型邊界	沿斷層面水平錯動	平移斷層	聖安地列斯斷層

張裂型邊界是板塊互相張裂而形成，地函對流從地球內部上升，變成岩漿流出來，
張裂型邊界
進而形成海脊或大地塹帶這一類地形。
當較重的海洋板塊跟較輕的大陸板塊兩者相互碰撞時，海洋板塊會向下隱沒，形成聚合型邊界。
聚合型邊界
這類型的板塊運動會形成海溝、島弧、大山脈跟火山。
再來是板塊水平移動所形成的錯動型邊界，容易產生大斷層，也是地震頻繁的地帶。
錯動型邊界
正因為各種板塊運動，才造就了今天地球上的地形。
各種地形都不是憑空出現的！
還有，大陸板塊互相推擠會形成大山脈。
啪
例如喜馬拉雅山脈跟西藏高原，都是印澳板塊與歐亞大陸板塊互相推擠而形成的。
喜馬拉雅山脈橫跨中國、不丹、印度、尼泊爾
還有巴基斯坦哦
仔細觀察板塊邊界，可以發現各種不同的地形。

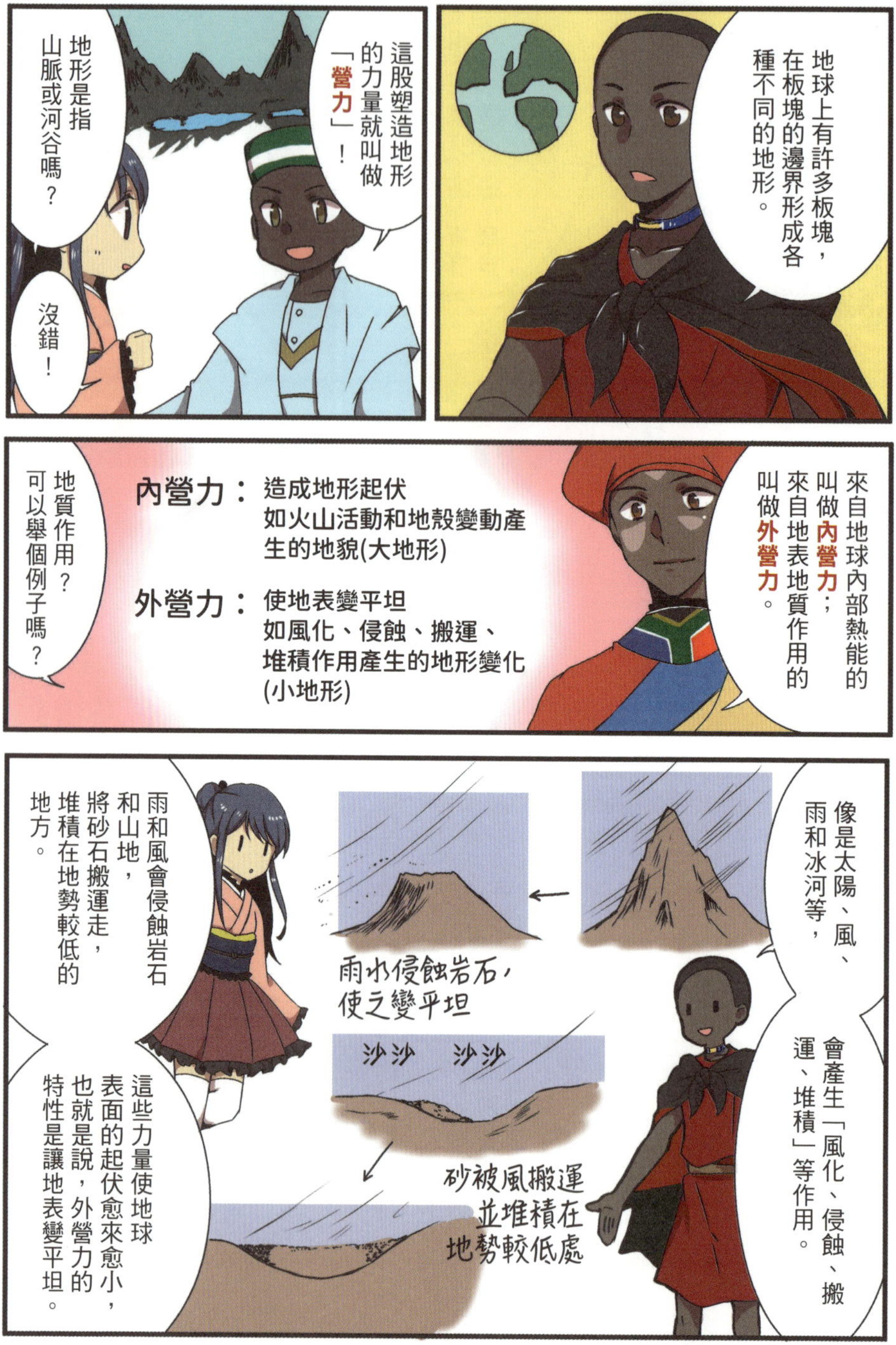
地球上有許多板塊，在板塊的邊界形成各種不同的地形。
這股塑造地形的力量就叫做「營力」！
地形是指山脈或河谷嗎？
沒錯！
來自地球內部熱能的叫做內營力；來自地表地質作用的叫做外營力。
內營力：造成地形起伏
如火山活動和地殼變動產生的地貌(大地形)
外營力：使地表變平坦
如風化、侵蝕、搬運、堆積作用產生的地形變化(小地形)
地質作用？可以舉個例子嗎？
像是太陽、風、雨和冰河等，會產生「風化、侵蝕、搬運、堆積」等作用。
雨和風會侵蝕岩石和山地，將砂石搬運走，堆積在地勢較低的地方。
雨水侵蝕岩石，使之變平坦
沙沙　沙沙
砂被風搬運並堆積在地勢較低處
這些力量使地球表面的起伏愈來愈小，也就是說，外營力的特性是讓地表變平坦。

這麼說，造成地形起伏的主因是……
對！主要是內營力。
內營力
火山活動
地殼變動
造陸運動
造山運動
褶曲
斷層
而內營力又分為火山活動跟地殼變動兩種。
火山活動我大概知道，
就是地底下的岩漿跟熔岩、火山灰噴出地表，形成火山地形。
沒錯！
火山灰
偶爾會看到火山爆發的新聞，畢竟日本有很多火山。
不過，我們也因此有地熱跟溫泉資源，火山多也有好處啦！
地殼變動包含創造高原或盆地的造陸運動，進行時間長且緩慢；
還有創造山地的造山運動，過程較短且影響劇烈。
褶曲
斷層
山脈就是岩層在造山運動的褶曲或斷層作用下產生的。
哦！原來山是這樣形成的。

地球表面廣闊平坦的地方叫做平原。
平原地帶適合農耕，也適合人類居住。
不過，平原並不是一開始就這麼平坦，而是地表受到侵蝕或砂土堆積形成的。
啊，就是剛才說的外營力嗎？
沒錯！雨、風或太陽等外力造就了平原地形。
世界的平原類型
侵蝕平原
堆積平原
準平原
構造平原
沖積平原
洪積台地
侵蝕平原是山地受到侵蝕形成的平原，
而且是經年累月慢慢形成的。
以前的樣子
現在的樣子
對耶！山地受到侵蝕也不會立刻變成平地，
需要花費很長的時間才會慢慢變平。
沒錯，所以平原大多出現在地殼穩定、沒有造山運動的古老岩盤。
單面山
平頂山
孤丘
殘丘
構造平原
地盾
地台
侵蝕平原又可以依形成方式分成兩種類型。

再來看堆積平原，也就是外力侵蝕砂土並搬運、堆積而成的平原。
河流搬運過來的砂土
這種地形的形成速度較快，因此地盤比較不穩定。
堆積平原又分成河流堆積而成的沖積平原；
還有古沖積扇抬升而形成的洪積台地。
沖積平原的形成順序始於山麓下的沖積扇；然後是河川中下游的氾濫平原；最後是出海口的三角洲。
氾濫平原：河流氾濫或河道改變而形成的平原
河階崖
氾濫平原
海
三角洲：河川搬運的泥沙堆積在河流出海口而形成
沖積扇：河川從山地流到平地時，搬運能力降低，導致泥沙堆積成扇形或半圓狀
洪積台地是指古沖積扇、氾濫平原抬升後所形成的平台狀平原。
古（更新世，或稱洪積世）
原本的沖積平原
今（全新世，或稱沖積世）
現在的沖積平原
現在的洪積台地
日本的台地幾乎都屬於洪積台地。

接著是海岸地形！
海岸地形也分成好多種類。
沒錯，依據形成的方式，分成離水海岸跟沉水海岸。
它們有什麼差別？
離水海岸是地殼變動造成陸地上升或海平面相對下降，沉水海岸則相反。
隆隆
冰河
一般來說，離水海岸的海岸線形狀比較單調；沉水海岸則看起來比較複雜。
離水海岸是因陸地相對抬升或海平面相對下降形成的海岸，主要有海岸平原和海岸階地。
海岸平原
砂
海
露出變成陸地
海
海平面相對下降，原本的海底露出變成陸地。
海岸階地
原本的海平面
海階面
原本的海蝕崖
海蝕崖
海底多次抬升露出水面，形成一層層階梯狀的地形。

沉水海岸的海岸線地形複雜，分成谷灣式海岸與峽灣海岸等種類。
冰河期海平面下降，河川侵蝕山地形成山谷，等冰河期結束後海平面上升，這些谷地被海水淹沒，就形成沉水海岸。
谷灣式海岸
陡峭的山地在沉水後形成鋸齒狀的海岸線
海岸水深，適合作為港口
峽灣海岸
冰河侵蝕的U型谷被海水入侵後形成的海岸
分布在曾被大陸冰河覆蓋的高緯度地區
三角江
因海岸相對沉降，海面上升淹沒河谷，形成喇叭狀的河口
例如：中國的錢塘江
日本也有谷灣式海岸哦！
比如三陸海岸跟若狹灣。
岩手縣
說到峽灣，我們瑞典鄰國的挪威松恩峽灣就很有名。
德國也有三角江地形。
另外，淺海的海岸線還能看到獨特的堆積地形。
堆積作用形成的海岸地形
海蝕崖
沙洲
陸連島
連島沙洲
沙嘴
珊瑚礁海岸
※以環礁為例
珊瑚礁
島嶼
還有珊瑚的石灰質骨骼形成的海岸，稱為珊瑚礁海岸。

下一個主題是氣候！
氣候啊……
說到氣候，世界各地都有自己的特色！
沒錯，有的國家熱，有的國家冷；有的地方多雨，有的少雨，完全不一樣！
而且氣候還會影響地形、動植物分布，以及人類的生活型態、經濟活動和人口分布。
氣候：一個地區長期的大氣平均狀態。
影響氣候的要素有：氣溫、降水跟風。
影響氣候的大氣現象
→氣候要素
其中最重要的是
→氣溫、降雨量、風
其他還有日照時間以及蒸發量等。
緯度、海拔高度、距海遠近、地形等因素也會影響氣候變化。
影響氣候的因素
緯度………緯度低氣溫高、緯度高氣溫低
海拔高度…海拔高度每上升100公尺，氣溫約降低0.6°C
距海遠近…沿海多雨，內陸少雨
地形………山地迎風處多雨，背風處少雨
海陸分布…沿岸地帶溫差小，內陸溫差大
海流………暖流流經地區氣候溫暖濕潤
寒流流經地區氣候涼爽乾燥

首先聊聊氣溫。愈接近赤道，也就是緯度愈低，氣溫愈高；而緯度愈高，氣溫愈低。
這是因為緯度愈低，地面接收到的太陽熱能愈多。
太陽輻射
緯度愈低
太陽愈接近直射
＝每單位面積的受熱量愈大
此外，低緯度地區的日夜溫差大，但年溫差小。
日溫差
一天內最高氣溫與最低氣溫的差距
年溫差
一年內最暖月與最冷月的平均氣溫差
接著來了解一下降雨的原理吧！
暖空氣比較輕且含有大量水分(空氣溫度愈高，攜帶的水蒸氣愈多)。
雨
變成雲
低氣壓
上升氣流
在地面被加熱的空氣
暖空氣上升時漸漸冷卻，水蒸氣超過氣體能攜帶的飽和量，變成雨落到地面。
晴
下沉氣流
高氣壓
一般來說，空氣上升的地方會形成低氣壓，容易降雨；
空氣下降的地方會形成高氣壓，天氣晴朗穩定。
高氣壓籠罩，天氣晴朗
天氣預報
熱帶紅樹林
沙漠
接近赤道的熱帶地區接受的太陽熱能多，上升氣流旺盛，容易下雨。
所謂的風就是空氣從高壓處向低壓處移動。
風也有很多種類喲！
行星風系：
分布於全球、全年吹固定方向的風
(信風、偏西風、極地東風等)
季風：
海洋與陸地的溫差或季節改變產生的風
伴隨熱帶低氣壓的風：
出現在熱帶海域、從低緯度往高緯度吹的風(颱風、颶風、氣旋等)
地方風：
局部地區出現的風(焚風、落山風等)

從前，人類靠狩獵和採集為生；
後來人類開始從事農耕，人口因此快速增加。
西亞～地中海
小麥、大麥（冬季）
地中海農耕文化
東南亞
芋頭、山藥
根莖農耕文化
中南美洲
玉米、馬鈴薯
新大陸農耕文化
西非
雜糧（夏季）
莽原農耕文化
日本從彌生時代開始種稻以來，獲得了穩定的糧食來源。
不過並不是任何地方都能闢地耕作，
能不能栽培農作物，還要看自然條件。
首先是氣溫。最暖月均溫如果不到攝氏十度，作物就無法生長。
全年降雨量不到二五〇毫升，也很難發展農業。
高溫也能種植的作物
可可豆
天然橡膠
低溫也能種植
甜菜
馬鈴薯
那麼沙漠裡不就沒辦法耕種？連生活都很不容易耶。
等等！我們埃及雖然在沙漠裡，還是可以發展農業哦！
關鍵是灌溉！埃及人將尼羅河水引進農地；
埃及的灌溉法
乾燥地區則開鑿地下渠道，防止灌溉用水蒸發。
母井
豎井
住宅
地下渠道（坎兒井）
地下水
岩石

農業的形態多樣，每個地區都有各自的特色。
企業化農業
商業性農業的擴大版
例如美國的農業
大規模
種植單一作物
商業性農業
農家向都市販賣農產品為目的的農業
例如歐洲各國農業
混合農業、酪農、
園藝農業、地中海型農業
自給式農業
自給自足的農業
常見於開發中國家
游牧、綠洲農業、
游耕、亞洲傳統稻作農業
原來如此，每個地區從事農業的目的都不太一樣啊！
還有很多不同的地方哦！
咦？
選擇適合當地生長的農作物也很重要。
最簡單的例子，就是人類的主食：穀物。
從穀物就可以看出各地區生活型態的多樣性。
薯類
・熱帶雨林地區
・包括木薯、山藥、芋頭等
・貧瘠的土壤也能種植
・種植方法簡單
玉米
・原產於墨西哥
・適合溫暖濕潤氣候
・先進國家多作為飼料使用
米
・適合高溫多雨的夏季
・季風亞洲地區生產量占世界總生產量的九成
裸麥、燕麥、大麥
・耐寒性佳，小麥無法生長的地區也能種植
・大麥尤其耐旱
小麥
・適合年降雨量500~800mm的環境
・除熱帶之外皆可種植
・溫暖地區適合種冬小麥
・寒冷地區適合種春小麥

最後要介紹工業。
說到工業，不能不提到起源於英國的工業革命，也是全球工業發展的一大契機！
在工業革命前，所謂的工業只有手工業。
工業革命一開始以棉業等輕工業為主，後來漸漸發展成重工業。
輕工業
機械工業
鋼鐵工業
時至今日，先進國家除了發展重工業，也投入電子工業。
能源密集型工業
知識密集型工業
以前說到工業，確實總會想到先進國家，
但是現在開發中國家也陸續走向工業化了！
比方說新興工業經濟體（NIEs）。
新興工業經濟體(NIEs)
韓國
台灣
新加坡
巴西
墨西哥
金磚國家(BRICS)
巴西
俄羅斯
中國
印度
南非
金磚國家（BRICS）也備受注目！
中國也積極推動工業化哦！
不只是中國！許多東協（ASEAN）國家都努力發展工業。
哦——!!

為了盡可能降低成本，工業區位就很重要。
想要降低成本，就要從運輸成本跟勞動成本下手！
根據產品特性的不同，有利的工業區位也不一樣，
工業區位還可能隨著時代變遷而轉移。
市場區位
產品笨重或受流行影響，所以將工廠建在主要市場附近
飲料
出版
高級服飾
勞力區位
仰賴廉價的勞動力
纖維
電器
汽車等
組裝作業
原料區位
原料太重，所以工廠建在原料產地，節省運輸成本
鋼鐵
水泥、紙漿
玻璃、製紙業
交通區位(機場)
產品小、輕量，有高附加價值，因此將工廠建立在方便出口的機場附近
積體電路(IC)等
精密電子產品
交通區位(港口)
工廠設在便於海上運輸的臨海地帶
石油化學業
鋼鐵、造船
的確，日本的家電產品工廠，現在幾乎都遷移到勞動成本低的中國或其他亞洲國家了。
近年來，許多企業內部也推動專業分工，將零件生產、完成品組裝分開進行。

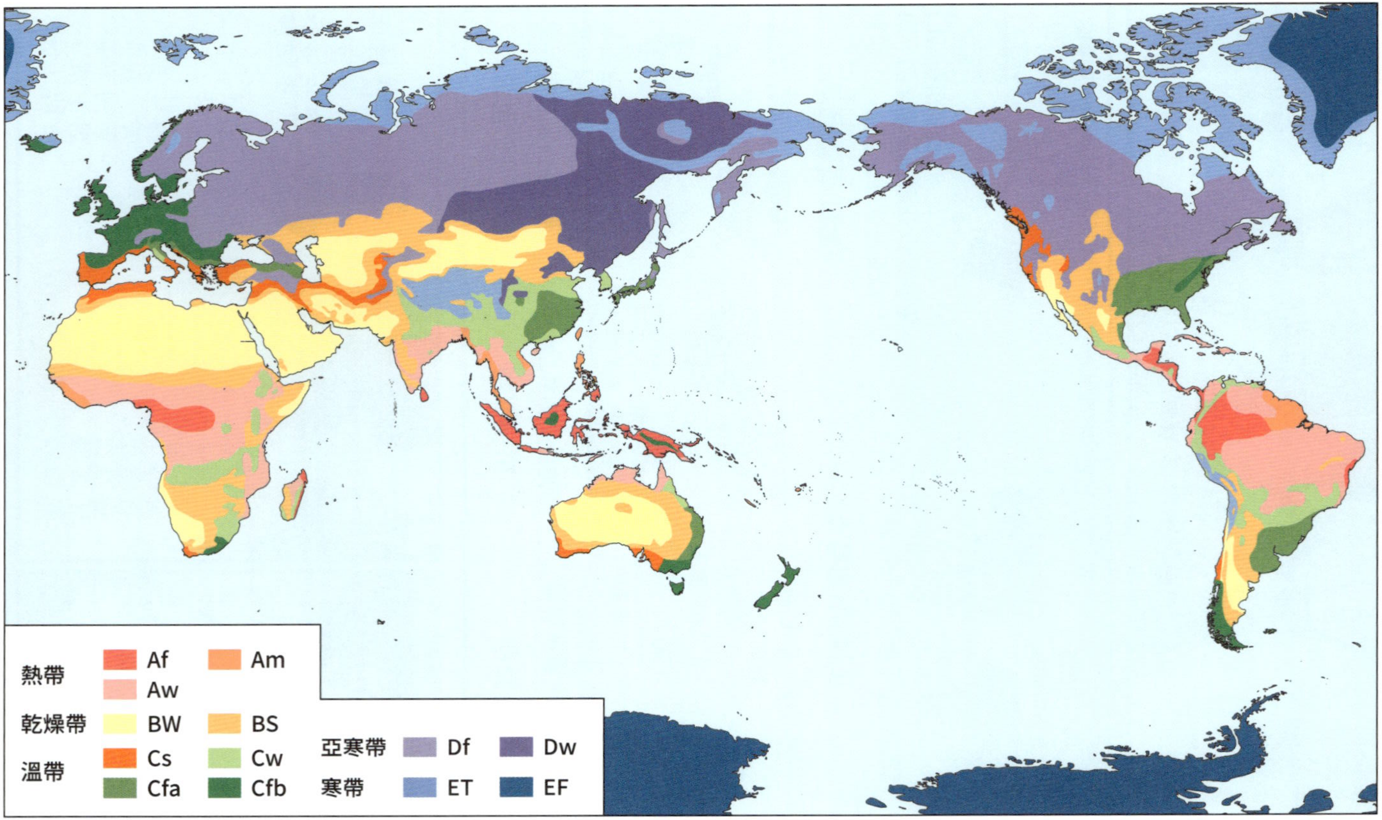

熱帶
Af
Am
Aw
乾燥帶
BW
BS
溫帶
Cs
Cw
Cfa
Cfb
亞寒帶
Df
Dw
寒帶
ET
EF

柯本氏氣候分類表

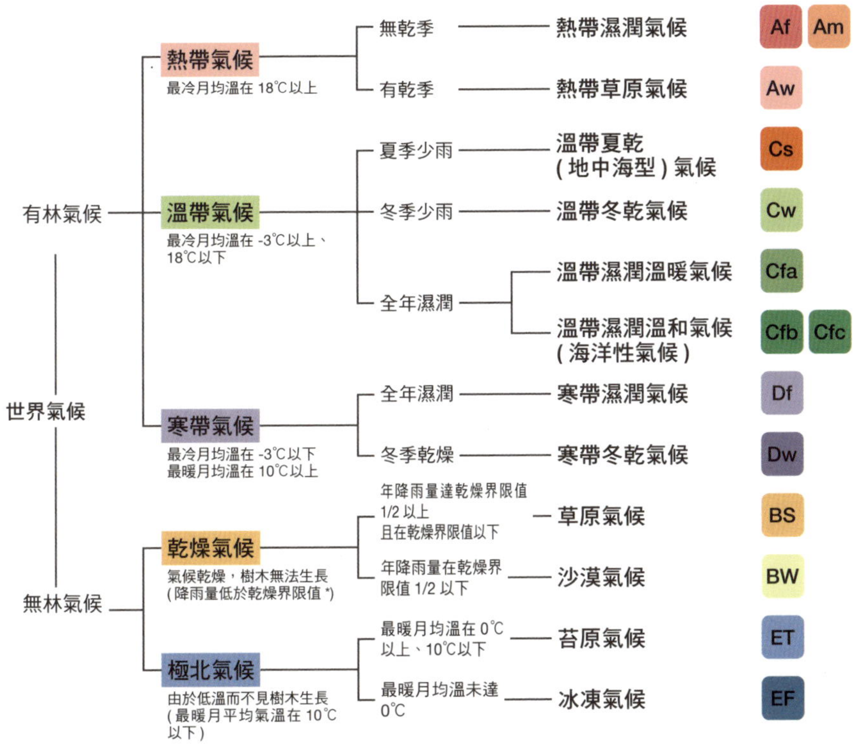

德國氣候學家**柯本**(W. Köppen)依據植物的分布將全球氣候分類，並將這個分類方法名為「**柯本氏氣候分類法**」。植物的生長環境中必須有「適當的溫度」與「水」，因此柯本認為植物的分布可能會依據「氣溫」與「降雨量」的不同而變化。首先，他以「樹木的有無」將氣候分成兩大類。氣溫適中且降雨量充足，足夠供應樹木生長的氣候稱為**有林氣候**（有樹木的氣候）；因低溫或乾燥（降雨量極少）造成樹木無法生長的地方則是**無林氣候**（沒有樹木的氣候）。而有林氣候又依據「最冷月平均氣溫」細分為熱帶、溫帶、寒帶；無林氣候則分成乾燥氣候（降雨量在乾燥界限值以下）與極北氣候（最暖月平均氣溫在10℃以下）。

宮路老師的旅行日記

玻利維亞篇 向烏尤尼鹽原前進！

1 啟程

二〇一八年三月，我從日本出發，搭乘飛機前往玻利維亞的烏尤尼鹽原。這座鹽原堆積著厚厚的高純度氯化鈉，每到雨季，水位升高，水面便如同鏡子一般映照著天空，因這神祕的美景而被譽為「天空之鏡」。烏尤尼鹽原不愧是「死前必訪的絕景」！一般人稱之為「鹽湖」，但「鹽原」其實是更準確的名稱。

烏尤尼鹽原位在玻利維亞的烏尤尼市，從市區搭車約需一個小時。要前往當地，必須在墨西哥城、古巴與秘魯三個地方轉機，因此從日本出發後，我花了九天才終於抵達。我預計亞馬遜航空（Amazonas），從秘魯的庫斯科搭乘國際航班前往拉巴斯（玻利維亞的行政首都），再從拉巴斯搭國內航班抵達烏尤尼。

2 糟糕，飛機停飛！

從庫斯科出發的那天，一大早就下起雨。庫斯科屬於盆地地形，據說雨天對飛行相當不利。果然，因為大雨導致視線不良，我在機場接到「亞馬遜航空停飛」的通知。秘魯人航空（Peruvian Airlines）跟其他前往拉巴斯的班機都照常起飛，唯獨亞馬遜航空早早決定停飛。不過，旅行本來就充滿變數，懂得享受這些變數也很重要。

在機場等了三十分鐘左右，突然，亞馬遜航空宣布飛往拉巴斯的班機復飛了。

「運氣真好！」

好運降臨，我不禁露出微笑。從庫斯科抵達拉巴斯機場後，我匆忙通過海關，轉搭前往烏尤尼的國內航班。兩趟航班只之間只有五十分鐘的轉機時間，怎麼想都覺得時間太過緊迫。不過，拉巴斯是海拔高達四千公尺的城市，空氣十分稀薄，如果奔跑趕路，恐怕會有危險。俗話說「欲速則不達」，就像是尿急時愈急著衝進廁所，愈容易「發生悲劇」一樣。

3 快點放晴吧！

「終於可以看到烏尤尼鹽原了！」

抵達烏尤尼，我按捺著興奮的心情，從機場叫計程車前往烏尤尼市。天空陰沉沉的，似乎馬上就要下大雨了。果然，入夜後下起滂沱大雨，這麼一來，烏尤尼鹽原的水位應該會上漲，這是個好兆頭。只是，隔天會放晴嗎？如果不放晴，也就看不到「天空之鏡」了。

「快點放晴吧！」

我的好運還在嗎？或是已經用完了？我既期待又忐忑，還來不及做個晴天娃娃祈求好天氣，就倒頭睡著了。

天亮後，我走出室外，看見的是一望無際的晴空，看來，好運沒有棄我而去。我從飯店出發，期待著在這片晴朗的天空下親眼見證「天空之鏡」。我選擇「穗高旅行社」協助安排車輛，與當天初遇的同團旅客同行，換上雨鞋後，驅車前往烏尤尼鹽原。

4 到達烏尤尼鹽原！

自日本啟程後的第十天，我終於來到目的地——無邊無際的烏尤尼鹽原。車子搖搖晃晃地駛進大海般廣闊的鹽原，愈是深入，愈能清晰看到鏡子般的水面，彷彿一扇通往異世界的門。抵達烏尤尼鹽原的中心後，放眼望去是三百六十度展開的「天空之鏡」。我莫名興奮，又說出那句話：「一望無際的天空！」腦中甚至播放起民謠樂團「海援隊（KAIENTAI，主唱為武田鐵矢）」的歌曲〈一回神已來到遠方〉。這首曲子描寫離鄉背井前往遙遠異地生活的青年，雖然與我的處

境並不相同，但不知為何，這首曲子一直在我腦中盤旋不去。「武田鐵矢，果然可怕！」我拿起單眼相機，著迷地不停按著快門，拍了大約一千五百張照片，彷彿想把記憶卡塞爆。接著，我又操控無人機從上空拍攝烏尤尼鹽原，真是一望無際！操縱無人機時，我早已把武田鐵矢拋諸腦後，滿心只有這片「天空之鏡」。

5 踏上歸途

快樂的時間一眨眼就過去了，我離開烏尤尼鹽原，踏上歸途，預計在四天後回到日本。

在烏尤尼機場，一個亞裔旅客用英語向我搭話，大意是：「我想去商店買東西，但我身上的鈔票皺巴巴的，店員擔心是假鈔，不讓我買東西。如果你有十美元紙鈔，能不能跟我交換？」

即使這可能是詐騙手法，我也當作是旅行中的意外並接受了。我爽快地遞出一張乾淨的十美元鈔票，並接過皺巴巴的紙鈔。對方跟朋友使用華語交談，我猜，大概是中國或台灣的旅客。他或許是認為「在國外遇到困難，找亞洲人幫忙比較安心」吧！

言歸正傳，烏尤尼鹽原之旅畫下句點，雖然遇到各種突發狀況，但還是大致按照計畫完成。旅行真是太棒了！旅行不只帶給我們新的價值觀，讓我們明白自己的渺小，更讓我們體會到在世界各地生活的人們，有著各自的歡笑與淚水。去旅行吧！感受活著的美好，然後，唱一曲〈一回神已來到遠方〉！

用鹽打造的飯店

行程規劃		
3月8日（出國）	15:55	羽田 (HND) 出發　達美航空 DL120 班次（飛行時間 11 小時 18 分）
	12:13	抵達明尼阿波利斯 (MSP)
	13:34	明尼阿波利斯 (MSP) 出發　達美航空 DL705 班次（飛行時間 3 小時 53 分）
	18:27	抵達坎昆 (CUN)
9日		坎昆遊覽 → 謝爾哈海洋公園
10日	11:51	坎昆 (CUN) 出發　墨西哥航空 AM447 班次（飛行時間 1 小時 24 分）
	13:15	抵達哈瓦那 (HAV)
11～12日		古巴遊覽 → 舊城區散步
13日	11:45	哈瓦那 (HAV) 出發　墨西哥航空 AM450 班次（飛行時間 1 小時 29 分）
	12:14	抵達坎昆 (CUN)
	20:26	坎昆 (CUN) 出發　哥倫比亞航空 AV265（飛行時間 3 小時 25 分，30D)
	23:51	抵達波哥大 (BOG)
14日	07:44	波哥大 (BOG) 出發　哥倫比亞航空 AV145（飛行時間 3 小時 28 分，14C)
	11:12	抵達庫斯科 (CUZ)
	19:04	驅車到奧揚泰坦博 從奧揚泰坦博坐電車到馬丘比丘
15日	15:20	參觀馬丘比丘後， 從馬丘比丘坐電車到奧揚泰坦博
	17:15	從奧揚泰坦博搭客運巴士出發
	19:15	抵達庫斯科
16日	10:25	庫斯科 (CUZ) 出發　亞馬遜航空 501（飛行時間 0 小時 45 分）
	12:10	抵達拉巴斯 (LPB)
	13:00	拉巴斯 (LPB) 出發　亞馬遜航空 304（飛行時間 0 小時 45 分）
	13:45	抵達烏尤尼 (UYU)
17日	20:40	烏尤尼 (UYU) 出發　亞馬遜航空 309（飛行時間 0 小時 45 分）
	21:25	抵達拉巴斯 (LPB)
18日	03:35	拉巴斯 (LPB) 出發　哥倫比亞航空 AV246（飛行時間 3 小時 42 分，07C)
	06:17	抵達波哥大 (BOG)
	09:00	波哥大 (BOG) 出發　哥倫比亞航空 AV256（飛行時間 3 小時 50 分，07C)
	12:50	抵達坎昆 (CUN)
	19:25	坎昆 (CUN) 出發　達美航空 DL309（飛行時間 5 小時 30 分）
	22:55	抵達洛杉磯 (LAX)
19日	10:35	洛杉磯 (LAX) 出發　達美航空 DL7（飛行時間 12 小時 20 分）
20(回國日)	14:55	抵達羽田 (HND)

（表格中的時間為當地時間）

世界排行榜大集合

出處：《世界國勢圖會》、聯合國相關網站等

汽車生產輛數排行榜

（2023）

1	中國	3016 萬輛
2	美國	1061.2 萬輛
3	日本	899.7 萬輛
4	印度	585.2 萬輛
5	南韓	424.4 萬輛

初級能源消費量排行榜

（2023）

1	中國	170.74EJ
2	美國	94.28EJ
3	印度	39.02EJ
4	俄羅斯	31.29EJ
5	日本	17.4EJ

可再生能源年消費量較高的國家排行榜

（2024）

1	中国	3749TWh
2	美國	1493TWh
3	巴西	940TWh
4	印度	405TWh
5	加拿大	338TWh

* kWh (千瓦特小時，俗稱「度」)為電力計量單位，而1 TWh=109 kWh

低生育率國家排名

（2024）

1	台灣	1.11
2	韓國	1.12
3	新加坡	1.17
5	烏克蘭	1.22
19	香港	1.24

國家軍費開支排行榜

（2023）

1	美國	9160 億美元
2	中國	2960 億美元
3	俄羅斯	1090 億美元
4	印度	836 億美元
5	沙烏地阿拉伯	758 億美元
8	英國	749 億美元

國土最小國家排行

（2024）

1	梵蒂崗	0.44㎢
2	摩納哥公國	2㎢
3	諾魯共和國	21㎢
4	吐瓦魯	26㎢
5	聖馬利諾共和國	61㎢

世界幸福度排行榜

（2024）

1	芬蘭
2	丹麥
3	冰島
4	瑞典
5	以色列
31	台灣

森林砍伐率國家排行榜

（2015~2020）

1	巴西	-170 萬公頃 / 年
2	印度	-66.8 萬公頃 / 年
3	印尼	-65 萬公頃 / 年
4	坦尚尼亞	-47.4 萬公頃 / 年
5	緬甸	-29.4 萬公頃 / 年

最宜居國家排行榜

（2024）

1	瑞士
2	挪威
3	冰島
4	香港
5	瑞典
19	台灣

全年觀光客人數排行榜

（2023）

1	法國	1 億人
2	西班牙	8520 萬人
3	美國	6650 萬人
4	義大利	5720 萬人
5	土耳其	5520 萬人
6	墨西哥	4220 萬人

165° E
180°
165° W
150° W
135° W
120° W
105° W
90° W
75° W
60° W
45° W
30° W
90° N
75° N
60° N
45° N
30° N
15° N
0°
15° S
30° S
45° S
60° S
75° S
90° S
(格陵蘭)
美國
(阿拉斯加)
加拿大
渥太華
美國
華盛頓特區
巴哈馬
拿騷
哈瓦那
古巴
墨西哥
墨西哥市
夏威夷
海地
太子港
京士頓
牙買加
聖多明哥市
多明尼加
(波多黎各)
巴士底市
聖克里斯多福及尼維斯聯邦
聖約翰
安地卡及巴布達
羅梭
多米尼克
卡斯翠市
聖露西亞
金石城
聖文森及格瑞那丁群島
橋鎮
巴貝多
聖喬治市
格瑞那達
西班牙港
千里達及托巴哥
貝里斯
貝爾墨潘
瓜地馬拉
瓜地馬拉市
宏都拉斯
德古西加巴
聖薩爾瓦多
薩爾瓦多
馬拿瓜
尼加拉瓜
聖荷西
哥斯大黎加
巴拿馬
巴拿馬市
卡拉卡斯
委內瑞拉
喬治城
蓋亞那
巴拉馬利波
蘇利南
(法屬圭亞那)
波哥大
哥倫比亞
基多
厄瓜多
秘魯
利馬
巴西
巴西利亞
拉巴斯
玻利維亞
巴拉圭
亞松森
智利
聖地牙哥
烏拉圭
布宜諾斯艾利斯
蒙特維多市
阿根廷
1.玻利維亞憲法規定的首都是蘇克瑞，拉巴斯是行政首都，也是政治、經濟、文化中心，算是實質上的首都。
馬紹爾群島
馬久羅
塔拉瓦
吉里巴斯
雅連
諾魯
荷尼阿拉
索羅門群島
吐瓦魯
富那富提
萬那杜
維拉港
(美屬薩摩亞)
薩摩亞獨立國
阿庇亞
蘇瓦
斐濟
東加
努瓜婁發
阿洛菲
紐埃島
庫克群島
阿瓦盧阿
(法屬新喀里多尼亞)
(法屬玻里尼西亞)
威靈頓
紐西蘭

世界全圖
1:110,000,000
米勒圓柱投影法
0 1100 2200 3300 4400km
ROOTS / Copyright©Heibonsha.C.P.C
30° W
15° W
0°
15° E
30° E
45° E
60° E
75° E
90° E
105° E
120° E
135° E
90° N
75° N
60° N
45° N
30° N
15° N
0°
15° S
30° S
45° S
60° S
75° S
90° S
北極圈
赤道
南回歸線
南極圈
(格陵蘭)
冰島
雷克雅維克
挪威
瑞典
芬蘭
俄羅斯聯邦
莫斯科
愛沙尼亞
拉脫維亞
立陶宛
白俄羅斯
烏克蘭
摩爾多瓦
羅馬尼亞
保加利亞
丹麥
英國
倫敦
愛爾蘭
荷蘭
比利時
德國
柏林
波蘭
捷克
奧地利
匈牙利
瑞士
法國
巴黎
義大利
羅馬
塞爾維亞
西班牙
馬德里
葡萄牙
里斯本
土耳其
安卡拉
喬治亞
亞美尼亞
亞塞拜然
哈薩克
阿斯塔納
烏茲別克
土庫曼
吉爾吉斯
塔吉克
蒙古國
烏蘭巴托
中華人民共和國
北京
北韓
平壤
韓國
首爾
日本
東京
賽普勒斯
敘利亞
黎巴嫩
以色列
約旦
伊拉克
伊朗
德黑蘭
阿富汗
巴基斯坦
伊斯蘭馬巴德
科威特
巴林
卡達
阿拉伯聯合大公國
沙烏地阿拉伯
阿曼
葉門
印度
新德里
尼泊爾
不丹
孟加拉
斯里賈亞瓦德納普拉科特
斯里蘭卡
馬爾地夫
緬甸
泰國
寮國
越南
柬埔寨
馬來西亞
新加坡
汶萊
菲律賓
馬尼拉
帛琉
印尼
雅加達
東帝汶
台灣
澳大利亞
摩洛哥
拉巴特
阿爾及利亞
阿爾及爾
突尼西亞
利比亞
的黎波里
馬爾他
埃及
開羅
(西撒哈拉)
茅利塔尼亞
馬利
尼日
查德
蘇丹
厄利垂亞
吉布地
衣索比亞
索馬利亞
摩加迪休
塞內加爾
甘比亞
幾內亞比索
幾內亞
獅子山
賴比瑞亞
象牙海岸
迦納
多哥
貝南
奈及利亞
喀麥隆
中非共和國
南蘇丹
烏干達
肯亞
奈洛比
赤道幾內亞
加彭
剛果共和國
剛果民主共和國
盧安達
蒲隆地
坦尚尼亞
聖多美普林西比
安哥拉
尚比亞
馬拉威
莫三比克
辛巴威
納米比亞
波札那
南非共和國
史瓦帝尼
賴索托
馬達加斯加
塞席爾
模里西斯
葛摩聯盟
維德角
布吉納法索
2科特（簡稱）是斯里蘭卡的立法首都（新首都）；行政與司法首都則是可倫坡（舊首都）。

插畫家介紹

縹ヨツバ

Louis_IGs

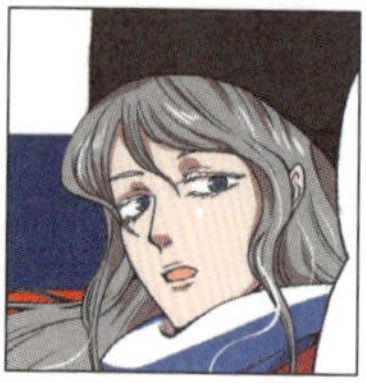

福本 mgr

小岩井

松本

ツナコ

ふじ

中原たか穂

紅月美邑

ときお

ゆさん

■照片提供

佐藤幸夫
重松真雪
中尾絵里
丸岡希実子
宮崎まりこ
村松千奈津
山口祐子

尋找宮路老師！

宮路老師躲在
第 1 章到第 4 章
日本妹環遊世界的漫畫中，
你能在每個國家
找到他的身影嗎？

結語

「學地理到底可以了解什麼？」

這個問題並不容易回答。例如，想要了解日本在世界各國中的角色，與了解日本在亞洲的角色，這兩種觀點不盡相同。也就是說，眼界不同，看見的世界也會改變。這正是學習地理的挑戰，同時也是它的有趣之處。

如果是為了準備大學入學考試而學習，就需要從地區、國家、都市等較大的範圍去了解地理景觀；但在現實生活中或旅行時，則是從「街道」這類細微的角度著手來認識當地。在編寫本書時，我刻意以「日本人眼中的其他國家」為視角，希望讓讀者體會親身前往當地時，「見與聞大不相同」的感覺。

自二〇二二年起，日本全國高中開始推動「地理綜合」科目，並將它與「歷史綜合」共同列為必修科目。換句話說，歷史老師也必須教授地理。說不定有些歷史老師能夠從這本書中找到地理教學的靈感，發現「原來地理應該這樣教！」

地理是學習「地球之理」的科目，不僅涉及現代世界的知識，也與日常生活現象息息相關，絕對不是一門艱澀難懂的學科。我期望本書的漫畫形式能讓讀者對地理感覺更加親近；進而發現「地理真好玩」或是「學了地理之後，對歷史的理解更深了」。或許某一天，你會發現：「我其實滿喜歡地理的！」

滿懷美好的期望，我在此擱筆。

謝謝大家的閱讀。

野人家 240

考前衝刺看漫畫！補教名師畫重點【又帥又美世界地理】

作　　者　宮路秀作
構成・編輯　沖元友佳
譯　　者　陳嫺若

野人文化股份有限公司
社　　長　張瑩瑩
總 編 輯　蔡麗真
主　　編　徐子涵
責任編輯　余文馨
協力編輯　余純菁
校　　對　魏秋綢
行銷經理　林麗紅
行銷企畫　李映柔
封面設計　周家瑤
內頁排版　洪素貞

讀書共和國出版集團
出　　版　野人文化股份有限公司
發　　行　遠足文化事業股份有限公司 (讀書共和國出版集團)
地址：231 新北市新店區民權路 108-2 號 9 樓
電話：（02）2218-1417　傳真：（02）8667-1065
電子信箱：service@bookrep.com.tw
網址：www.bookrep.com.tw
郵撥帳號：19504465 遠足文化事業股份有限公司
客服專線：0800-221-029
法律顧問　華洋法律事務所　蘇文生律師
印　　製　凱林彩印股份有限公司
初版首刷　2025 年 07 月

野人文化
官方網頁

野人文化
讀者回函

考前衝刺看漫畫！補教名師畫重點【又帥又美世界地理】

線上讀者回函專用 QR CODE，你的寶貴意見，將是我們進步的最大動力。

國家圖書館出版品預行編目（CIP）資料

考前衝刺看漫畫！補教名師畫重點 又帥又美世界地理 / 宮路秀作作 ; 陳嫺若譯 . -- 初版 . -- 新北市 : 野人文化股份有限公司出版 : 遠足文化事業股份有限公司發行 , 2025.07
面 ;　公分 . -- (野人家 ; 240)

ISBN 978-626-7555-82-8(平裝)
9786267716786　(EPUB)
9786267716793　(PDF)

1.CST: 地理 2.CST: 中等教育 3.CST: 漫畫

524.34　　114003399